CABO ANSELMO
Minha verdade

JOSÉ ANSELMO DOS SANTOS

CABO ANSELMO

Minha verdade

AUTOBIOGRAFIA

Matrix

© 2015 - José Anselmo dos Santos
Direitos em língua portuguesa para o Brasil:
Matrix Editora
www.matrixeditora.com.br

Diretor editorial
Paulo Tadeu

Projeto gráfico e diagramação
Alexandre Santiago

Revisão
Adriana Wrege
Silvia Parollo

CIP-BRASIL - CATALOGAÇÃO NA FONTE
SINDICATO NACIONAL DOS EDITORES DE LIVROS, RJ

Anselmo, Cabo, 1941-
Minha verdade / Cabo Anselmo. - 1. ed. - São Paulo: Matrix, 2015.
256 p. ; 23 cm.

ISBN 978-85-8230-187-6

1. Anselmo, cabo, 1941 - Entrevistas. 2. Atividades subversivas - Brasil. 3. Brasil - Política e governo - 1964. I. Título.

15-22569   CDD: 923.4
            CDU: 929:34(81)

"Não negueis jamais ao Erário, à Administração, à União, os seus direitos. São tão invioláveis como quaisquer outros. Mas o direito dos mais miseráveis dos homens, o direito do mendigo, do escravo, do criminoso, não é menos sagrado, perante a Justiça, que o do mais alto dos poderes."

RUI BARBOSA

Dedico este livro aos marinheiros e fuzileiros navais envolvidos nos eventos da atividade associativa na Associação dos Marinheiros e Fuzileiros Navais do Brasil (AMFNB); aos que morreram acreditando defender o melhor para o Brasil naquele momento; e aos que sobreviveram acreditando no propósito de contribuir para a construção de uma nação soberana.

Aos que lutam por fazer valer os direitos assegurados pela Constituição.

Aos que valorizam suas raízes e buscam viver em alegria, plenitude espiritual e respeito ao outro.

Agradecimentos

Ítala, Márcia, Berenice, Jupira, Odair e Flora, Claudio, Bosco, Jorge, Josefina, familiares e amigos de infância, meus alicerces na memória afetiva. Jotabê, Gu e Marcia, Cristina, Horácio e Ivone, Lua, Quin, Airton e Selma, Ronaldo, Marinho, Luis Carlos, Ana Prudente, Luciano Blandy e Marcio B. Piá.

Espaço para Marta Serrat, que viabilizou a edição destas páginas, em defesa da liberdade de expressão e dos direitos humanos, tão vilipendiados nos dias correntes.

Ao professor Olavo de Carvalho, especial agradecimento, pela generosidade e tempo dedicado para prefaciar os escritos de um "fantasma" ambulante.

In memoriam

Joana, minha mãe; Antonio, meu pai; Maria Francisca, madrinha; José Balbino, meu avô materno; Dina, uma guerreira amorosa e exemplar.

Que Deus cuide de guiar nossos pensamentos e fortificar nosso respeito e amor aos semelhantes.

Sumário

Prefácio 11
Introdução 17

Capítulo I
Mãos à obra 23
Prisão 26
Reencontrando o passado 28
Vivendo e aprendendo 31
Voando no escuro 35
Marcas positivas 43
Comunista pela metade? 48
Ganhando consciência 52
Espelhos 54
Pé na estrada 59
1958, Marinha do Brasil 63
Navegando 69
Servindo em terra firme 80
Associação dos Marinheiros 87
Mergulho na clandestinidade 100

Capítulo II

Na Ilha 115
A longa espera 130
Revolucionários brasileiros 142
São Paulo, 15 de setembro de 1970 148
Prisão e tortura 163
Lição dos erros 168

Capítulo III

Valores e motivos 173
A vida clandestina 181
No Recife 184
Destino incerto 193
Espelho em pedaços 197
Agente da CIA 204
Humildes, sábios e tiranos 212
Respeito humano 219
De bem comigo, de bem com Deus 224

Epílogo 230
Anexos 234
Referências bibliográficas 254

Prefácio

O autor deste livro é, em toda a força do termo, uma não pessoa. Não tem emprego, não tem documentos, não tem como provar sua nacionalidade brasileira. Não tem nem mesmo como obter um vale-transporte ou a precária assistência médica que a lei assegura aos idosos. Se for assaltado ou esfaqueado na rua, não terá como registrar um miserável boletim de ocorrência. Embora viva e respire como qualquer um de nós, embora ocupe um lugar no espaço, embora raciocine e fale como qualquer ser humano e até melhor do que a maioria deles, há cinco décadas ele leva a existência fantasmal de uma hipótese não comprovada.

Todos nós sabemos que seres humanos reduzidos a essa condição existem, mas não no Brasil, e sim em Cuba. Desde que Guillermo Cabrera Infante descreveu a vida deles no seu livro de memórias, tornaram-se conhecidos no universo e, em compensação da sua inexistência oficial no país dos sonhos do Sr. José Dirceu, ganharam perante a opinião pública civilizada a existência eminente de heróis da resistência anticomunista.

Nosso personagem, embora tenha por sua vida supremamente honrosa o direito à mesma homenagem, jamais a recebeu. Sua inexistência é, por assim dizer, dupla: negada igualmente por aqueles a quem combateu e por aqueles a quem ajudou, tornou-se um dogma nacionalmente aceito, que este livro vem contestar em público pela primeira vez.

O Cabo Anselmo, José Anselmo dos Santos, nasceu em Itaporanga d'Ajuda, Sergipe, em 13 de fevereiro de 1941. Entrou para a história nacional como agitador de esquerda e saiu dela, para não mais voltar, como informante da polícia. Os esquerdistas o abominam por motivos óbvios, os órgãos militares de informação preferem escondê-lo porque estão repletos de covardes e sicofantas que não podem nem querem sentir a diferença entre servir a uma nação e cortejar um governo.

No entanto, examinando a biografia do homem, não encontro um só ato do qual ele devesse se envergonhar a ponto de desejar mantê-lo oculto. Em todos os passos da sua carreira ele agiu conforme a sua consciência, errando muitas vezes, é claro, como todos nós erramos, mas buscando a verdade e o bem com o melhor das suas luzes, com uma constância e uma coragem que fazem dele um exemplo raro neste país de oportunistas e acomodados.

Este livro mostra isso com uma clareza impressionante.

Talvez a agudeza da consciência moral que o autor revela nestas páginas não seja um dom de nascença, e sim o resultado pedagógico das situações complexas e contraditórias em que se meteu. Mas quantos não passaram por situações análogas, vendo nelas apenas uma desculpa para afundar-se cada vez mais no autoengano, na mais abjeta mentira existencial?

Anselmo, de fato, aprendeu muito. Digo mais: nunca encontrei, no Brasil, alguém que meditasse sua experiência de vida com a seriedade radical com que ele o faz neste livro. Neste país o senso moral corrompeu-se tanto que já ninguém concebe a existência de virtudes e pecados fora ou acima dos estereótipos ideológicos do dia. Ser um homem de bem, no Brasil, é ser aprovado pelo partido dominante. Matar, roubar, mentir e trapacear pelo partido, então, é graça santificante.

Nessas condições, não creio que entre as classes falantes este livro será muito bem recebido. Sem dizer uma única palavra contra ninguém, ele é de ponta a ponta uma veemente peça de acusação contra a moralidade nacional.

Se quer ter uma ideia mais nítida do que estou dizendo, leia o artigo que publiquei em 8 de setembro de 2009 no *Diário do Comércio* de São Paulo, sob o título "Dois Códigos Morais".*

---

* http://www.olavodecarvalho.org/semana/090908dc.html

A entrevista do Cabo Anselmo ao programa *Canal Livre** (TV Bandeirantes, 26 de agosto) é um dos documentos mais importantes sobre a história das últimas décadas e mereceria uma análise detalhada, que não cabe nas dimensões de um artigo de jornal. Limito-me, portanto, a chamar a atenção do leitor para um detalhe: o confronto do entrevistado com os jornalistas foi, por si só, um acontecimento revelador, talvez até mais que o depoimento propriamente dito.

Logo de início, o apresentador Boris Casoy perguntou se Anselmo se considerava um traidor. Ele aludia, é claro, ao fato de que o personagem abandonara um grupo terrorista para transformar-se em informante da polícia. Para grande surpresa do jornalista, o entrevistado respondeu que sim, que era um traidor, que traíra seu juramento às Forças Armadas para aderir a uma organização revolucionária. A distância entre duas mentalidades não poderia revelar-se mais clara e mais intransponível.

Para a classe jornalística brasileira em peso, o compromisso de um soldado para com as Forças Armadas não significa nada; não há desdouro em rompê-lo. Já uma organização comunista, esta sim é uma autoridade moral que, uma vez aceita, sela um compromisso sagrado. Nenhum jornalista brasileiro chama de traidor o capitão Lamarca, que desertou do Exército levando armas roubadas, para matar seus ex-companheiros de farda. Traidor é Anselmo, que se voltou contra a guerrilha após tê-la servido. Anselmo desmontou num instante a armadilha semântica, mostrando que existe outra escala de valores além daquela que o jornalismo brasileiro, com ares da maior inocência, vende como única, universal e obrigatória.

O contraste mostrou-se ainda mais flagrante quando o jornalista Fernando Mitre, com mal disfarçada indignação, perguntou se Anselmo não poderia simplesmente ter abandonado a esquerda armada e ido para casa, em vez de passar a combatê-la. Em si, a pergunta era supremamente idiota: ninguém – muito menos um jornalista experiente – pode ser ingênuo o bastante para

---

* http://www.averdadesufocada.com/index.php?option=com_content&task=view&id=2267&Itemid=34

imaginar que uma organização revolucionária clandestina em guerra é um clube de onde se sai quando se quer, sem sofrer represália ou sem entregar-se ao outro lado. Conhecendo perfeitamente a resposta, Mitre só levantou a questão para passar aos telespectadores a mensagem implícita do seu código moral, o mesmo da quase totalidade dos seus colegas: você pode ter as opiniões que quiser, mas não tem o direito de fazer nada contra os comunistas, mesmo quando eles estão armados e dispostos a tudo. Ser anticomunista é um defeito pessoal que pode ser tolerado na vida privada; na vida pública, sobretudo se passa das opiniões aos atos, é um crime. Não que todos os nossos profissionais de imprensa sejam comunistas, mas raramente se encontra um deles que não odeie o anticomunismo como se ele próprio fosse comunista. Essa afinidade negativa faz com que, no jornalismo brasileiro, a única forma de tolerância admitida seja aquela que Herbert Marcuse denominava "tolerância libertadora", isto é, toda a tolerância para com a esquerda, nenhuma para com a direita.

Mais adiante, ressurgiu na entrevista o episódio do tribunal revolucionário que condenara Anselmo à morte. Avisado por um policial que se tornara seu amigo, Anselmo fugiu em tempo, enquanto os executores da sentença, ao chegar ao local combinado para matá-lo, eram surpreendidos pela polícia e mortos em tiroteio. De um lado, os entrevistadores, ao abordar o assunto, tomavam como premissa indiscutível a crença de que Anselmo fora responsável por essas mortes, o que é materialmente absurdo, já que troca o receptor pelo emissor da informação. De outro lado, todos se mostraram indignados – contra Anselmo – com o fato de que no confronto com a polícia morresse, entre outros membros do tribunal revolucionário, a namorada do próprio Anselmo. Em contraste, nenhum deles deu o menor sinal de enxergar algo de mau em que a moça tramasse com seus companheiros a morte do namorado. Entende como funciona a "tolerância libertadora"?

A quase inocência com que premissas esquerdistas não declaradas modelam a interpretação dos fatos na nossa mídia mostra que, independentemente das crenças conscientes de cada qual, praticamente todos ali são escravos mentais da autoidolatria comunista.

Ao longo de toda a conversa, os jornalistas se mantiveram inflexivelmente fiéis à lenda de que os guerrilheiros dos anos 70 eram jovens idealistas em luta contra uma ditadura militar, como se não estivessem entrevistando, precisamente, a testemunha direta de que a guerrilha fora, na verdade, parte de um gigantesco e bilionário esquema de revolução comunista continental e mundial, orientado e subsidiado pelas ditaduras mais sangrentas e genocidas de todos os tempos.

Anselmo colaborou com a polícia sob ameaça de morte, é certo, mas persuadido a isso, também, pela sua própria consciência moral: tendo visto a verdade de perto, perdeu todas as ilusões sobre o idealismo e a bondade das organizações revolucionárias – aquelas mesmas ilusões que seus entrevistadores insistiam em repassar ao público como verdades inquestionáveis – e optou pelo mal menor: quem, em sã consciência, pode negar que a ditadura militar, com todo o seu cortejo de violências e arbitrariedades, foi infinitamente preferível ao governo de tipo cubano ou soviético que os Lamarcas e Marighellas tentavam implantar no Brasil?

Ao longo de seus vinte anos de governo militar, o Brasil teve 2 mil prisioneiros políticos, o último deles libertado em 1988, enquanto Cuba, com uma população muito menor, teve 100 mil, muitos deles na cadeia até hoje, sem acusação formal nem julgamento. A ditadura brasileira matou trezentos terroristas, a cubana matou dezenas de milhares de civis desarmados. Evitar comparações, isolar a violência militar brasileira do contexto internacional para assim realçar artificialmente a impressão de horror que ela causa e poder apresentar colaboradores do genocídio comunista como inofensivos heróis da democracia, tal é a regra máxima, a cláusula pétrea do jornalismo brasileiro ao falar das décadas de 60-70. Boris Casoy, Fernando Mitre e Antonio Teles seguiram a norma à risca. Dessa vez, porém, o artificialismo da operação se desfez em pó ao chocar-se contra a resistência inabalável de uma testemunha sincera.

Conhecendo as muitas complexidades e nuances da sua escolha, Anselmo revelou, no programa, a consciência moral madura de um homem que, escorraçado da sociedade, preferiu dedicar-se à meditação séria do seu passado e da história em vez de se comprazer na autovitimização teatral, interesseira e calhorda, que hoje rende bilhões aos ex-terroristas, enquanto suas vítimas não recebem nem um pedido de desculpas.

Moral e intelectualmente, ele se mostrou muito superior a seus entrevistadores, cuja visão da história das últimas décadas se resume ao conjunto de estereótipos pueris infindavelmente repetidos pela mídia e consumidos por ela própria. O fato de que até Boris Casoy, não sendo de maneira alguma um homem de esquerda, pareça ter se deixado persuadir por esses estereótipos, ilustra até que ponto a pressão moral do meio tornou impossível a liberdade de pensamento no ambiente jornalístico brasileiro.

OLAVO DE CARVALHO

Introdução

Certamente foi num dia chuvoso, quando o que resta fazer é esperar que o sol apareça para enxugar a terra, a pele e o coração da gente, que comecei a matutar para entender qual era o sentido da vida.

Depois da leitura de milhares de livros, depois de tantas aventuras, percebi que um evento, lá na infância, por volta dos oito anos, fixara no meu subconsciente um propósito, que até os dias de hoje parece ter guiado meus pensamentos, palavras e ações.

"Amai-vos uns aos outros..." A missão implícita seria confiar, dedicar-se, servir aos semelhantes. Coisa mais difícil! Os envolvimentos e compromissos morais variavam. Aqui e acolá foram estabelecidos vínculos mais estreitos, mais fortes, quase familiares. Supostamente, a família era o núcleo em que as pessoas, quase por obrigação, deviam praticar o amor mútuo. Da porta de casa pra fora era outra coisa.

Amor gradativo? Eu sabia quanto amava aquela casa, a telha de vidro através da qual a lua espiava o meu quarto, amava e admirava aqueles adultos que me ensinaram os primeiros passos e sempre pegavam no meu pé quando saía da linha, isto é, me orientavam a permanecer no bom caminho. Amava a mangueira, o galinheiro e os cheiros da cozinha com o fogão a lenha. Era o meu lar, o meu território, meu porto seguro.

Lá fora estava a praça, a igreja, as ruas, o apito de trem, as pessoas mais próximas e mais distantes. Também tinham lugar no meu coração minha atenção, cuidados, admiração... Depois da ponte a estrada, o rio que levava ao mar, as matas, a capital, outras cidades, todas no território do estado com que me identificava, entre outros estados, cada um com características especiais.

E tudo junto, somado, costurado, unido, contido na moldura do mar, das matas e dos rios era sentido orgulhosamente como Pátria. Meu território e dos outros brasileiros que o defendiam amorosamente, com o mesmo empenho com que defendiam o estado, o município, a cidade, a praça e a própria casa, abrigo da família.

Com o passar dos anos a percepção desses valores essenciais pareceram diluir-se entre outros novos valores. E, para embaralhar as cogitações e dificultar as escolhas, o mundo escureceu... O comunismo apareceu insinuante. Eu nem prestava muita atenção e achava o discurso chato. No entanto, na realidade concordava com muitas afirmações e, sem muita informação, ia repetindo as palavras de ordem.

Quando os cabelos ficaram brancos, tive acesso à leitura de *O livro negro do comunismo*, escrito por marxistas franceses, denunciando a montoeira de cadáveres que os comunistas deixaram, em número muitas vezes superior ao do nazismo. E entendi que tudo quanto me afastou daquela aventura tinha uma razão superior. E entendi que as denúncias e todo o trabalho de informação para ajudar o Estado foram legítimos e positivos para a minha consciência. Aliviou-se o meu espírito da pecha de "traidor".

Traidores do Brasil e dos brasileiros eram os que queriam provocar uma guerra civil. Enfim, até então, os comunistas só haviam chegado ao poder cometendo as mais brutais atrocidades. O Diálogo Interamericano* manobrava para convencer os remanescentes de grupos armados "a lutar politicamente para chegar ao poder". Teriam a ajuda dos liberais... E tiveram, elegeram Lula, um nordestino truqueiro, e depois a senhora Dilma, com formação marxista de berço.

A Internacional Comunista foi repaginada várias vezes nas Américas pelas sucessivas organizações que surgiram sob influência de Fidel Castro, em Cuba, com ajuda dos soviéticos. Primeiro surgiu a Organização de

---

* N. do A. – Encontro entre políticos e intelectuais, convocados por Nelson Rockefeller para tratar dos rumos políticos e econômicos da América Latina. Pelo Brasil, estavam presentes, entre outros, Luís Inácio Lula da Silva, Fernando Henrique Cardoso e Victor Civita.

Solidariedade aos Povos da Ásia, África e América Latina (OSPAAAL), "povos" significando "organizações armadas para tomar o poder", guerrilhas atuando, aterrorizando, fustigando, fragilizando as instituições.

Esgotados os recursos de propaganda, doutrinação e mobilização daquele organismo, com o fracasso e expulsão de Guevara pelos africanos, Fidel Castro inventou uma nova organização. Surgiu a nova internacional para apoiar os crimes da guerrilha: a Organização Latino-Americana de Solidariedade (OLAS), que teve pouco tempo de vida. Guevara, cogitado para ressuscitar a epopeia de Bolívar, foi cercado e executado na Bolívia, abandonado pelos comunistas e estranhamente isolado pelo companheiro ditador de Cuba. Era preciso criar uma nova sigla para os novos tempos.

Em 1989, gerou-se o Foro de São Paulo da aliança entre Fidel e Luiz Inácio. A coisa nasceu em 1990, com a presença de mais de quarenta organizações guerrilheiras e partidos comunistas, com o objetivo de restabelecer na América "o que se havia perdido com a queda do Muro de Berlim", ou seja, o proselitismo, organização e atuação comunista. Nos anos seguintes, Lula negaria de pés juntos a existência de uma organização supranacional, coordenando, organizando, doutrinando e comprando consciências para executar o projeto internacionalista original do comunismo.

A tomada do poder, desta vez, com a ajuda do Diálogo Interamericano, seria na lábia. Suavemente. A mídia negaria durante todos esses anos a existência da organização, que aos poucos elegia seus presidentes e mudava a face cultural de cada país – Venezuela, Argentina, Peru, Bolívia, Guatemala... e Brasil. Todos adotando leis emanadas da Organização das Nações Unidas (ONU), supraconstitucionais, amordaçando a mídia, comprando consciências e aos poucos eliminando a livre expressão constitucional da Justiça e dos Parlamentos. O Poder Executivo no comando do Estado, obedecendo ao Partido, autoridade local representativa do Foro de São Paulo, entidade internacional do Socialismo do século XXI.

A consciência sobre essas mudanças funciona como um pesadelo. Alguns aspectos dessa revolução certamente são relevantes para os miseráveis, aqueles tradicionalmente ignorados pela inoperância de sucessivos governos, comprometidos com as políticas do sistema financeiro internacional, tanto quanto com as práticas paternalistas, populistas e burocráticas, menos democráticas e sempre presentes nas decisões dos políticos deste país, incapazes de pensar e agir com generosidade e responsabilidade para o bem comum.

Sem pensar como "dono da verdade" (exceto da minha própria verdade e convicções), mantenho o espírito crítico, na medida em que se impõem os critérios que me afastam do pensamento darwinista adotado pelos revolucionários e o pensamento que aceito sobre a evolução, sobre a ordem e inteligência cósmica, sobre a vida que supõe negociação, harmonia e respeito. O que a humanidade construiu de bom e belo é resultante da reflexão e das mentes livres de currais ideológicos.

Está presente nas belas artes, música, pintura, escultura, literatura, arquitetura, jardinagem, assim como nos programas gerados para a web e que aproximam pessoas de todos os quadrantes, de todas as crenças, de todos os estágios de conhecimento científico e tecnológico, de todas as civilizações. É o lado bonito e bom de viver. Diferente do lado obscuro das drogas e da desconstrução das culturas, da insegurança e submissão cada vez maior do indivíduo ao Estado inclemente e ditatorial, desta nova desordem mundial, modelo imperial, que se debate nos estertores finais, com extrema força e violência, privando a gente de liberdades e direitos fundamentais.

Até há poucos dias, nem pensava que existiam jovens dispostos, informados, no mundo inteiro, trocando ideias para superar o desconforto social, criando novos modelos, que certamente vão iluminar a mentalidade de uma nova era da evolução, para uma civilização em que os valores do encontro entre a ciência e o espírito promovam a convivência de sociedades em ambiente de mútuo respeito e colaboração.

Enxuguei os excessos do que havia escrito no decorrer de dez anos. Atualizei algumas partes e conservei outras que mostram a ingenuidade e religiosidade de quem se criou num Brasil tragado pela voracidade do progresso sem medidas, sem planejamento estratégico suficiente para agir menos emocional e mais responsavelmente.

Estas páginas são resultantes de anos de reflexão para entender, fundamentalmente, a mim mesmo, e que valores e crenças motivaram meus atos, em choque com os controles autoritários e a violência em seus variados aspectos. Muita gente do "meu tempo" fez assim.

CAPÍTULO I

Mãos à obra

Em 13 de fevereiro de 2008 eu completava 67 anos.

Um galo cantou e os pássaros começaram a sonata do alvorecer. Isso me lembrou de que esta vida me fora presenteada num povoado do Brasil rural, que subsiste quase intacto na herança anímica, que vem pouco a pouco sendo maculada pela televisão e pelos descartáveis da indústria chinesa... E drogas.

Nesse dia me impus uma tarefa a mais: alinhar na escrita a experiência de um caminhante movido pela necessidade de identificação com os outros e de compreensão da vida em sua plenitude. É uma tarefa cansativa como arrancar toco na roça depois da queimada.

Lidando com o aprendizado de mexer com um computador e com a lentidão da internet daquele ano, a compensação chegou com a paciência para baixar as leituras indicadas pela biblioteca digital, em que os donos do mundo disponibilizam obras de toda sorte, de autores que, desde o fim do século XVII, já revelavam os propósitos das sociedades secretas que deliberam sobre os destinos da humanidade, decidindo sobre o comércio da guerra e da paz.

Os livros em sua forma concreta, a sensação tátil de folhear as páginas, o cheiro das edições novas estava muito longe daqui, nas vitrines das livrarias que ainda resistem. São objetos de desejo, hoje dispendiosos para mim. A web permite a leitura de livros que não são publicados por aqui.

Para os estudantes, a internet já traz a pesquisa escolar pronta e acabada. É só imprimir, nem é preciso entender. A nota e a promoção estão garantidas por lei, nas escolas básicas e universidades. É um escândalo! E os estudantes que têm acesso à rede podem comunicar-se num dialeto, uma coisa que se poderia denominar "novilíngua", lembrando Orwell. As palavras obedecem mais à fonética que à gramática. Também deve ser a dificuldade de digitação: muita tecla pra pouco dedo.

O computador pretende substituir as velhas bibliotecas, locais solenes e silenciosos, onde o saber de milênios reside. Bom, o computador pode estar em casa, com a vantagem dos joguinhos, das imagens, dos sons, da comunicação em tempo real com os grupos de interesses afins. Com o refrigerante e os salgadinhos ao alcance da mão. A única desvantagem é o apagão.

E pensar que, há pouco mais de cinquenta anos, ainda havia gente lendo à luz de candeeiros. Ou, como Humberto de Campos, lendo à luz de pirilampos presos numa garrafa branca. As mudanças foram muito aceleradas e daqui a pouco nem vai ser preciso pensar...

Esqueci-me de dizer que estou no meio do mato e tenho de fazer uma longa viagem por estradas de terra, atoleiros, buracos para chegar à "civilização" e comprar o café e os cigarros que integram estas células desde a infância.

Lembro a voz irônica de um velho amigo marinheiro, Antonio Duarte Santos, dizendo que elas, as células, estavam "ávidas por nicotina". O "velho amigo", de olhar sarcástico e sorriso irônico, com quem joguei algumas partidas de xadrez e de quem guardo o melhor na memória afetiva, viria a classificar de canalhice minha escolha de consciência livre. Ou seja, é canalha quem identificou a ideologia comunista como a mais grandiosa e sangrenta canalhice humana.

A máquina de escrever Underwood do professor Ximenes, na escola de datilografia em Aracaju, em 1957, era mais fácil de lidar: era só fixar o papel com o rolo, tocar as teclas e o texto ia ficando prontinho, sem necessidade de impressora, mouse, programa pra isso ou praquilo. Faltava luz e o trabalho não se perdia. Uma amiga lembrou-se da *charge* de um menino que viu o pai trabalhando com uma máquina de escrever e exclamou: "Pai! Esta novidade eu não conhecia... Você pode digitar e imprimir ao mesmo tempo. Que legal!".

Com paciência, a janela desse computador permite a leitura de sites e blogs que comentam e divulgam o que os jornais tradicionais não se atrevem. Aos poucos, teclando e compartilhando com desconhecidos (antigamente era conversando, olho no olho), é possível aprender sobre filosofia, literatura, cachaça, música e humanidades. Uma troca de ideias que ativa os neurônios, exercitando a memória e abrindo novos caminhos para o autoconhecimento e até devolvendo um fio de esperança.

Prisão

Era o fim da tarde do dia 30 de maio de 1971 quando os policiais invadiram o pequeno apartamento na Rua Martins Fontes, no bairro central da República, em São Paulo. Metralhadoras, gritos de comando – "mãos na cabeça" – e tudo resolvido muito rapidamente. Tomaram a cédula de identidade onde se lia "Américo B. Santos, natural de" alguma cidade do Rio Grande do Sul. O prisioneiro foi algemado e conduzido para a carceragem do Departamento de Ordem Política e Social, o DOPS. A cela fedia e ele não sabia falar "gauchês". Os policiais ainda desconheciam o nome real do preso.

Um colchão ensebado estava à minha espera. Relutei em deitar-me ali. Mas logo estava com os braços e os pés cruzados, olhando para o teto, quando as cenas passaram a desfilar, como num filme. Surgiram aquelas fotos que minha mãe guardava: a criança numa esteira sobre a relva... Montando um cavalo... Comendo melancia... Pensando no passado, fugia da realidade brutal para mergulhar na realidade do bem-bom guardado na memória.

Ouvia vozes, passos, os sons da porta principal da carceragem abrindo e fechando. Sentia sede e frio. Mas aos poucos concentrei-me nas batidas do coração. Fechei os olhos e tudo sumiu.

No começo nem percebi a passagem entre as noites e dias perturbados por uma campainha que azucrinava os ouvidos em intervalos de tempo. Impedir o prisioneiro de dormir e de sonhar com aquele barulho era uma técnica para levá-lo ao cansaço físico e mental, a fim de facilitar a ação da polícia nos interrogatórios posteriores.

Ao me lembrar do passado naquela cela, até sentia, no pão e café com leite servidos a cada manhã, o gosto e o cheiro dos beijus ou do cuscuz com leite de coco, pão de cada dia na mesa da infância. Um amigo marinheiro, o cabo Severino, me havia ensinado a mastigar bem, elegendo o sabor preferido para senti-lo em qualquer alimento. Deu certo.

Quando me fossem interrogar, deveria enrolar o máximo para ganhar tempo ou abrir o jogo e colaborar? Minha intenção era sair daquela vida. Sentia a pontada da úlcera, e havia lido que era decorrente de contrariedades profundas. Entendi que o prejudicial era viver uma vida contrária aos princípios e valores da educação, sem encontrar a saída.

A escolha entre *"patria o muerte"* ensinada pelos cubanos teria uma alternativa de vida a serviço da minha Pátria. Ficaria marcado pelos companheiros que pensavam diferente a serviço do internacionalismo. Estava decidido: na primeira oportunidade abriria o jogo e enfrentaria as consequências.

Antes de ser gentilmente empurrado para a primeira sessão de tortura, coisa abjeta que relatarei mais adiante, tive tempo de rever as cenas rápidas do melhor da vida e das aprendizagens produtivas e formadoras desta mente romântica e idealista.

Reencontrando o passado

No ano de 2009 recuperei o endereço de familiares. O reencontro com primos de segundo grau, que conheci em 1974, quando eram crianças, foi reconfortante. Fiquei profundamente comovido e orgulhoso do meu primo Zequinha, pai dos meninos. Foi na casa dele, num sítio conhecido como Porto Grande, no interior de Sergipe, que passei os melhores dias de férias na infância.

Minha tia Madalena era a única pessoa alfabetizada no Porto Grande. Além de ensinar as primeiras letras aos filhos, compartilhava o conhecimento com outras crianças da vizinhança. Por conta própria, montou uma sala de aula com quadro-negro e tudo! Na mesma pequena sala da casa de taipa caiada de branco com chão de barro, eram armadas as redes para o nosso sono noturno de meninos.

Ali Zequinha foi educado. Os princípios e valores incutidos naquele espaço, as atividades de remo, pesca, mergulho para pegar ostras, expedições nos bosques para colher frutos, a observação comparada de costumes diferentes entre a cidade e o campo devem ter contribuído para a nossa seleção de valores.

Meu primo estava morando agora no litoral de São Paulo, num bairro extremamente pobre. Tinha seis filhos – Claudio, Celia, Bosco, Jorge, Jonas e Claudia –, que mantinha na rédea curta com ajuda da mulher, Ivete. Como profissional, era armador na construção civil.

Na época eu dava os primeiros passos na reconstrução de minha própria vida em liberdade, sem depender de nenhuma instituição, quase "senhor do meu nariz".

Estava fora da prisão e fora da clandestinidade das organizações de luta armada. Perplexo, mas confiante. Diante de um mundo novo de desafios e possibilidades onde, pela primeira vez, as escolhas e iniciativas eram individuais, racionais, livres... Mas nem tanto.

Não entendia por que não me tinham devolvido a identidade e a cidadania. Ouvi dizer que era perigoso. Poderiam atentar contra a minha vida, o que justificava mudanças nas feições por meio de cirurgia plástica, providenciada pelo delegado Sérgio Fleury. Seria isso mesmo? O tempo haveria de abrir as portas. As oportunidades surgiriam. Ao trabalho!

Minha velha mãe, Joana, veio de Sergipe para morar comigo. Sua presença e apoio foram essenciais para resgatar minha autoconfiança. O chocante foi que no reencontro ela não me reconheceu de imediato e, antes do abraço, manteve distância segurando minhas mãos enquanto fitava meu rosto antes de exclamar:

– Meu filho... O que fizeram com você?

Depois veio o abraço. Tive certeza de que poderia sobreviver com o orgulho secreto de ter contribuído para que gente como aquela da minha família brasileira continuasse livre e orgulhosa dos princípios e valores que a Revolução de Fidel Castro arrebatara aos nacionais cubanos, levando-os à miséria, ao isolamento do mundo e ao cinismo.

Era insólita aquela condição nos limites da clandestinidade perpetuada, que impedia a convivência com outros familiares e amigos de infância. O propósito era mantê-los imunes aos perigos da minha condição por conta do incômodo de visitas dos ex-carcereiros ou da exposição a dificuldades possíveis, por parte dos que ainda atuavam nas sombras da esquerda radical. Estava na condição de um homem marcado e sabia que na prática, para chegar ao alvo, os métodos da pressão sobre familiares eram os mais comuns. Meus familiares já tinham sido bastante incomodados pelos policiais por ocasião da minha primeira prisão, em 1964.

Passaram-se anos antes de voltar àquela cidade. As mudanças de endereço e de trabalho me impediram o reencontro com o primo Zequinha.

Também não me aproximei dos familiares do lado paterno. Mas tinha a consciência de que ali se mantinha um refúgio moral e afetivo. A família, que me reconhecia por inteiro, genética, espiritual e humanamente amorosa.

Quando tornei a vê-los, soube que o meu primo, com uma parada cardíaca, havia retornado ao pó e à integridade essencial. Os meninos? Todos vivendo a vida profissional e honesta. Pessoas íntegras e de fé, como o pai. Sementes fortes de uma estrutura de valores e princípios que a tia Madalena começou a cultivar naquela sala de aula, numa escola onde também ajudei a ensinar algumas vezes.

Educação de berço, valores de uma cultura ancestral em que as pessoas prezavam a vida e agradeciam a Deus. Uma cultura em que a autoridade dos pais era amorosa e os filhos podiam fazer as melhores escolhas em plena liberdade responsável.

Era tão numerosa a prole do meu primo que tive dificuldade para identificar moços e moças que haviam crescido ouvindo falar de um Anselmo diferente daquele sobre o qual liam ou ouviam citar em algumas aulas. Devia a eles, como aos descendentes do lado paterno que pude visitar somente uma vez anos mais tarde, esta narrativa extensiva para a memória desmistificada.

Vivendo e aprendendo

A partir do ano de 1972, tinha um trabalho para subsistir, mas sem direitos legais trabalhistas, sem carteira assinada. Tinha um local para morar e acolher minha velha mãe. Pagava aluguel, mas o contrato estava em nome de terceiros. Uma dependência que perdura até hoje.

Chamuscado, retirante liberto de um mergulho no inferno, ainda não percebia que teria de viver toda a vida em condição marginal. Até acreditava na "abertura democrática"! Sobrevivia temendo o Estado, cuja vigilância era permanente, e temendo os inimigos do Estado dos quais me havia afastado por razões de consciência e respeito aos brasileiros, amor ao Brasil.

Dei-me conta de que, no limite entre extremos, policiais e militantes armados agiam numa esfera de igual extremismo guerreiro, num conflito não declarado entre nacionais. Alguns revelavam concepções e atitudes que beiravam o irracional, atestando a desconfiança e o desprezo à liberdade essencial, insistindo no controle. A desconfiança constante guiando cada passo. O controle como instrumento coercitivo dos policiais. O controle como instrumento de seleção para o extermínio de militantes armados pela internacional comunista.

Os respingos da ação de salvamento de muitas daquelas vidas que vira ameaçadas, as marcas, as feridas, me acompanham como tatuagens. E meus familiares nem imaginavam como fora difícil perceber realidades e interesses superiores, agir e sobreviver no fogo cruzado. Sempre fingindo estar de bem com os dois lados. Como se Maquiavel permitisse tal heresia.

***

Da infância até os cinco anos de idade, guardo as imagens da Fazenda Floresta, nas cercanias de Aracaju, onde meu pai sobrevivia trabalhando duro com meia dúzia de agregados, para manter umas oitenta vacas e fornecer leite para uma cooperativa.

Ele passara a vida como funcionário dos Correios e Telégrafos, chefiando um grupo de trabalho para o conserto de linhas telegráficas, transportando fios e ferramentas em lombo de burro. Mantinha aquela fazendinha para complementar a aposentadoria. Era um homem enérgico, duro, porém divertido.

A fazenda sustentava os que ali viviam e mais quatro filhas do primeiro casamento de meu pai, que depois de viúvo da sua primeira esposa Márcia, se casara com Maria Francisca. As filhas moravam e trabalhavam na capital, Aracaju. Havia também um filho varão, adulto e casado, que vivia em São Paulo e nos visitava a cada ano, nas férias. Uma vez, chegou com a esposa paulista e o primogênito.

Foi uma correria e um sufoco decepcionante. Nada do conforto da fazenda supria as necessidades da paulista, que chorava e pedia água mineral, mal tocando no feijão com arroz, nas macarronadas, nas carnes, peixes e quitutes que lhe eram oferecidos.

Um choque cultural incompreensível para a gente simples daquele lugar, diferente da São Paulo locomotiva do Brasil, onde o banheiro estava dentro de casa, sem a necessidade de usar penicos de louça com tampa, guardados debaixo da cama. Terra da garoa, onde se trabalhava dia e noite vestindo terno, gravata e chapéu. O eldorado dos nordestinos.

Lembro-me de outros visitantes, como Elias Roitman, um judeu que fabricava móveis e tinha loja na principal rua de comércio da capital. Ia caçar perdizes e ficava vermelho feito camarão torrado, andando pelo pasto com a cartucheira.

Foi Vera, uma menina ruiva e sardenta, filha de seu Elias, quem me deu o primeiro presente de Natal. "Tome", ela disse, "foi Papai Noel quem mandou". Agradeci a Vera. Era a primeira vez que ouvia falar no "bom velhinho", porque até então os natais eram marcados pelo presépio e pela missa do galo. Papai Noel era novidade.

Corri com o pacote para entregá-lo à mãe-madrinha, que o abriu cuidadosamente, revelando o caminhão de madeira, o primeiro brinquedo. Uns poucos anos depois veria caminhões iguaizinhos, expostos às dezenas na loja de móveis de seu Elias. Papai Noel?

Na primeira infância, de modo inconsciente, fixou-se a percepção de que as pessoas eram distintas, diferentes. Ainda tento compreender, saber dos quês que afastam ou atraem os medos, discórdia, preconceito, guerra, paz e de onde vem a poderosa esperança reforçada pela fé.

O vaqueiro da fazenda morava numa casa ao lado do curral e tinha três filhos. Cícero e seus irmãos menores foram meus primeiros companheiros: para tomar o copo de leite matinal com mel de abelhas, para brincar com boiadas feitas com maxixão, para catar cajás e ouricuris pelo pasto.

Compartilhávamos o fascínio diante das fogueiras e fogos de artifício das festas juninas. De noite olhávamos a gente dançando o forró animado a sanfona, violão e pandeiro. Na manhã seguinte, enquanto os adultos dormiam, íamos avivar as brasas da fogueira para assar espigas de milho e batatas-doces.

Num daqueles festejos vi a cara mais feia e contrariada do meu pai. A zanga foi causada por minha irmã que veio da cidade e, desobediente, foi dançar "espremida no meio dos vaqueiros, naquela salinha onde não cabia mais nem um alfinete...". Ela não ligou. Era independente e teimosa.

Lá embaixo os eucaliptos dançavam solenes, ladeando a cancela no limite da estrada de piçarra vermelha, que parecia uma cobra adormecida pronta para engolir a marinete – micro-ônibus antigo – numa nuvem de poeira.

Um dia, engoliu o caminhão com a mudança, quando papai vendeu a fazenda. O médico disse que o coração dele não aguentava mais aquela lida e que tinha que morar na cidade, mais perto de um auxílio de urgência, levando a vida com menor esforço físico. Vida nova, novos desafios e conhecimentos.

A mudança para Itaporanga d'Ajuda proporcionou a convivência com meu avô materno, pai de minha mãe biológica, Joana, cuja existência descobri mais tarde.

Até os seis anos, Antonio e Maria Francisca foram os pais que conheci. Aos seis anos, devia entrar na escola, e foi necessário fazer meu registro de

nascimento. O homem gordo em terno branco colocou o livro imenso na mesinha da varanda, sentou-se na cadeira de vime e me perguntou:
– Você quer ser registrado em nome do seu pai ou da sua mãe?
A mãe que eu conhecia, Maria Francisca, me tratava com carinho extremo. Então respondi com a vista baixa, sem encarar meu pai:
– Da minha mãe.
Falei isso, pensando existir apenas uma mãe, Maria Francisca.
Depois soube que havia uma outra mãe. Dali por diante, Joana, uma antiga serviçal da fazenda – com quem meu pai teve um caso extraconjugal –, passou a me fazer visitas com frequência e eu pude conhecer meu avô, tios e primos do lado materno. Outra família, pobre, numerosa e amorosamente acolhedora.

Nesses dias de visita, Maria Francisca ficava enciumada e distante, como se a nova mãe viesse roubar seu filho.

Não conheci nenhum dos avós do lado paterno. O vô Balbino, pai da minha mãe Joana, morava a poucos quilômetros de distância de Itaporanga d'Ajuda. Do alto dos meus cinco anos ele parecia um gigante de pele quase negra, queimada de sol. Viúvo, rodeado pelo cuidado de filhos, genros e netos, fora casado com uma "índia pegada a laço" que lhe dera onze filhos.

Não se conhecia eletricidade, não havia rádio e a televisão nem tinha sido inventada. Os candeeiros queimavam o querosene embebido em pavios de algodão, enquanto vovô contava histórias do Conselheiro e de Lampião, do Gato de Botas, Pedro Malasartes, do Pavão Misterioso, até que os bocejos indicavam a hora de pedir a bênção e rezar o "com Deus me deito, com Deus me levanto, na graça de Deus do Divino Espírito Santo", desfiando mentalmente a ladainha de boas intenções.

Sinto na cabeça a mão imensa e gentil de vovô Balbino, sobrando quando alisava os cabelos dos que se magoavam com arte ou queda de mau jeito. Ouço seu riso gostoso olhando as brincadeiras do bando. Sua voz de comando lançando desafios, mobilizando os menores, no aprendizado para subir em árvores, colher frutos, correr, pular corda, balançar como se estivesse voando... Quase como os passarinhos...

Voando no escuro

Voaria dezessete anos depois, no avião da Air France que partiu do aeroporto de Ezeiza, Buenos Aires, capital da Argentina. Passamos naturalmente com os passaportes falsos e nem lembro mais o nome que levava. O destino era Paris com uma escala no Rio de Janeiro.

– Não desembarquem na escala do Rio. Podem ser reconhecidos. Finjam que estão adormecidos.

O voo foi tranquilo, e os sachês perfumados oferecidos aos passageiros eram uma coisa que não conhecíamos e poderiam até ser confundidos com chicletes. Nos banheiros, frascos de colônia francesa, e na travessia um filme, *Le Voyage Fantastique*, depois do jantar com guarnições estranhas, mas saborosas, que podiam até ser purê de minhocas com grilos empanados. Aquele voo para longe dos supostos perigos da ditadura militar era como um voo de liberdade. Conhecer Paris... E o que viria depois? Vida nova, longe da infância rural. Afastava-me da juventude como num rito de passagem para a vida adulta, em que enfrentaria novos desafios e conhecimentos. Mas havia um nó na garganta e um movimento estranho em sobe e desce sobre o plexo solar.

Paris, Praga, na Checoslováquia, e depois o voo noturno com escala no Canadá com destino a Havana, Cuba, onde a aprendizagem era diferente: manusear fuzis, metralhadoras, revólveres, bazucas e os componentes das bombas explosivas e incendiárias. Os recipientes plásticos, daqueles utilizados nas farmácias para embalar comprimidos, tinham outra utilidade. Furávamos as tampas. Soldávamos um pedacinho de metal ao fio de cobre... Passo a passo fabricávamos um detonador que detonaria entre 12 e 18 horas.

O tempo suficiente para que um caroço de feijão se desenvolvesse no fundo do plástico, empurrando um dos polos para fazer o contato e provocar a fagulha explosiva ou incendiária.

Eram ensinamentos para destruir vidas e bens. Atirar com os fuzis AK soviéticos era incômodo e divertido ao mesmo tempo. Incômodo pelo barulho e divertida a visão do caminho das balas traçadoras* até o alvo. Em nenhum momento imaginei poder usar aqueles instrumentos contra uma pessoa. Os alvos não despejavam sangue, nem mesmo caíam ou gritavam como a gente ouve das pessoas atingidas nos filmes de guerra. Depois, nem mesmo a leitura doutrinária marxista mostrava tanta crueldade. Tudo era para o bem da humanidade, exceto os contraditórios ensinamentos de Che Guevara para "transformar o amor em ódio".

***

Pedi ao meu padrinho Zeca, que era carpinteiro, pra me fazer um arco e umas flechas de pau de goiabeira. Um arco bem bom, que eu ia ser índio e me embrenhar no mato. Não queria ir pra guerra, nem morrer duma peixeirada. Era melhor viver no mato, como índio. Treinei vários dias no fundo do quintal atirando flechas contra as bananeiras. Juntei umas bolachas, um pão com manteiga e açúcar e perguntei ao Zé Virado se ele queria ir também. Ele respondeu:

– Oxente, rapaz, você está doido!...

Fui sozinho, de manhãzinha, depois de passar pelo curral e tomar duas canecas de leite com mel. Pela beira do rio, ouvindo os passarinhos, comecei a cantar pra espantar o medo de bicho grande, e as aves silenciavam. Parava de cantar e elas recomeçavam. Era como uma conversa. Caminhei, caminhei, agarrando a trouxinha com o fumo de rolo pra me defender ou fazer amizade com as caiporas. Não vi nenhum índio. Nem caipora. Somente um bando de cotias.

---

* N. do E. – Balas traçadoras são as que marcam seu trajeto deixando rasto de fumaça ou fogo.

Senti fome. Comi as bolachas e o pão, bebi água do rio e fiquei ali sentado debaixo de uma ingazeira olhando a correnteza, naquela sombra gostosa. E se chovesse? Tinha esquecido de trazer fósforos, então tentei tirar fogo das pedras.

Não saíam fagulhas suficientes pra formar o lume nas folhas secas e gravetos. Tentei fazer como faziam os índios, rolando um pauzinho entre as mãos, a ponta apoiada num pedaço de galho seco. Não deu certo.

Foi nesse tempo que conheci e admirei duas figuras importantes naquele povoado de 3 mil habitantes, duas ruas, a praça da igreja matriz, a praça da feira, a Prefeitura, segunda construção mais imponente, perdendo para a igreja, o Teatro Municipal, onde cheguei a atuar como Caramuru numa apresentação escolar, utilizando o arco e flecha que havia ganhado do meu padrinho.

O Grupo Escolar Felisbelo Freire era dirigido pela professora Raquel Rios de Lima, conhecida como dona Tinô. Uma "afrodescendente" com os cabelos brancos ralos, que abrigava em sua casa o jovem padre Artur Moura Pereira. Afrodescendente? Naquele tempo o politicamente correto da nova ordem mundial não patrulhava o vocabulário da gente.

Tive o privilégio de presenciar o pastor de almas e a sacerdotisa do saber em ferrenhas polêmicas literárias. Admirava, mais por intuição, os limites de autoridade e liberdade de opinião. O respeito entre contendores que acabavam por chegar a um ponto de encontro, acordo e sorrisos, antes de lançar novo tema para o debate interminável. Eram pessoas que sabiam ouvir e falar na hora certa, tolerando o espaço democrático de cada um. De vez em quando aparecia um cafezinho com sequilhos.

O padre Artur era reverenciado por sua investidura como representante local do próprio Deus. Não passava de um jovem intelectual responsável por seu ministério. Para os meninos, um grande amigo, que inventava excursões dominicais ao estilo escoteiro, sempre bem-humorado, estimulando partidas de futebol, corridas de bicicleta e outras disputas.

Foi ele quem me presenteou com o primeiro livro de um autor de nome complicado: Menotti del Picchia. Enciumada, dona Tinô, com seus tremores de Parkinson, que buscava disfarçar sem que as mãos e a cabeça obedecessem, foi até sua biblioteca, que ocupava toda a parede da sala, e retirou dois livros com a recomendação: "Leia manuseando com cuidado e devolva no mesmo estado! Quero uma dissertação escrita de cada um!" – *As mil e uma noites* e *Contos de Andersen*.

Era bonito de ver. Retorno em viagem mental àquele passado e estou na pequena sala apreciando os dois, sentado tranquilamente, discorrendo sobre um tema e buscando chegar à universalidade racional. O espaço parecia povoado por vozes múltiplas de pessoas ausentes que eram citadas, trazidas do passado remoto, como Homero enganando a feiticeira Circe para poder voltar a casa ou Rui Barbosa desancando a estupidez.

E todas as contradições pareciam unir-se numa razão superior que nem sempre encontrava palavras para a expressão. Naqueles momentos, imaginava a presença de Deus, pacificando o debate e dizendo: "Os dois têm razão!".

Sabia-se que ela tinha sido professora de Gilberto Amado, que ninguém sabia quem era, pois não era dali. Mas o que pesava mesmo era a personalidade autoritária e maternal daquela mulher franzina, sempre bem vestida e ostentando brincos e anéis, sapatos brilhantes e a tranquilidade dos que chegaram ao estágio da missão cumprida.

Caminhava devagar e falava baixo, sempre com um sorriso e uma palavra amiga. No grupo escolar, passava todas as manhãs em cada sala de aula, fiscalizando o desempenho das professoras. Na hora do recreio, sumia. Parecia não gostar do alarido que fazíamos, embora tolerasse os jogos e danças de roda orientados pela professora Bernadete.

Os homens eram sempre os mais exigidos nas lides sociais. As mulheres se preparavam apenas para ensinar, sendo o magistério a profissão mais respeitada. No mais, deviam ser mães e esposas. Dona Tinô sabia disso e exigia que todos estudassem mais, para superar deficiências.

Naquele tempo as responsabilidades de orientação da família, da escola e da igreja determinavam o caráter dos filhos. Os espaços do lar, da escola e da igreja, sem interferência do Estado, figuravam como vigas mestras direcionando a sociedade.

O que restou nesta cabeça tonta com o desencontro de informações dos tempos atuais foi a constatação de que na infância não conheci a discriminação sob nenhuma das formas como é promovida hoje, até mesmo com leis e ministérios, sinalizando o incentivo dos governantes à eterna luta de classes e comportamentos solertes. Coisas do coletivismo. E fico pensando o que diria dona Tinô, o que diria o padre Artur, se pudessem me ver deitado naquela cela fétida sobre um colchão ensebado.

Ali nos porões da carceragem do DOPS de São Paulo, a semelhança entre os homens, sua origem e seus propósitos tinham menor significado. Todos eram "bandidos".

Aos dez anos de idade foi preciso sair de casa, separar-me da família e dos amigos de infância. Fui para a capital, Aracaju, cidade grande, mundo desconhecido, matricular-me no ginásio. Na maleta, as primeiras calças compridas, o uniforme cáqui do Colégio Tobias Barreto e a convicção de que cada vez que encontrava uma resposta apareciam carradas de perguntas novas, sobre coisas que precisava saber.

Papai hospedou-me numa "pensão familiar", a duas quadras do colégio. A proprietária era uma velha amiga. De onde e desde quando, quanto era amiga e conhecida, eu nem desconfiava.

O cabelo avermelhado daquela mulher parecia o volume revolto de uma juba de leão. Grandes olhos negros sob densas sobrancelhas bem arqueadas pareciam olhar a gente até a alma.

A boca grande de pessoa gulosa, vermelha de batom. Caminhava devagar, como se não tocasse o chão. Impressionava com aquele corpo cheio, vestido em calças justas com desenho de pele de onça. A voz macia como veludo, ela disse:

– É este seu menino? Bonito! Como é seu nome? Venha cá, traga sua mala, seu quarto é aqui e sua cama é aquela. Vá arrumando suas coisas enquanto eu converso com seu pai.

O marido era gerente de uma rede de cinemas e vivia fora de casa, em Propriá, às margens do Rio São Francisco. Esmeralda, a cozinheira da pensão, era alegre, dedicada e macumbeira. Um dia, poucos meses depois, a patroa achou que precisava descansar das crianças. Eu, o rapaz e a menina fomos levados para o fim de semana à casa de Esmeralda, nas dunas, perto do mar. Um lugar sem árvores, sem um matinho verde, onde uma leva de gente pobre havia construído umas casinhas escondidas do governo. Um lugar onde só se podia chegar caminhando muito no areal entre as dunas.

Pois a casa de Esmeralda era a primeira do arruado bem arrumadinho, com uma área central comprida e coberta de palhas de coqueiro unindo as casinhas iguais que ficavam olhando uma pra outra.

Só que o vento vindo do mar lambia as dunas e soprava, enchendo tudo de areia. De noite a luz branco-azulada da lua banhava o areal. Ninguém precisava de outra luz para andar lá fora. Atravessávamos o riachinho guiados por Esmeralda e subíamos à duna mais alta. Brincávamos de rolar na areia.

Na pensão familiar, onde a patroa descansava, aconteciam coisas armadas pelo capeta. Só podia. Artes que determinaram a separação do casal, mexendo na vida de todos os ocupantes da pensão familiar.

Todos os dias, na hora do almoço, vinha um alferes da polícia, em seu uniforme branco com botões dourados, cara morena quadrada, cabelo à escovinha e um bigodinho fino de cabra safado. Era atendido com especial cortesia pela "onça", em mesa separada, com pratos especiais, Martini branco seco com gelo e azeitona, conversinhas e muito riso. Os habitantes da pensão trocavam olhares e sorrisos, mas sem dizer nada.

Naquele fim de semana, o alferes abancou-se na pensão, para fazer companhia à senhora. Pois o marido fez uma coisa que deve ter aprendido nos filmes. Chamou dois amigos, entrou devagarinho, amoitaram-se os três na sala, ouvindo os risos e barulhinhos que vinham do quarto do casal. O certo era matar os dois safados com tiros, lavando a honra. Mas o homem vingou-se de outro jeito.

Ele e os amigos meteram o pé na porta. O alferes, pelado, caiu pra baixo da cama gritando:

– Não me mate! Me mate não!

Ela fez foi puxar o lençol, encostar a cabeça na cabeceira da cama e acender um cigarro Hollywood. O marido disse:

– Levanta, cadela! Sai de baixo da cama, seu frouxo!

E tocou os dois para a rua. Ela vestida de lençol e ele com as calças na mão. A pensão familiar esvaziou-se em poucos dias.

Fui morar na casa de tia Rosinha, que ficava num bairro distante do centro. Era irmã de papai, viúva com um casal de filhos, meus primos Luzia e Francisco, que foi me buscar carregando a mala pesada de roupas e livros até o ponto da marinete, ensinando o caminho que eu teria de fazer todos os dias para chegar ao colégio. Mamãe disse que era melhor assim, que era uma ajuda para tia Rosinha e que a casa era familiar de verdade, e não só no nome.

Quando entrei na pequena sala, o rádio tocava a marchinha de carnaval "anda, Luzia, pega um pandeiro e cai no carnaval, anda, Luzia, que essa tristeza lhe faz muito mal...".

Luzia era alegre, paciente e professora. Com ela tive as melhores lições da arte de enganar os outros com a cara mais lisa. Era preciso falar mentira como se fosse verdade, atirando na cara dos outros como se fosse coisa feia. E cortar a verdade em pedacinhos, para utilizar como arma de defesa.

Para ela a verdade tinha dois lados: o lado do que a gente quer pra si mesmo e o lado que os outros pensam que é melhor pra gente. Minha prima professora, bonita e vaidosa, ensinou que pra ser feliz a gente tem de se agarrar ao que quer, sem se importar com nada nem ninguém. Mas não aprendi direito.

Dizia: "Parece que fica todo mundo agourando pra gente abrir mão da felicidade... Pra ter vergonha de ser feliz no meio de tanto desinfeliz... Pois! Cada um é dono da própria vida e não pode jogá-la pela janela somente para agradar os outros".

Mamãe dizia que ser professora era uma infelicidade. Ou ficava solteirona ou fazia mau casamento, geralmente com soldado, um desastre. Bastava ver o destino de Carmo, Dete e um monte delas cujas histórias mamãe conhecia de cabo a rabo. Sempre malcasadas, apanhando de maridos preguiçosos ou largadas. A culpa era delas mesmas. Por serem inteligentes faziam os maridos se sentirem diminuídos.

Luzia não acreditava no governo, que não se emendava nunca. Só tomava tudo e mais um pouquinho, dos ricos e dos pobres. Não ouvia ninguém e parecia pensar que o povo da roça e das fábricas só vivia pra atrapalhar.

O governo só queria a gente caladinha, boazinha, ouvindo o sermão dele, dizendo amém ou chorando de castigo, como criança que fez arte. Ela me ensinou a nunca acreditar muito nas certezas pessoais. As dúvidas e a observação dos outros ajudavam a entender as reações e movimentos alheios quando buscavam esconder pensamentos.

Assim desenvolvi a sensibilidade para aceitar e interagir com os outros, respeitando limitações, crenças e escolhas. A busca de superação e subsistência em ambientes amigáveis ou hostis. Os limites humanos, a perplexidade e a inquietação, caçando respostas transcendentais.

A fonte de energia, a força para viver cada dia, foi encontrada liberando as amarras da intuição e abrindo os sentidos para a impermanência das coisas, para chegar ao estado de consciência de liberdade responsável, respeito e um pinguinho de fé, de vez em quando.

Minha família, vivi-a em todas as famílias cujas mesas e comemorações compartilhei. Meus amigos e irmãos reconheci-os em todas as pessoas com as quais dividi trabalhos criativos, aprendizado e ensinamentos, sonhos e tarefas. Os níveis de confiabilidade e resultados foram gratificantes, mais que decepcionantes. Ações produtivas, tanto quanto improdutivas, ficaram bem gravadas na mente.

Marcas positivas

Certo dia, em 2014, fiquei surpreso e emocionado quando alguém me tocou no ombro. Virei-me. Olhei o rosto moreno e risonho. Era Orlando.

– Como vai o senhor? Sumiu!
– Estou bem. E você, o que tem feito?
– Casei. Tenho uma filhinha. E tenho minha empresa de construção... Estou morando em...
– Que bom rapaz. Fico feliz em saber.
– Eu devo muito ao senhor... Aquelas brigas exigindo que eu estudasse... Aquelas exigências para organizar o trabalho e cuidar da ferramenta. Sempre me lembro...

Aquilo foi como um soco. Acorda, José! Nem tudo quanto você fez ficou perdido. Sorri, comovido.

– E o senhor? Por onde andava?
– Por aí...
– Sempre misterioso... Vi o senhor na Band. E o sítio?
– A dona vendeu...
– Mas não era do Alexei?
– Alexei morreu. A mulher dele foi quem vendeu. Me devolveu uma parte mínima do que apliquei lá.

Conversamos um pouco mais. Abracei-o e nos despedimos. Voltamos a nos falar por meio da web.

Os momentos marcantes parecem ser aqueles em que se manifesta a gratidão, seja por pensamentos que trazem um brilho específico aos olhos, seja por palavras que nem sempre traduzem a emoção inteira, seja por atos que apenas marcam o momento, como um abraço forte, uma lembrança.

Estava começando a experimentar como era bom ser reconhecido. Carregar secretamente a própria identidade, fingindo ser quem não se é, dá no mesmo que representar. Ou ser possuído por uma entidade. No espelho, via meu rosto e reconhecia o humor do espírito. "Fica tranquilo, José. Você nunca matou nem roubou."

No documento de identidade, o nome era de alguém inexistente. Até a data de aniversário era outra. O comando da cena é do ator, que se esmera interagindo de modo coerente com a persona que se mantém na sombra, crítica severa, guardiã dos princípios, valores e ações. Reguladora de cada escolha, cada palavra, cada movimento no palco da vida.

O *script*, o guarda-roupa, o cenário, as luzes e a plateia variam. O ator sabe que uns poucos sabem que não é quem parece ser. Mas todos o tratam como se fosse quem não é. E, no dia em que alguém refere sua identidade verdadeira e secreta, assusta-se, experimentando num átimo o choque, como ficar nu em público ou estar fantasiado de alguém que também não existe, nem de fato, nem de direito.

A persona, mantida num canto da cela ambulante do corpo, empresta sua experiência ao ator, de cuja severidade e responsabilidade na representação depende a própria continuidade da vida. Finge amar e ama, sem entregar-se na totalidade. Num momento assume todos os sentimentos do personagem, mas sabe que não sabe de que modo o construiu.

Noutro momento, o ator finge ignorar determinados acontecimentos, que na realidade são arquivos íntimos. Às vezes, perde a identidade até nos sonhos, em que encontra a figura de quem sabe que não é. Naquele instante, combinam, como velhos amigos, o texto útil para cada novo ato.

O mais difícil e doloroso destes anos no final da vida tem sido a dependência de terceiros para cumprir os atos de cidadania, escondendo a identidade de José Anselmo, um cara com experiências únicas, vivo e em paz com sua consciência. Para pagar as contas de cada mês, espero a generosidade de alguns. De repente a contribuição falha... Há um fenômeno único: sempre, todas as muitas vezes em que a insegurança de não honrar compromissos se instalou, apenas uma oração abriu as portas e a solução para viver mais um dia: "Deus, preciso de sua ajuda!".

As quedas foram muitas. O sobe e desce em termos de capacidade financeira obtida com o próprio esforço, uma constante. Apenas para citar um caso: a consultoria que me acolhia sofreu um baque com a morte da minha sócia, uma mulher dinâmica, amorosa, destemida e generosa.

Meses depois recebi a visita de um delegado de polícia:

– Ô rapaz, você está muito bem...

– E você, a família, as crianças?

Ele era investigador quando eu era um prisioneiro do DOPS. Pediu-me numa ocasião para ajudá-lo a decorar o apartamento que comprara. Ia casar. Fui até o local e dei algumas ideias. A futura esposa gostou.

Na ocasião da visita, ele estava bem situado à frente de uma delegacia de polícia no interior e acabava de ser eleito vereador.

– Você deve mudar-se... O interior é muito bom. O prefeito é meu amigo. Posso arrumar uma indicação, um trabalho... turismo... aulas na faculdade...

Deixei a capital e fui visitar o interior. Uma cidadezinha do Oeste de São Paulo. Fiquei encantado com as ruas arborizadas, com a tranquilidade e a acolhida calorosa. Encerrei todos os contratos de trabalho na capital. Juntei os trens e mudei-me. Durante uma semana, em salas da faculdade, ministrei um curso de comunicação empresarial para todos os funcionários de cargos administrativos da prefeitura. Recebi uma carta de agradecimento do novo prefeito.

Convidado pelo dono da faculdade, ministrei a palestra da aula magna daquele ano. Sem carta de agradecimento. Depois de seis meses, nada dos contratos de trabalho prometidos junto à edilidade se concretizara.

– E agora?

– Nós podemos construir um galpão fabril... Eu fico com os contratos comerciais. Você administra a produção.

Era uma saída. Investi tudo quanto havia juntado durante anos. E o Plano Cruzado embolou o meio de campo. As vendas eram insuficientes.

– Vamos pedir concordata.

– Não... Eu vou ficar desmoralizado... Minha função pública... Meu mandato de vereador...

Resultado: a empresa foi dividida. A autoridade ficou com a melhor parte e comprometeu-se a pagar 50% do "Habite-se" quando eu vendesse minha parte. Voltei para São Paulo para recomeçar do zero. O galpão ficou aos cuidados de um amigo. Passou um tempo alugado e anos depois apareceu um comprador.

Procurei então o delegado, para cobrar seu empenho: os 50% do valor pago pelo "Habite-se". Por telefone, ele me respondeu com voz rancorosa:

– Quem é você? Você não existe.

E pôs fim à conversa com algumas ameaças veladas. Que poderia fazer? Ele sabia que eu portava documentos falsos que não poderiam ser apresentados numa ação jurídica. Ainda mais contra uma autoridade, um doutor delegado, um homem poderoso que conhecia o meu passado e o nome verdadeiro que eu não tinha como provar.

Tremi. Temi. Calei. Já tinha outro trabalho, informal, mas satisfatório: treinamento de pessoal numa pequena empresa de serviços. Aos poucos retomei contato com velhos clientes da consultoria e um ano depois pude trabalhar numa nova pequena empresa fundada em nome de amigos e ampliar a carteira de clientes.

Foi Lua, uma das sócias da nova empresa, quem falou da Programação Neurolinguística (PNL). Fui fazer o cursinho de fim de semana na Sociedade Brasileira de PNL. E comecei a devorar os livros disponíveis sobre o assunto. Fiz novos cursos aplicados a vendas, hipnose ericksoniana e, finalmente, durante um ano fiz o curso de Master em PNL na escola que levava o nome Quantum Leap, da empresa de John Grinder, um dos criadores da PNL. Grinder esteve por duas vezes no Brasil e pude acompanhar os dois seminários que ministrou.

Conhecer em amplitude, com aulas sistemáticas, essa disciplina foi muito importante para me liberar de alguns fantasmas mentais. Os exercícios de "ressignificação dos eventos passados" ajudaram. Conhecer e conviver com empresários e administradores confirmou as possibilidades de ampliar meu trabalho. Por outro lado, tais conhecimentos despertaram a curiosidade sobre um terreno desconhecido: como era possível manipular a opinião de clientes e como os governantes podiam, por meio da propaganda e de conteúdos escolares, manipular a opinião da sociedade, ou disseminar programas cerebrais – em outras palavras, promover lavagem cerebral.

Era assustador. Fiquei apenas com a parte da Programação Neurolinguística que proporciona ao indivíduo as ferramentas do autoconhecimento, do contato com a própria força interior. O mais era matéria para psiquiatras, psicólogos e manipuladores de opinião.

Isso é apenas para registrar que, depois que fui liberado da prisão e da colaboração com os policiais que reprimiam os grupos de luta armada, fui capaz de cuidar do meu próprio sustento. Diferente de ficar na dependência do Estado, como alguns fanáticos do marxismo insinuaram em páginas da internet. Fui capaz de cuidar da subsistência pessoal sem a mínima ajuda do Estado. Também nunca cobrei nada pela colaboração que, malgrado as interpretações aleivosas, para mim tinha o significado mais profundo de dívida, de obrigação para com minha gente, minha pátria, minha nação. Nem esperava viver tanto tempo nessa insólita condição de velhice dependente da contribuição financeira de pessoas. A generosidade me ensinou a valorizar exponencialmente o sentimento de gratidão.

Comunista pela metade?

O que faria um velho engenheiro bem-sucedido, com os cabelos brancos tingidos, no ambiente capitalista, apegado às suas propriedades, militar, num partido comunista? Os sonhos frustrados da juventude? A identificação com promessas da propaganda ideológica tidas como verdadeiras e inconscientemente percebidas como falsas? O desejo de integrar uma nação soberana idealizada? A ausência de um mapa/missão de vida? "Duplipensar", como Orwell descreveu? A falta de enunciados suficientes para apontar soluções novas? Os empecilhos para chegar a resultados criativos? Escola e mestres comprometidos com teorias e utopias enganosas? Apenas desprezo às limitações dos humanos? Ou ausência de ferramentas para a construção de sonhos incompatíveis com o ambiente real?

Essas eram as dúvidas que tinha em relação a um senhor com quem interagi amigavelmente, a ponto de receber dele um jornal do PC do B e o convite para ingressar no partido. No sítio onde ele passava os fins de semana, sentados num banco de madeira tosco, discutíamos soluções para melhorar o mundo e vitalizar suas colmeias infestadas por varroas (uma espécie de ácaro).

Só o comunismo, segundo ele, tornaria o mundo melhor, com uma ditadura que pusesse toda aquela gentinha preguiçosa pra trabalhar... Eu ria e concordava. Fazer o quê? Se ele soubesse da minha experiência e da contribuição contrária ao sistema de governo que seu partido defende...

Gostava de provocá-lo com perguntas sobre os fuzilamentos de Castro e os Gulags da velha União Soviética ou sobre a perseguição e o assassinato de Trotsky por Stalin. Ele justificava tudo, admitia alguns exageros ou os atribuía à imprensa imperialista. Meu amigo comunista burguês era incapaz de corar enquanto mentia. Por outro lado, era admirador da boa música e sobre o tema podíamos discutir sem espaço para os assuntos da brutalidade humana.

A vida proporciona momentos de encontro que, como pedras preciosas, vão enriquecendo o espírito, a mente e o corpo, dando forças para as vicissitudes da jornada de volta à casa original. Deve ter sido por isso que o poeta Vinicius de Moraes proclamou que "a vida é a arte do encontro".

Em qualquer situação é melhor ajudar em vez de agredir, curar em vez de meter o dedo nas feridas. Melhores são os encontros racionais que aprofundar a intolerância que ignora comportamentos humanos superiores. O que impede a superação das limitações humanas? Quem ou que força estranha nos desvia pelos descaminhos?

Nos paus de arara rodando pelas estradas de terra que ligavam o Rio a São Paulo, viajavam levas incessantes de gente em busca de trabalho e melhores condições de vida – como ainda hoje nos ônibus que circulam por rodovias asfaltadas pelos governos militares. Assim se expandiram as favelas do Rio de Janeiro e de São Paulo. E, mais recentemente, o fenômeno continuado incha os guetos de miséria em torno de todas as capitais.

Quando se fala em sociedade, a referência pode ser a um clube ou empresa, sujeita às mesmas leis, direitos e deveres participativos. E, quando se fala em sociedade brasileira, é flagrante que as leis, os direitos e deveres e a participação nos lucros são tratados de maneira escabrosa. As favelas atestam-no de modo cristalino. As políticas paternalistas e coletivistas abrem as portas para a corrupção e a burocracia, perpetuando a baixa escolaridade e a instrução profissional falha, que contribuem para isso.

Ao lado da opulência e ostentação de riqueza, a ignorância encontra empregos mais atrativos e bem remunerados entre os narcotraficantes, que pagam aos adolescentes, nas diversas tarefas de controle do espaço, embalagem e distribuição local da maconha, cocaína e outras drogas, valores semanais iguais ou mais elevados que o salário mínimo mensal pago aos trabalhadores produtivos sem capacitação.

Por que então trabalhar honestamente fora da favela, em troca de uma remuneração insuficiente para manter uma família e viver dignamente? E mais: uma pistola na mão de um adolescente o faz sentir-se poderoso como o menino do asfalto no volante de um carro novo que papai deu de presente. A arma também serve para imobilizar vítimas de assaltos, proclamando: *de nada vale seu desprezo, eu sou mais forte agora...*

A organização e "consciência social" dos que fundaram o PCC, conhecido como Primeiro Comando da Capital, mas que eu chamo de Partido Comunista do Crime, começou, segundo o depoimento em documentário gravado de Carlos Gregório, o fundador do Comando Vermelho, na Ilha das Flores:

"Lá éramos 50 a 60 presos em cada cela, sendo 5 ou 6 políticos.... Se eles tinham uma banana, repartiam a banana entre os cinquenta... E aí começou a ideia de organização e defesa da sociedade das favelas... O movimento devia lutar por paz, justiça e liberdade... Fazer tudo que o governo não faz... Tapar todos os buracos..."

O fundador do Comando Vermelho aprendeu com os presos políticos os princípios de organização estratégica e tática contra "os exploradores". Existem outros depoimentos que apontam a mesma origem de organizações para o narcotráfico e o contrabando de armas de guerra. Mas ninguém refere os mandantes e beneficiários dos negócios mafiosos.

Nos anos 1990, o negócio original com maconha, tendo sua melhor clientela entre estudantes universitários, evoluiu para o comércio das drogas pesadas como a cocaína e posse de arsenais com maior poder de fogo, superando *os treisoitão* dos policiais.

Os empresários vieram a ser as Farc da Colômbia. Num dos acampamentos dessa guerrilha, foi preso um dos comerciantes bem-sucedidos do tráfico brasileiro, que continua ativo, na tranquilidade de um presídio de segurança máxima.

Um soldadinho do tráfico declara: "Quem pode comprar mil reais de pó é o rico lá de baixo... Aqui mil reais é pra comprar comida e roupa... Pobre só puxa é fumo...". O que o pobre nem sabe é que o tetracanabinol trava e descontinua os circuitos neuronais, tornando a pessoa incapaz de censura e raciocínio lógico.

Conversando com aquele velho comunista do PC do B, pensava que as guerrilhas que foram batidas antes e durante os governos militares não deixaram de arregimentar militantes e iriam eclodir em violência, porque a "democratização" iniciada com a saída dos militares da cena política andava muito capenga, abrindo passo para a nova ordem internacionalista.

Nas universidades, nos sindicatos, nas ruas e dentro de cada lar, percebe-se hoje a presença das ideias do esquerdismo radical atacando os princípios e valores que alicerçam a civilização. São difundidas as metas irracionais e utópicas, os métodos de controle coercitivo contra as liberdades fundamentais que, historicamente, acabaram. Mudaram o discurso na propaganda. A prática dos bastidores está refinada. Os meios de ação continuam sendo aqueles ditados pelos psicopatas Lenin, Stalin, Mao, Guevara...

O pior dos aspectos desses que aparecem como defensores da "democracia", comunistas pela metade ligados ao processo capitalista, é a bomba de efeito retardado que a China de Mao e a URRS de Nikita Kruschev lançaram, espalhando drogas primeiro nas Guerras da Coreia e do Vietnã, por toda a Ásia e Europa, e finalmente nas Américas, para facilitar o avanço das ideias do governo mundial e o fracasso das liberdades organizadas nos estados democráticos de direito.

Ganhando consciência

As ideias coletivistas, socializantes pareciam conter indicativos para solucionar muita coisa e, como força estranha, desconhecida e misteriosa, me empurraram para o mais inseguro dos terrenos. A família e os sentimentos amorosos foram abandonados. Eram sentimentos "pequeno-burgueses".

Nas organizações de esquerda, as mulheres aparecem em número menor, mas em igualdade com os homens. Uma coisa era bem marcante: trocavam de parceiro como quem troca de roupa. Companheiros e companheiras para tudo. Quase sem "preconceitos" na mesma prisão, no mesmo curral moral que ignorava a família, a dureza do trabalho produtivo e as responsabilidades para criar filhos. As crianças passavam à responsabilidade do Estado.

Naquela longínqua infância, ouvi dizer da vocação pacífica do povo brasileiro. Havia até a citação de um nobre qualquer referindo que "dava um boi para não entrar numa briga... E uma boiada para não sair". Pois entrei numa briga que parecia racional, adequada e humana. Mas com muitas dúvidas espirituais, superadas em parte, depois da passagem por um verdadeiro inferno dantesco.

Quando me foi exigida a ação física violenta, entreguei a boiada para sair da briga. Já sabia de cor e salteado as histórias do Conselheiro, lidas nos cordéis e nas partes finais de *Os sertões,* de Euclides da Cunha: "O homem" e "A luta". Pulei "A terra", por conhecê-la um pouco sob aspectos diferentes da aridez geológica e da pedreira vocabular do texto.

Nem sei determinar direito quando a minha crença nos bolodórios da fé ingênua começou a vacilar. Nem que fatos a abalaram. Mas chegou um momento de dúvida, como força avassaladora. Talvez idêntica ao abalo nas crenças da imaturidade política diante da crueza do fanatismo ideológico: quando a gente vive durante anos com um grupo fechado, sem contato com a vida exterior, como numa ilha, envolvida emocionalmente, sem ver outra coisa, sem ouvir outra ladainha, acaba idiotizada. A liberdade de pensar fica obstruída, sem termos de comparação.

Quem raciocina, se informa e percebe os diversos aspectos de uma mesma realidade, escolhendo o mais racional, é oposição. Acaba desclassificado. Torna-se "pecador". Não tem valor e deve ser crucificado, queimado vivo, enforcado, morto ou calado. O grupo fanático, cego e violento, o rejeita como se tirasse uma espinha de peixe atravessada na goela. Assim eram os "*gusanos*" (vermes) contrários à Revolução Cubana. Acabavam na prisão ou condenados ao trabalho forçado. Seres desprezíveis! Individualistas que ousavam pensar diferente do deus vivo, vestido de uniforme verde, conhecido como "El caballo" (o cavalo), ou simplesmente Fidel.

Eu os conheci bem de perto. Lá estava, como um rei em meio à corte, Fidel Castro, rodeado de vietnamitas, recebendo os convidados estrangeiros no Palácio da Revolução. Olhei-o assim, a uns cinco passos. Nem por um instante tive desejo de cumprimentá-lo. Afastei-me e fiquei observando a figura do homem-deus da ilha, o ar prepotente, soberbo e certamente determinado a mandar prender ou matar quem desobedecesse às suas ordens. O comunista francês René Dumont o descreveu num livrinho – *Cuba est-il socialiste?** – como capataz de uma fazenda. Dez milhões de escravos às ordens. Chicote, tronco ou fuzilamento para os fujões ou rebeldes. Deus ou diabo travestido?

---

* DUMONT, René. *Cuba: Est-il Socialiste?* Paris: Editions du Seuil, 1970. Comunista francês, especialista em pecuária, foi convidado por Fidel Castro para estudar e aconselhar o incremento de pastagens intensivas. O ditador desprezou as indicações do camarada técnico. Na linha do sólido documento crítico do estalinismo produzido pelos intelectuais do PC francês, *O livro negro do comunismo*, Dumont publicou sua crítica avassaladora contra o castrismo.

Espelhos

Na imaturidade éramos incapazes de vislumbrar as poderosas máquinas ideológicas. Não tínhamos condições de perceber os contornos do cipoal da macroeconomia ou das teorias esotéricas da religião marxista. Não imaginávamos que uma oligarquia, uma crença e metodologia transferida de geração a geração mandava de fato na Terra.

Assim entrei para a Associação dos Marinheiros e Fuzileiros Navais do Brasil, em que o mundo era entendido como dividido entre cristãos, não cristãos e ateus, que proclamavam a inexistência de um Deus – que era uma mentira! Não era possível não acreditar na existência de Deus.

As atenções gerais se concentravam num foco polêmico, manipulado pelo internacionalismo comunista, enquanto as engrenagens do *Grande Irmão* transformavam a muitos em homens mecânicos, inconscientemente escravizados por ideias de poder tirânico, travestido de libertário, que fomentava a indisciplina da hierarquia militar, com o objetivo final de forçar toda a sociedade a renegar as crenças tradicionais e comprometer-se com dogmas e fanatismo atrelado às crenças impostas pela máquina do Estado totalitário, a ditadura do proletariado, uma categoria que nenhum daqueles marinheiros era capaz de perceber.

Na maturidade pude acompanhar a concentração de gente nos espaços urbanos, ouvir os cientistas declarando que a maioria dos habitantes do planeta vive em condições de miséria e sofrimento. Os políticos continuam prometendo o paraíso se a gente for boazinha, votar neles, trabalhar muito e pagar os impostos. Entra um partido, sai outro e a utopia do estado democrático de direito fica cada vez mais distante.

Pude conviver com o trauma depois do suicídio de um "pai dos pobres", Getúlio Vargas, um estadista bondoso e criador de vacas lá no Sul. Admirei o sorriso de mineiro tímido de Juscelino mobilizando a gente para "avançar cinquenta anos em cinco". Fiquei atemorizado com a renúncia de Jânio, que com uma vassoura prometia varrer toda a sem--vergonhice do Brasil e depois chegou com a conversa: "Forças terríveis levantam-se contra mim e me intrigam ou infamam até com a desculpa de colaboração".

Chega Jango, também criador de vacas e discípulo de Getúlio, envolvido como "inocente útil" pelos sindicalistas filiados à Internacional Comunista, que queriam estabelecer uma república alinhada à Rússia soviética. O povo ainda não via televisão, ainda lia jornais e ouvia o rádio. As ruas do Rio de Janeiro, de Belo Horizonte, São Paulo, Porto Alegre e outras cidades foram tomadas pelas pessoas religiosas que temiam o avanço do comunismo. Os militares tomaram o poder depois que o presidente viajou para o Sul mostrando que não queria um banho de sangue.

Finalmente, a festa da anistia (que não aconteceu para mim) e os tambores que anunciavam a redemocratização e a devolução do poder aos políticos. O entusiasmo daqueles momentos históricos foi como fogo em palha. Mais de meio século depois de ouvir promessas, chegamos ao estado de guerra assimétrica, convivendo com o crime organizado que assumiu o poder e que se diz "socialista democrático".

Socialismo do século XXI... A Venezuela da Organização dos Países Exportadores de Petróleo – OPEP, que um dia foi a nação mais rica da América do Sul, já tem filas até para comprar papel higiênico e cada cidadão tem que colocar o dedão na maquininha, um escâner para registro da impressão digital, que impede a compra maior que a ração determinada pelo Estado bolivariano. Os índices de criminalidade são escandalosos e a cúpula do governo abriga traficantes de drogas e ignorantes, incapazes que se enriquecem e mantêm contas nos paraísos fiscais. Insistem na insanidade de exaltar a Cuba dos ditadores Castro.

Muitos agentes da ordem pública e até militares foram corrompidos na mesma medida que os políticos "livremente eleitos" para representar o "povo", a massa controlada e mantida na ignorância. Os sucessores dos que mataram e morreram a serviço do Estado contra a guerrilha comunista agora morrem e matam nos embates com pequenos traficantes, que agem no campo da guerra assimétrica.

Ouço e vejo o que se veicula pela televisão, "caixinha de fazer doido". Estou convicto de que os resultados da violência e do terrorismo que o Brasil conhece hoje são frutos da própria organização política e social, das estratégias governamentais internacionalistas, contrárias aos interesses da nação, contrárias ao bem comum. Qualquer voz ou organização que tente equilibrar minimamente a balança do poder acaba retida pela avassaladora máquina da propaganda socializante. A população tem sua opinião deformada por meias-verdades, mentiras e fatos escabrosos.

Hoje podemos identificar os beneficiários das políticas educacionais segregacionistas – com nomes, RG, CPF e ramo de atividades –, um grupo de famílias que controla a economia do planeta, desde muito antes da Revolução Francesa, divisor de águas e início do processo de fomento do terrorismo internacional, instrumento de medo continuado para submeter os povos à globalização econômica.

Para estes, esquerda, direita, socialismo, democracia ou qualquer forma de governo ou crença não têm o menor sentido. Os que mantêm todas as nações endividadas no curral do sistema financeiro internacional ditam as regras e permitem algumas liberdades que lhes sejam convenientes.

Adquirem a preço de banana grandes áreas do planeta para a exploração de minérios estratégicos, produção, industrialização, comércio, logística de armazenamento, transporte, turismo, serviços e comércio. Tudo a título de redução de dívidas contraídas pelos governantes dos países menos desenvolvidos.

Fazem um discurso cínico em relação ao crime organizado que fingem combater, quando, na verdade, são parceiros. Patrocinam campanhas de desarmamento da sociedade, mas não para desarmar os criminosos, agora merecedores de "direitos" excepcionais.

Instrução pública insuficiente no campo e nas cidades. Conteúdos escolares obrigatórios carregados de doutrinação ideológica e informações distorcidas, freando o aprendizado para pensar livremente e agir com sabedoria e independência, com liberdade mental. A censura atinge escritores como Dalton Trevisan, e até Monteiro Lobato é acusado de racismo: *Caçadas do Pedrinho* e *Negrinha* mobilizaram psicopatas pedindo a proibição até ao Supremo Tribunal Federal.

Drogas destroem os neurônios. Zumbis não pensam. Nem produzem. Alimentam o subemprego e o desemprego, a violência crescente e alimentam a corrupção. Infância e adolescência cada vez mais sujeitas à deseducação de lares instáveis e desagregados, sem orientação, sem perspectivas.

Uma síntese desse panorama macabro está descrita por um filósofo que se autoexilou quando as portas se fecharam para seu exercício como professor e jornalista no Brasil. Olavo de Carvalho continua pregando a busca da verdade. Milhares de brasileiros o ouvem, outros o execram:

> *Ninguém no Brasil ignora que os traficantes são um poder armado e que eles não vão ceder um milímetro desse poder se não forem obrigados a isso pela força, não por "programas sociais" que, na mais rósea das hipóteses, só servem para tornar a situação nas favelas materialmente mais tolerável para as pessoas honestas que ali vivem, sem libertá-las do jugo tirânico dos narcotraficantes.*
>
> *Para completar, o país inteiro sabe que muitas ONGs estão intimamente associadas ao esquema político esquerdista que apoia e protege as Farc. O aplauso das plateias brasileiras ao capitão Nascimento não reflete alienação, muito menos mentalidade fascista, mas o cansaço geral ante um discurso*

social hipócrita que, sob o pretexto de zelar pelos direitos humanos, faz do governo o padrinho dos delinquentes e o carrasco da população. (Olavo de Carvalho, *Diário do Comércio*, 10 de março de 2007)

Os grandes entraves para um projeto educacional sério são ideológicos e embutidos na geoestratégia global. As ideologias criam divisões artificiais, brutais e embrutecedoras. Limitam, amarram o pensamento livre e criativo, que, para os fanáticos e ignorantes, preguiçosos e oportunistas, é pensar herético, na contramão do controle coletivista internacional.

Pé na estrada

Pois o teimoso do meu pai comprou um sítio na Água Bonita, a meia légua de Itaporanga d'Ajuda. Depois de um ano, para estar mais perto dos médicos, foi residir em Aracaju. Voltava sempre ao interior nos fins de semana. Percorria a cavalo o caminho até o sítio onde mantinha a plantação e umas vaquinhas.

Um dia foi ajudar a colher jacas para a ração dos bichos. O caseiro, no alto da árvore, amarrava o fruto numa corda, cortava o talo e meu pai ia soltando a corda até que a pesada jaca chegasse ao chão. Um daqueles grandes frutos escapuliu e caiu na cabeça dele. Desmaiou. Voltou a si com ajuda do caseiro. Montou e cavalgou os três quilômetros até a cidade. Isso aconteceu num sábado.

No domingo, depois da missa, ele me convidou para visitar uns amigos. Foi uma via sacra, de casa em casa, como uma despedida. Depois do almoço, voltamos a sair, e naquelas visitas só nos ofereciam doce de pão – fatias de pão dormido envolvidas em ovo batido, fritas e mergulhadas numa calda rala de açúcar.

Entre a segunda e a quarta-feira, meu pai recebeu uma visita médica e manteve repouso. Na madrugada de quinta-feira, pediu que o ajudasse com os travesseiros, levantando-o para respirar melhor. Coloquei sua cabeça sobre o travesseiro em meu colo, amparando-o. Logo depois começaram os estertores. Morreu.

Eu tinha 16 anos, já trabalhava no comércio local e estava diante do inevitável: a viuvez da madrinha que me havia criado e a responsabilidade de assistir a minha mãe. Não poderia continuar como dependente de uma ou outra. E ambas eram dependentes afetivas do menino que nem sabia ainda o que fazer na vida. A ausência de quem me orientava exemplarmente no momento em que a adolescência se traduzia em dúvidas e insegurança era definitiva.

Não consegui chorar. Devia providenciar o velório. Os trâmites para o féretro ficaram por conta da mãe da minha primeira namorada, Celina, que administrava a funerária local. Ouvi discursos de velhos amigos e companheiros de meu pai, militantes da União Democrática Nacional – UDN. Voltei a casa ainda em choque, e durante a primeira semana era como se ele continuasse ali. As roupas, os sapatos, o copo de bolinhas vermelhas na bandeja, a correntinha que enfeitava um cavalo de louça, a cadeira de balanço em que ele sentava ao lado do rádio, a escova de dentes, o aparelho de barbear no banheiro...

Despedi-me e chorei diante da tumba, que fui visitar depois da missa de sétimo dia. Estávamos ali a sós, num último encontro, num último diálogo mental, em que ele, risonho, parecia dar os últimos conselhos e instruções para a vida. Saí confortado do cemitério e fui consolar Maria Francisca, a mãe-madrinha, viúva.

Estava crescendo e, quando o bigode ainda era um buço, de cara lisa, o pai morreu e fui ser marinheiro. A primeira escolha significativa. Romper os laços com o espaço e pessoas importantes durante 17 anos para integrar um grupo novo. Coisa de homem! Ir para uma escola de guerra que ensinava a obter resultados pessoais e relacionar-se na interdependência com estranhos.

A vontade era de aprender a distinguir entre amigos e inimigos. Até então todos eram muito próximos, e, por mais que um ou outro significasse menos, uma forte veia interior implantada pela educação cristã mandava amar e perdoar, o que era muito fácil naquele ambiente.

Ignorante de ideologias e dos fundamentos da guerra e paz, velhos alicerces do poder, ignorando a mecânica das segundas intenções, rompia os limites da ingenuidade lançando-me ao espaço desconhecido para interagir e aprender a me relacionar com pessoas diferentes, selecionar oportunidades.

A época de alistamento para o serviço militar obrigatório chegou. Urgia tomar uma decisão. E o cartaz da Marinha do Brasil era tentador: "Aliste-se na Marinha! Conheça o mundo!". Os procedimentos eram simples: um teste de conhecimentos básicos, exame de saúde, apresentação da certidão de nascimento e aguardar o dia da viagem para Salvador, na Bahia, como aluno da Escola de Aprendizes Marinheiros para um curso com duração de um ano. Na Capitania dos Portos de Aracaju os requisitos foram preenchidos.

Os dias seguintes daquele ano de 1957 foram de excitação. Deixaria para trás pessoas amadas, ruas, cheiros e sabores conhecidos, amigos queridos, namorada, as sessões de cinema domingueiro no Cine Palace, a Praia de Atalaia, a loja Satélite. Viveria por conta própria num mundo desconhecido, sem fronteiras. Sem a dependência afetiva que ajudava a tomar decisões.

Cada despedida esteve carregada do sentimento de perda de uma parte essencial da infância e da mocidade que ingressava nos campos de uma juventude vacilante, mas obrigada a conquistar seu espaço com o próprio esforço. Estava munido dos ensinamentos do lar e do torrão natal. Restava desembaraçar o nó no peito e na garganta.

Na noite anterior à partida, os familiares davam os últimos conselhos. Lembravam que devia escrever sempre. Despedi-me da mãe-madrinha chorosa, de manhãzinha. Ela me colocou no pescoço a correntinha com a medalha de Nossa Senhora da Conceição. Saí de casa levando apenas duas mudas de roupa, toalha, sabonete, escova de dentes e o *Gato preto em campo de neve*, de Érico Veríssimo, para ler durante a primeira longa viagem, de trem, entre Aracaju e Salvador.

Maria Francisca ficaria em companhia da enteada, mais que isso, uma filha amorosa. Ítala, "a mais ajuizada das meninas", estava casada com um homem que era a bondade em pessoa. Antonio Nascimento era o tesoureiro da Loja Maçônica e a cada mês uma fila de necessitados chegava à casa para recolher um envelope.

Durante anos Ítala cuidou da sogra, que sofria de demência, além de cuidar da casa e de duas filhas. Anos depois a família mudou-se para o Rio de Janeiro, onde voltei por vezes a compartilhar com prazer do convívio doméstico.

Voltei algumas vezes ao Nordeste. Nas idas e vindas foi crescendo o sentimento de que o lar, a família, era uma certeza que a gente carregava como um sacramento a todo lugar.

As pessoas significativas, mesmo a distância, estão por perto, integrando o imaginário e compartilhando experiências. A observação e a prática de costumes e valores identificam o grupo a que se pertence em essência. Essa identidade é preciosa e tem peso em cada decisão.

O correio levava e trazia notícias, cartas gordas que demoravam uma semana para chegar ao destino. As certezas se foram estruturando percebidas como limites do conhecimento, margens da aventura em territórios desconhecidos. As certezas estavam emolduradas pelas crenças conflitantes com as práticas do momento, gerando novas perguntas e buscas.

1958, Marinha do Brasil

Aprendiz de marinheiro em Salvador, na Bahia. Tinha 17 anos. Um ano depois, grumete no Rio de Janeiro. Moços marinheiros, naquele mundo, cresciam ingênuos e apaixonados. A instrução escolar limitada de filhos de lares pobres era uma situação diametralmente oposta aos costumes e informação das metrópoles do Sul, retratadas pela revista *O Cruzeiro* em ambientes refinados – casas e apartamentos luxuosos, roupas bonitas, carros brilhantes, fábricas com chaminés soltando fumaça e o edifício Martinelli, o maior da América do Sul, o Copacabana Palace hospedando personalidades internacionais e artistas.

No interior do Brasil, a realidade vivida era da gente humilde dos vilarejos e das roças periféricas, trabalhando no pesado desde o alvorecer, lidando com bichos, plantando e colhendo, gente humilde, que sabia consultar as estrelas e ler o recado do céu para saber se viria a chuva no dia seguinte.

Aqueles grumetes que enviavam parte do soldo para as famílias foram educados em ambiente cultural e costumes em parte preservados na capital da República, onde mesmo os pobres das favelas tinham condições de vida, informação e possibilidades melhores que os viventes das pequenas vilas e cidades do interior nordestino.

Os caminhos do mundo começaram aparecendo com imagens, luzes, cores e emoções, como as páginas de um livro, como as cenas de um filme cheio de aventuras. O navio aproximava-se do Rio de Janeiro.

De uniforme branco, a postos em fileiras no tombadilho, estávamos silenciosos, olhando o perfil da cidade, a Copacabana conhecida até então só em fotografia. Uma visão quente, viva e cheia de cores e sons dos filmes da Atlântida. O coração palpitava enquanto o Cristo Redentor, lá no fundo acima da mata, abria os braços em boas-vindas.

O Pão de Açúcar, ali bem pertinho, marcava a entrada da Baía de Guanabara. Dentro de poucas horas, perfumado, penteado e com roupa nova, iria ao encontro de uma ex-namorada, que tinha lábios doces como mel, corpo dourado, cabelos pretos e olhos brilhantes, risonhos e safados. Na bagagem estavam as cartas e presentes vindos do Nordeste. O tempo havia passado, marcando a medida da curiosidade pelo reencontro.

O endereço era Rua Barata Ribeiro, 200. O prédio imenso, com mais de quarenta apartamentos por andar, tinha fama de abrigar uma população liberal, viventes solitários que deixavam suas portas entreabertas e convidavam os desconhecidos passantes pelos corredores.

Gente em busca de companhia, de amizade, gente querendo preencher o vazio buraco entre a garganta e o peito. Os visitantes agindo frequentemente como predadores, deixando buracos maiores, olhos lacrimejantes e, na vitrola, Lucho Gatica gritando:

No quiero que te vayas... la noche está muy fría...
abrigame en tus brazos... hasta que vuelva el día...

Aligeirei o passo sem olhar para as portas entreabertas, sem ver as pessoas que diziam gracejos. Com o coração apertado por uma realidade nova e insólita, quase corria, para chegar mais ligeiro ao apartamento 44. Quanta coisa quis fazer, dizer e não deu certo!

Quanta vontade abandonada na beira do caminho! Quanto silêncio, intimidado, nos limites da contrariedade. Balizas que todos pareciam respeitar, como se tivessem medo de mexer em casa de marimbondos!

Afinal, comprometer-se com o novo era sempre um risco. A lealdade eu mantinha e observava os princípios mais enraizados. Não entendia mesmo era de fidelidade. Fiéis eram os cachorros, pra garantir a comida.

Era leal, mas estava bem distante de ser fiel. O pai ensinara um tipo de dureza consequente. Bem no fundo do coração conservava uma chama de liberdade que resistia ao compromisso com tudo quanto parecesse desajustado em relação ao que me fora ensinado como normal ou que causasse sofrimento.

Ela estava logo ali, por trás daquelas paredes, e lembrava os quinze anos, os desejos intensos e o medo das consequências previstas pela voz firme do pai avisando para evitar "fazer mal à moça e ter de casar à força".

Viajei ao passado. Numa distante tarde ensolarada, as tias haviam saído e ela estava só, passando roupa diante da janela por onde o sol entrava como labareda de luz intensa. Quando vi a silhueta daquele corpo que o vestido fino mal escondia, esqueci todas as recomendações do pai, os ensinamentos da igreja, os conselhos dos mais velhos, para pensar apenas em experimentar algo até então desconhecido, uma promessa de prazer que atormentava. Foi aí que ela disse: "Que calor, menino!", e na maior candura completou: "Estou quase em pelo...", como um convite.

Cheguei bem perto, com os olhos fixos nos peitinhos que pareciam querer rasgar o vestido fino. Comecei a acariciar os cabelos pretos como a noite, enquanto ela dizia, dengosa: "Deixe disso que me arrepio todinha". Mas ia deixando, fingindo continuar sua tarefa, de vez em quando suspirando e repetindo: "Deixe disso...", até que soltou o ferro e correu para a varanda.

Deitamos numa esteira ouvindo o tum-tum dos corações no silêncio da tarde. Quase não respirávamos, que os pensamentos não deixavam. Ir adiante ou parar por ali? Deixar acontecer? Era o que ambos queriam, mas o freio invisível do medo estava presente. Ela poderia puxá-lo a qualquer momento, como se puxa o cabresto de um cavalo desembestado, que poderia parar ou não.

Ela suspirou fundo e foi se entregando, consentindo nos beijos e na exploração suave das mãos, como um encantamento perpassado por tremores. Vez por outra o vento assanhado passava por ali, soprando e refrescando o calor dos corpos, como que assistindo e provocando. De repente, ela pulou e saiu correndo. Fiquei ali, estendido, corpo dolorido, com raiva e choroso.

Toquei a campainha do apartamento 44. A porta se abriu e aquela mulher branca, com cabelos curtos e lábios pintados, abraçou-me dizendo: "Menino, que surpresa, quanta saudade, nem imagina a alegria quando você telefonou... Vá entrando, a casa é sua! Você não mudou quase nada!". Foi o que ela disse, me olhando de cima a baixo.

Quem era aquela mulher estranha, magra, que nem de longe lembrava a menina dourada de sol? Os olhos estavam dançando. Mas guardavam uma tristeza difícil de entender. Os peitos estavam como que encolhidos. Os pés metidos num chinelo de tecido azul desbotado, os braços apenas cobertos por uma pele sem viço.

Aquele batom vermelho era um artifício. Diferente dos lábios suaves naturais, brilhantes de saliva doce, que um dia enfeitaram aquele rosto em que já começavam a se insinuar rugas mal disfarçadas pelo ruge. Estranho, tanta mudança em tão pouco tempo.

Que distância! Estávamos sentados em poltronas, um em frente ao outro, na sala simples e sombria. Por três vezes ela serviu café quente com mãos frias, sem parar de falar, perguntando por todas as pessoas daquela adolescência, fingindo que um pedaço denso da história que nos unia, um pedaço de passado, estava ausente. Como se não contasse. Como se fosse insignificante.

Senti-me tomado por uma onda de piedade. Não podia fazer nada mais que ser amigo. Senti raiva de mim mesmo, por não ter insistido e completado o ato naquele dia distante, fazendo a vida seguir seu curso natural.

Ali, diante daquela pessoa quase estranha, apaguei o cigarro depois do último gole de café, misturando nas cinzas o restinho de sonho. Despedi-me com um beijo, frio, envergonhado. Um beijo quase obrigação. Saí pelos corredores sentindo o peso das crenças e costumes, coveiros da beleza e da alegria. Coveiros da vida.

***

Vida de marinheiro, rotina e disciplina. Habilidades e responsabilidades predefinidas. Segurança, porque no meio da tropa estava amparado por iguais e ninguém iria se meter a besta com a farda, armadura para esconder o medo.

Foi durante o serviço militar que descobri que de nada adiantava esconder-se no quartel. O poder também tinha seus medos. A responsabilidade pelo bem-estar do outro resumia-se à defesa da integridade física dos bens institucionais da corporação responsável por parte da defesa territorial.

Quando chegávamos aos portos, saíamos para a exploração formando pequenos grupos de companheiros afins, para visitar algum ponto de referência turística. Bibliotecas, museus ou igrejas não eram atrativos. Acabávamos em grupos reunidos nas ruas noturnas onde as mulheres se ofereciam.

Com elas podíamos, por instantes, superar os limites do medo e acalmar o corpo, mergulhando no conforto e na cumplicidade, mais que uma simples troca de energia para equilibrar tensões físicas.

As pequenas conquistas pessoais para esquecer as regras de uma vida rotineira, árida e afastada da terra. O sexo sem vínculos afetivos mais profundos, porém agradecido, era momento de encontro e entrega. Para outros era mesmo brutal, animalesco, apenas utilitário, como um copo d'água para matar a sede.

Aqueles encontros remexiam com as emoções adormecidas de conhecer um dia o amor da mulher ideal, realizando a vontade profunda de troca e fusão, compromisso, vínculos familiares duradouros e construção compartilhada.

O objetivo na vida militar era lutar pela segurança da pátria e vencer o inimigo. O medo do inimigo, uma entidade sem cara, que podia a qualquer momento aparecer. E, quando apareceu, pintado pelos políticos marxistas, tinha a cara de gente como a gente, falando a mesma língua, com preferências e anseios idênticos.

Enquanto isso, pessoas distantes, viventes de outro mundo, se encarregavam de decidir o que, quem, quando, como, quanto e onde cada um podia comer, viver, matar ou morrer. Os desconhecidos e insuspeitados controladores globais agiam a distância.

A primeira unidade para a qual fui designado foi o pequeno e inoperante navio-tanque "Rijo", da Força de Transporte, ancorado no cais do Arsenal da Marinha do Rio. De licença nos fins de semana, arrumei um bico no despacho de cargas de uma transportadora. Nos dias de folga e aos sábados preenchia milhares de notas fiscais, ganhando calos nos dedos que apertavam a caneta esferográfica. Blocos e mais blocos de faturas com registros de volumes a menos. Eram mentiras para enganar a fiscalização do governo e fraudar os impostos.

Cada dois dias de trabalho eram remunerados com quantias próximo da metade do soldo militar mensal. Era possível comprar livros, frequentar os seminários de relações públicas da Dra. Fernanda Barcellos, dividir o aluguel de um quarto em terra com Manoel e Armando, amigos de infância, quase parentes. E também ir ao teatro e às revistas musicais do Walter Pinto pra ver as coxas da Virginia Lane. Um belo dia a folga acabou. Depois de passar por reformas no estaleiro naval, meu navio foi escalado para transportar álcool para o Uruguai.

Navegando

O navio-tanque Rijo singrava os mares na costa catarinense. Mais uns dias, aportaria no Rio de Janeiro. Na bagagem mental, as imagens de Montevidéu, Uruguai. Uma cidade tranquila e todo um clima de ordem, respeito e civilização. Muitos velhos lendo jornais nos bancos das praças ou apenas apreciando o movimento. La Carreta, o monumento aos primitivos colonizadores, o sabor da sidra, os sons dos bares da zona portuária.

As memórias e imagens que preenchiam as horas de serviço no silêncio do tombadilho relacionavam-se com eventos gratificantes. A segurança e a confiança desenvolviam-se no convívio da guarnição e no exercício das tarefas rotineiras, compartilhadas como numa família.

Lá fora a aventura, o imponderável, a surpresa que poderia ser perigo ou salto para um novo conhecimento. A mente divagava desenhando pequenos projetos futuros, quando uma nuvem cinzenta apareceu, como paredão gigantesco, ocupando todo o horizonte. O vigia percebeu através do binóculo que uma tromba d'água se aproximava rapidamente, carregada de ventos e raios.

Logo, aquele pequeno casco de ferro flutuante balançava entre as ondas imensas como folha frágil rendida à força maior, que muitos poderiam dizer força de Netuno, um deus zangado, de nada adiantando prece, promessa ou arrependimento.

A condição natural era inegável. A fragilidade impotente limitando a reação dos homens às manobras de fechamento de escotilhas e portas estanques, amarração de objetos e comunicações por telégrafo sem fio, que talvez pudessem documentar o local do desaparecimento instantâneo de pessoas que mantinham seus conflitos e certezas incertas. Em minutos a grande nuvem carregada de raios despertava o medo de morrer e desligar-se dos horizontes coloridos, dos abraços apertados, dos sorrisos infantis, da mão amiga acariciando cabelos para arrumar e afastar pensamentos confusos.

Enquanto as mãos de Netuno brincavam com as ondas enfurecidas, mãos gigantes e invisíveis, diferentes daquelas que acariciavam, aqueles homens trocavam olhares falando sem palavras de uma súbita igualdade, ternura, até, no mesmo barco controlado por forças imponderáveis.

Um medo momentâneo como o medo infantil do escuro parecia obrigá-los a sentir como um só. Resistir como um só. Os barcos salva-vidas com as latas de rações de sobrevivência e pistolas sinalizadoras estavam prontos. Os coletes transformavam magros em gordos buscando equilíbrio pelos corredores. Uns ajudando outros a amarrar o equipamento que manteria o corpo flutuando, em caso extremo, na esperança de salvação.

As grandes ondas banhavam o convés do minúsculo petroleiro em toda a extensão. A proa afundava e sumia. As raras ordens eram cumpridas de imediato. O timão não servia de nada e a bússola dançava, variando a leitura.

No momento seguinte, com novos horizontes e situações normais disponíveis, a chuva lavando o convés, o sol voltando a brilhar, todos retornaram, automaticamente, entre risos nervosos, aos comportamentos do padrão cultural conveniente à origem e à posição hierárquica, aceita sem contestação, sem ameaças à rotina ordeira e servil da relação entre os superiores que ordenavam e os inferiores obedientes.

Teria de me situar na vida, podendo ver, viver todas as aprendizagens plenas de alegrias e dificuldades decorrentes dos ensaios de primeiros passos. Teria de perseguir a compreensão dos outros e do mundo, sempre com as pernas arranhadas e braços quebrados, machucaduras que frequentemente carecem apenas de uma palavra amiga para sarar.

Qual seria a profissão mais importante, o melhor meio de juntar riqueza, alcançar a liberdade de ir e vir, possuir bens confortáveis, comer e beber pra renovar as células de cada dia? Como fazer para construir uma família?

Lembrava que havia aprendido de uns que dinheiro não traz felicidade e que outros diziam: "mas ajuda..." Era como estar numa prisão alimentado por dogmas enfiados goela abaixo como purgantes. Que importava a salvação eterna se o momento eterno de vida era o agora? Se os pobres eram maioria, servindo aos senhores, como viveriam os ricos sem o trabalho duro das mãos calejadas que plantavam e colhiam o pão de cada dia?

Certamente não existia profissão mais ou menos importante na vida. Existiam, sim, pessoas que desprezavam as outras pessoas. Seriam talvez os mais bem situados materialmente, os escolhidos ou descidos dos discos voadores. Ou então descendentes de raças vindas do espaço para dirigir cruelmente os inferiores.

Porque os milagres citados como tão presentes antanho, com aparições e auxílio de Deus, estavam ausentes no tal vale de lágrimas, transformado em vale de uivos e suspiros, arrastando ações ditas pecaminosas, crimes, traições, culpas, tristezas, desprezos acachapantes e guerra sem fim.

Milagrosamente, quando o sol perfurou a escuridão e as nuvens de chuva tomaram outro rumo, o navio-tanque singrou com tranquilidade para o porto seguro. E o vigia pensou: o que é verdade? Onde está a verdade? Quantos enganos a vida carrega? Só estudando muito para alcançar o equilíbrio e mínimas certezas.

Os pensamentos pareciam pesos doloridos curvando o espinhaço, despertando a atenção para livrar-se, aqui de pedras, ali de cacos de vidro resultantes da última bomba que matou os membros do grupo. Corpos destroçados apresentados nas fotografias, em cenas vermelhas sobre o negro dos escombros calcinados.

Cenas de guerra antes pavorosas, que apareciam a cada século nas páginas de revistas, tornaram-se comuns nos jornais diários, no *Repórter Esso*, nas páginas das revistas. Todos os dias um alerta, um conselho de voz severa e autoritária, de trovão talvez, insinuando para os habitantes da Terra algo como: está vendo o que pode acontecer?

Mantenha-se na linha! Seja obediente, humilde. Junte seus créditos para não sei quando, não sei quê, porque agora, como sempre, está difícil, complicado. Os recursos são parcos. É impossível atender, estender os direitos que entendemos que todos têm. Por enquanto somente alguns podem ter a garantia de bem-estar. O mérito pelo dever cumprido fica pra depois...

Nem sobrevivência, única coisa que torna todos semelhantes no mesmo barco, mesmo oceano, mesma tempestade, mesmo instante em pontos diferentes, era possível garantir.

Durante anos datilografei despachos, relatórios, ofícios que, firmados por um oficial superior, circulavam pelas repartições, determinando o que aconteceria com a vida daquela parcela de cerca de 25 mil marinheiros atuantes nos vários quartéis e navios da armada.

Navios velhos adquiridos por força de contratos entre governos após a Segunda Guerra. Frotas que jaziam como sucatas, abandonadas em portos distantes, foram reformadas e cedidas a troco de colaboração. O mesmo aconteceu com os aviões, os tanques e as armas que, ameaçadores instrumentos de morte, garantiriam a soberania e preservação do território.

Numa daquelas viagens no pequeno navio-tanque, que não carregava nem um canhão velho, nenhuma metralhadora enferrujada, nenhum fuzil Springfield, estava com o binóculo no posto de vigia, quando avistei um barco bem maior, sem bandeira, navegando a algumas milhas de distância. Cumprindo a rotina, informei o oficial de dia, sem saber que causaria tanta celeuma.

Nosso pequeno navio, identificado na frota como G, que se lia Gato, mudou o curso aproando para o rato invasor das águas territoriais. Sinalizou exigindo identificação. O invasor apenas tomou novo curso e imprimiu velocidade aos seus motores, afastando-se como uma lebre no campo verde do mar imenso.

Meses depois, trabalhando como auxiliar do oficial de operações da Força de Transporte da Marinha, organizando arquivos, passaram por minhas mãos documentos classificados, ofícios idênticos aos que datilografara tantas vezes, informando sobre a presença de navios invasores, espiões. Quem os visse deveria informar latitudes, longitudes, data, hora, para o conhecimento das autoridades.

Uma das características daquele trabalho era a confiança entre os níveis hierárquicos no trato de assuntos de natureza tática ou estratégica, que poderiam ser alvo de espionagem naquele cenário de guerra fria que separava os estados em blocos de força militar e ideológica. Questões que estavam ausentes da cogitação do marinheiro. Tinha apenas uma vaga informação sobre os inimigos mal identificados.

De um lado, os que diziam prestigiar e agir em nome de Deus. Do outro lado, os que diziam prestigiar e agir em nome da vontade dos proletários, compartindo igualmente a posse de riquezas materiais. Na verdade, o mundo soube mais tarde, controlando toda a economia e escravizando toda a população.

De um lado, a democracia dos que diziam respeitar as características de diversidade cultural, as crenças, a colaboração entre os povos, a família, a propriedade, a ordem e a liberdade dos indivíduos. Do outro lado, o comunismo dos que desprezavam todos os valores de civilização ocidental, o ambiente revolucionário em que todos eram obrigados a pensar igual, renunciando à individualidade, crença, livre-arbítrio e liberdades, servindo ao Partido Único, controlador das Forças Armadas e do Estado.

Noutro porto, dessa vez viajando como guarnição do Navio de Transporte de Tropas Soares Dutra, um passeio turístico me levou às ruínas de uma daquelas guerras que só aconteciam em países distantes, daquela vez na África. Sendo o único marinheiro do grupo com noções do idioma internacional, o francês, consegui traduzir um pouco do discurso do guia, que mostrava um muro em que a palavra "liberdade" fora escrita com sangue e estava preservada, protegida por uma lâmina de vidro na parede intacta de uma ruína, entre os destroços de um bombardeio. Um museu da guerra a céu aberto.

O discurso era uma chatice para o grupo, ansioso por diversão mais leve, como visitar as ruínas de Pompeia com suas histórias de prazer e lascívia, as pizzarias de Santa Lucia em Nápoles, na Itália, as pirâmides do

Egito, Capri, o Château d'If, perto de Marselha, na França, onde estava a cela do condenado descrito no livro O Homem da Máscara de Ferro, coisas bonitas, gente e costumes exóticos, atividades mais atraentes e satisfatórias que ouvir histórias de batalhas, guerras, ódio, pura sandice incompreensível.

Éramos todos filhos de um país pacífico por natureza, onde cada estrangeiro era bem-vindo e acolhido como irmão merecedor de cuidados, atenção, respeito e calor humano. Coisa muito estranha para certas culturas menos emocionais. Era curioso o aprendizado naqueles países em que Deus era diferente. As roupas eram diferentes, a gente comia sem usar talheres, o arroz era servido em minúsculas porções e não havia feijão.

Éramos moços risonhos nascidos num pedaço de terra onde podíamos andar de olhos fechados, percebendo sons, cores, cheiros, toques, movimentos, caminhos verdes e ensolarados. Éramos alheios àquele passado mascarado de ódio. Gente que parecia preocupada apenas com o tempo suficiente para agir ou reagir, sobreviver ou morrer.

A vida militar implantava nas mentes um inimigo de carne e osso, diferente do inimigo ensinado pela educação cristã. Ambos tinham uma natureza esquiva e traiçoeira. A crença religiosa havia incutido um modelo de vida reta, em que virtudes como a honestidade, o perdão e o amor, a compaixão e a caridade deveriam guiar pensamentos e ações, lastreando a responsabilidade de cada ser para com o outro.

A ideologia militar preparava para o enfrentamento físico, guardadas as regras da guerra. O inimigo era apontado como aquele que ameaçava interesses materiais, sólidos, tangíveis, o mesmo território que aninhava a história e os restos dos antepassados.

A terra que um dia acolheria os restos mortais de cada um de nós merecia respeito e proteção. No entanto, num enfrentamento guerreiro, não tinha lugar nenhum sentimento virtuoso ou ético. A Lei do Talião era coisa do Antigo Testamento, induzindo que o poder estava guardado para quem tivesse mais olhos, espadas e dentes mais afiados. Nós poderíamos resolver tudo com uma boa conversa.

Em tempo de paz a missão primordial era imperceptível. Na hora da guerra, aniquilar o inimigo seria fácil e sem culpa. Como na hora da tempestade vestir os coletes salva-vidas, assumir os postos e executar as ações com eficácia e rapidez. Depois da tempestade, limpar o espaço.

Igualdade entre membros de uma força de defesa no mesmo barco, numa realização quase real, muito próxima da utopia democrática. Covardia seria abandonar o posto de escudo, defesa do solo pátrio, negar o respeito à bandeira que tremulava mostrando o verde das matas, o amarelo do ouro, o azul do céu e o branco da ordem e progresso, simbolizando o espaço cultural e humano que regia os pensamentos, palavras e ações dos fardados sob juramento. Nem imaginava que mais tarde seria seduzido pelo canto das sereias e cometeria a covardia de trair o meu juramento à Bandeira, à minha pátria.

As perguntas viriam muito depois – a quem interessa? Quem ganha o quê com as guerras? Naqueles dias ainda não eram cogitadas. A posição era defensiva. Sem interesse em conquistas, porque tudo de que precisávamos estava disponível como presente da natureza exuberante. E o dever explícito, aceito e honroso, era garantir aquele pedaço de terra para o trabalho e a vida da gente que o habitava.

A missão do Transporte de Tropas Barroso Pereira era conduzir um batalhão do Exército Brasileiro ao Egito e repatriar os que completavam um ano a serviço da Força de Emergência das Nações Unidas*.

Os soldados brasileiros já tinham participado de duas guerras mundiais em defesa da democracia. A ONU os envolvia na fogueira de uma guerra cujo significado não era compreendido. Aquela missão parecia coisa de mercenário bem pago para cumprir uma tarefa profissional.

---

* O Batalhão de Suez, integrado por cerca de 600 homens da infantaria enviados anualmente ao Egito, entre 1957 e 1967, foi a primeira participação do Brasil nas Forças de Paz das Nações Unidas. A missão da UNEF (First United Nation Emergency Force) era manter a paz entre o Egito, governado pelo general Gamal Nasser, e Israel. Em 1956, Nasser havia nacionalizado o Canal de Suez, tirando-o do controle da Inglaterra, restringindo a navegação dos israelenses e mexendo com interesses franceses, americanos e soviéticos. No contexto da Guerra Fria, a ONU enviou tropas para restringir os conflitos que se seguiram à nacionalização na área já conturbada em decorrência da criação do Estado de Israel. O Brasil foi um dos dez países que integraram a missão da ONU.

No roteiro turístico, Marrocos, França, Itália, Egito e Argélia. Idiomas e costumes, alimentação e aspectos culturais levando a conhecimentos novos, percepções novas. Ao sul do Mediterrâneo, pobreza. Ao norte, Marselha, porto de partida para a visita turística à rica Riviera francesa, com paradas em Toulon, nas praias onde desembarcaram os aliados durante a Segunda Guerra Mundial, na Cannes dos festivais de cinema (uma prainha mixuruca) e finalmente Nice.

Passeio a Roma para ver o papa, as basílicas e o Coliseu. Do grupo turístico de marinheiros, apenas um desligou-se para visitar o Museu do Vaticano. Os outros preferiram uma ronda pela Via Veneto ou jogar as três moedas na Fonte de Trevi. Depois de andar de camelo e ver as pirâmides usando as boinas azuis da ONU, a volta à pátria, navegando com o espaço entulhado de fardas verdes, obstruindo o corredor na hora do banho, ocupando o refeitório e o convés de popa, espalhando um sentimento de casa e intimidade invadidas.

Os porões nem comportaram todas as caixas de cigarro, uísque e aparelhos eletrônicos que em parte viajavam no tombadilho cobertos por uma lona. A rica ONU fornecia a cada soldado uma caixa de cigarros americanos por dia, uma garrafa de uísque escocês por dia, férias pagas em países europeus, soldos em dólares, transformando a guerra em fonte atrativa de lucros.

Para alguns daqueles soldados, os soldos economizados e pequenos negócios realizados durante o ano de serviço, guardando as fronteiras da guerra entre judeus e palestinos, significavam uma pequena fortuna. Muitos perderam suas economias naquela viagem, nas rodinhas para o jogo de ronda (um rápido jogo com cartas de baralho). As economias mudavam de mãos, fazendo mais pobres os que perdiam e mais abastados os que ganhavam em poucos segundos.

Eram moços diferentes. Os marinheiros, anfitriões com o pé atrás, ficavam espantados com aquela visão. As fardas pouco se misturavam. As histórias ouvidas eram humanamente terríveis. As imagens da guerra haviam substituído a luz daqueles olhos que mostravam um fosco apagado, escondendo-se sob as pálpebras escuras e cansadas.

Nada mais parecia ser importante para aqueles moços que o abraço do reencontro com a pátria. Haviam enfrentado o perigo de rondas, pisando com cuidado no terreno que poderia estar minado. Haviam convivido com povos que se odiavam e circulado entre os corpos destroçados, estendidos como nada na mesma posição da matéria orgânica.

Viram seres humanos apodrecendo lado a lado, testemunhos da insensatez, da crença fanática, da ideologia ou religião fabricada algum dia por alguém que, lidando com palavras, mobilizava a construção das barreiras de ódio entre os que estavam no mesmo barco, no mesmo chão, no mesmo planeta no espaço. Eram incompreensíveis, ou melhor, nem eram cogitadas as razões daquela guerra ou a presença de brasileiros fardados ali.

O que antes era um mundo grande, fascinante na visão infantojuvenil, encolhia com o passar dos dias, resumindo-se na constatação de que, além dos mares que pareciam infinitos, as pessoas sobreviviam, venerando seus deuses, amando-se e buscando construir espaços confortáveis nos intervalos entre as guerras, um exercício brutal, não desejado, mas sempre presente.

Alguns enfeitavam as praças com jardins e monumentos perpetuando o amor. Outros levantavam monumentos e muros e alambrados, para lembrar o ódio. E todos, em toda parte, temiam os confrontos com minorias que defendiam interesses de gente poderosa, que ora aparecia de modo impositivo, ora sem rosto, ou fingindo ajuda.

A juventude do século XX cultivou profundamente os sentimentos de solidariedade e companheirismo em ambientes reformistas, conservadores, populistas e outros. Uma minoria abraçou os ambientes revolucionários, chegando ao fanatismo.

Os ideais eram defendidos com unhas e dentes, de modo radical, apaixonado, desinformado. As crenças dos que defendiam a revolução ignoravam que o homem estava em permanente evolução, movimento natural, diferente da interferência forçada castradora de liberdades fundamentais.

Os pensamentos rolavam enquanto lia um livro de filosofia no convés ao entardecer. Lembrava meu pai repetindo: "Os livros são os melhores amigos e conselheiros. Qualquer riqueza pode ser roubada, menos a riqueza do saber".

Lidar com palavras, encantar, hipnotizar, cativar, convencer. Tudo com o discurso criado, inventado, bordado por observações e por suaves mentiras imaginadas, atiradas como isca, para atingir e motivar viagens imaginárias além do real, vagando nas ideias dos mestres para ultrapassar o obscurantismo. A aventura, contada no embalo de rede folgada presa aos galhos de uma árvore à sombra momentânea do sol causticante, era fascinante, mas não protegida contra a futura chuva e ventos perigosos.

Perigo havia, mas sobrava espaço para encolher-se no escuro e fechar os olhos, tapar os ouvidos. Pensar só em perigo era alimentar o medo paralisante. Medo de nadar nas águas mais profundas, medo de voar nas máquinas que cruzavam os céus, mergulhar em viagens submarinas, montar cavalo e correr pelo pasto com o vento na cara queimada pelo sol. Sempre existia uma fonte na orla da mata habitada por bichos, uns mais violentos, outros menos, uns carnívoros, que matavam os outros apenas para aliviar a própria fome, atitude desconhecida entre os homens que matavam uns aos outros para saquear riquezas, ou simplesmente por matar.

Medo de ser mandado para uma guerra e morrer ou voltar aleijado, cheio de tristeza na cabeça tonta em que não paravam de aparecer as imagens de destruição da vida na África, sem razão plausível.

Até porque todos os habitantes do planeta praticavam deveres desde a mais tenra idade. Se era assim, todos deveriam ter o direito de trabalhar, cantar, procriar, relacionar-se, rir e render graças a Deus. Os fatos contribuíam para concluir que a resposta fosse duvidosa. Ou melhor, sim para uns e não para muitos.

Quando o Transporte de Tropas Barroso Pereira se afastava do Mar Mediterrâneo e começava a singrar o Oceano Atlântico, chegou a ordem para mudar o rumo e aportar em Las Palmas, nas Ilhas Canárias. Era manhã. Os cabos de atracação foram lançados e o navio encostou suavemente no cais. Lá estavam os garotos oferecendo jornais com a manchete anunciando a renúncia de Jânio Quadros no Brasil. Na carta de renúncia o presidente se referia às "forças terríveis" que o impediam de governar. Eu não entendia que forças seriam aquelas. Mas um ligeiro temor instalou-se no meu coração.

Servindo em terra firme

Em 1962, fui selecionado para o curso de especialização como operador de sonar e transferido para a Ilha das Enxadas, onde funcionavam diversas escolas técnicas da Marinha, incluindo a Escola de Técnicas de Ensino, que recebia grupos de professores da rede pública de todo o país.

Enquanto aguardava o início das aulas, fui pesquisar quem tinha sido o Almirante Wandenkolk e a história da ilha. O almirante, um homem culto, tinha sido o primeiro ministro da Marinha. Ajudou o Marechal Deodoro a proclamar a República, em 15 de novembro de 1889. A ilha passou de mão em mão, serviu até como hospital. Depois da Segunda Guerra Mundial, em 1945 foi adquirida pela Marinha para instalar as escolas de ensino especializado.

Por ali passavam anualmente centenas de jovens oficiais e marinheiros vindos de todo o Brasil. Nas horas de folga, nenhuma atividade programada para os que não tinham folga e cumpriam turnos de serviço. Imperava o marasmo. Um grupinho improvisava uma pelada. Outro jogava damas ou aliado*. Não havia cinema nem televisão. A biblioteca ficava fechada, com milhares de livros mofando. Os moços, habituados a receber ordens, eram como que imunizados para pensar e tomar iniciativas para o desenvolvimento mental. O desenvolvimento físico especializado era restrito aos alunos da escola de educação física.

Primeiro comecei a ajudar o capelão militar, que eventualmente oficiava a missa aos domingos. A assistência se resumia a alguns gatos pingados. O

---

* Aliado é um jogo tradicional na Marinha. Seguindo regras específicas, os contendores marcam o avanço ou perdem posições com o auxílio de dados, no caminho desenhado sobre uma lona, até a vitória, numa batalha entre 4 jogadores.

capelão sumiu. Consegui uma ordem para ser responsável e disponibilizar a biblioteca. Talvez a baixa escolaridade e a inexistência de palestras motivadoras tenham feito com que o projeto desse com os burros n'água. Uns poucos livros foram emprestados a dois ou três eventuais leitores.

No Centro de Instrução Almirante Wandenkolk – CIAW – funcionava uma gráfica que produzia as apostilas e folhas de testes e provas. Consegui autorização para editar um jornal para informação interna. *A Ilha* circulou com censura prévia em cinco edições.

Logo foi extinto, devido à matéria sobre uma droga colombiana chamada "yajé", que antecedia um futuro artigo sobre o uso da maconha por alguns poucos marinheiros, figuras carimbadas e rejeitadas. A intenção era mostrar o estrago que a droga fazia. Mas alguma autoridade não gostou.

As greves começaram a incomodar a nação. O *Correio da Manhã*, o *Jornal do Brasil* e o *Última Hora* anunciavam em manchetes quando os metalúrgicos paralisavam suas atividades no Sul e os sindicatos da mesma categoria declaravam greve em todo o país. Logo os sindicatos de outras categorias profissionais declaravam a greve solidária. Os serviços essenciais do país eram continuamente prejudicados. O que se deixava de produzir, os atrasos contratuais jamais seriam recuperados.

As reivindicações salariais beiraram o absurdo. Havia categorias cujos trabalhadores braçais, como alguns portuários, tinham salários superiores aos de professores, médicos, engenheiros. A fortaleza do capital estava literalmente sitiada pelos sindicalistas sob as ordens da Confederação Geral dos Trabalhadores – CGT, dominada pelo Partido Comunista, então na ilegalidade, mas contando com deputados eleitos em partidos legais. A mente dos trabalhadores estava sitiada pelo "sermão dos líderes". E os líderes disputavam grupos de influência, aproximavam-se dos políticos, desenvolvendo vaidades pessoais.

Naquele começo da década de 1960, a indústria brasileira era incipiente e carente de recursos para investimentos. O Estado era o dono das companhias que exploravam aço, petróleo, mineração e estava presente na quase totalidade das áreas produtivas. Um patrão poderoso, também constantemente sitiado.

A vizinha Argentina era mais desenvolvida na indústria, na pecuária e na produção de trigo. O Brasil era forte na produção de café. O sítio mobilizado pelos comunistas e a presença de Cuba desafiando os Estados Unidos, a crescente agitação política, barravam iniciativas de conversão da poupança em novos investimentos e criação de empregos. Por essa época, as escolas técnicas federais começaram a ser sucateadas.

As Forças Armadas eram a melhor escola de formação de Engenheiros, Administradores e técnicos de nível médio. Os militares contavam com escolas de eletrônica, eletricidade, mecânica, aviação e dezenas de outras capacitações, incluindo música e esportes.

Os filhos de famílias pobres faziam carreira militar ou cumpriam o período obrigatório, findo o qual eram imediatamente absorvidos por empresas estatais ou privadas. O soldado de qualquer arma tinha o treinamento e a disciplina que o faziam consciente de seu papel em defesa dos interesses da nação. Assim, quando terminava o serviço ativo, o jovem profissional contava com o posto de trabalho.

Os comunistas ativos nos sindicatos de trabalhadores começaram então a se aproximar das associações de sargentos, de cabos e soldados da Marinha, do Exército, da Aeronáutica e das polícias militares. Ali se desenvolvia a doutrinação de pequenos grupos para que a esquerda, no ambiente da Guerra Fria, ocupasse mais e mais espaços. Intentavam também criar uma massa crítica ideologicamente motivada que resistisse aos comandos que fossem enviados para reprimir greves ou movimentos de trabalhadores no momento decisivo de uma revolução.

Da doutrinação às manifestações de indisciplina e aos atos de rebeldia foi um passo. A integridade característica dos militares, fato que reforçava a confiança da nação em seus soldados, foi arranhada, seguidamente. Os jornais e o rádio repercutiam esses atos de indisciplina na linguagem de propaganda e agitação do movimento comunista internacional.

As sucessivas greves gerais resultavam no "estado de prontidão militar". Ninguém podia sair dos quartéis ou dos navios. O CIAW recebia contingentes extras de marinheiros em prontidão rigorosa que, pelo menos uma vez, foram designados para ocupar os navios da Marinha Mercante, substituindo os grevistas.

Um dia, houve a notícia de um advogado chamado Francisco Julião, que, financiado por Cuba, comandava um grupo guerrilheiro no Nordeste. Era uma notícia sem grande expressão. Quase uma piada de mau gosto. Coisa de doido. Passou batido. Quem ia dar atenção àquilo? Logo o sujeito estaria preso.

Sitiado o capital, aumentavam as exigências, a agitação e a propaganda contra as instituições. Sitiadas as mentes, a grande maioria, assustada, contemplava o caldeirão ideológico, buscando alternativas diferentes da rebeldia guerreira e dos caminhos de destruição das bases democráticas e da cultura ocidental. As alternativas eram: continuar dependente e aliado do império americano ou ingressar na categoria de dependente e aliado do império soviético.

E isso significava liberdade e livre iniciativa no ambiente da economia capitalista ou submissão à desconhecida ordem do Estado totalitário. Significava aliança militar, políticas e organização do Estado nos padrões impostos pelo império vencedor. Para a maioria, era trocar o certo pelo duvidoso. Era abrir mão das crenças e valores da educação tradicional.

O país necessitava estabelecer uma identidade própria inovadora, uma reorganização de códigos que atendesse à necessidade pátria, com independência soberana para interagir entre as nações, em posição equidistante dos interesses imperiais das grandes potências atômicas – Estados Unidos e União Soviética.

A Nação carece de um norte, indicado por sua inteligência acadêmica. Políticos e partidos discutiam, trocavam acusações, xingavam-se. Outros se preparavam silenciosamente para resistir à invasão de ideias radicais de esquerda, que mais adiante intentariam promover a guerra civil, transformando o país em cenário de morte e campos devastados, área fácil para a interferência de exércitos estrangeiros e possível divisão do território nacional, a exemplo das experiências africanas e asiáticas. A exemplo da Coreia.

O personalismo dos líderes políticos e as posições oportunistas dividiam as opiniões. Parte da juventude estudantil era envolvida com facilidade pelas opções guerreiras e ideias marxistas que já se infiltravam até na Ação Católica.

Os líderes sindicais, entorpecidos pelo poder que experimentavam sitiando o trabalho, a economia e o Estado, arrotavam fanfarronice e recebiam ajuda em moeda estrangeira, assim como a orientação de assessores comunistas do Leste Europeu, especializados no trabalho de agitação.

Quando o presidente Jânio Quadros condecorou Guevara com a Ordem do Cruzeiro, provocou o império americano e irritou os democratas locais. Poucos dias depois, em agosto de 1961, renunciou.

As versões mais plausíveis da renúncia indicam que Jânio esperava que um movimento massivo espontâneo o reconduzisse ao Planalto com poderes ditatoriais como Getúlio, para inverter a correlação de forças com o Congresso. Deu tudo errado.

O vice-presidente João Goulart, em viagem à China comunista, voltou correndo para assumir a presidência em meio à turbulência política e agitação ideológica. Alguns militares não aceitavam a posse dele, por suas conhecidas ligações com os agitadores da Confederação Geral dos Trabalhadores.

Brizola, que era governador do Rio Grande do Sul, reagiu. Foi para o rádio e liderou a "cadeia da legalidade". Fez mais. Mobilizou a Brigada Militar Gaúcha e conquistou o apoio armado do III Exército para garantir a posse de Goulart, que era seu cunhado.

Segmentos das Forças Armadas ensaiaram uma intervenção. Por fim, valeram os acordos de bastidores e o pretenso exercício de conciliação. Jango assumiu, com poderes reduzidos em um regime parlamentarista inventado às pressas – que pouco depois seria derrubado em um plebiscito, devolvendo-lhe os poderes imperiais do regime presidencialista.

O quadro político se radicalizava. Francisco Julião, no Nordeste, havia recebido financiamento de Cuba, para armar suas Ligas Camponesas. O objetivo era desenvolver as primeiras conflagrações no campo. O modelo cubano de guerra de guerrilhas conduziria à formação do "exército de libertação popular".

O povo brasileiro, perplexo e atemorizado, apenas sabia que "o comunismo queria invadir o Brasil". Não tínhamos a informação que a literatura proporciona hoje, através de pesquisas documentadas, demonstrando que o comunismo, como o nazismo, foram experiências financiadas pelos maiores capitalistas e financistas do planeta.

O espectro da Internacional Comunista rondava o Brasil e a América Latina. As facções políticas, à esquerda e à direita, divididas, facilitavam o jogo do poder global, manobrando nos bastidores da Guerra Fria. As guerrilhas, que já atuavam na África, estavam prestes a espalhar-se em toda a América do Sul.

Leonel Brizola alardeava a formação armada dos "Grupos dos Onze" unindo operários e camponeses, que deveriam transformar-se em braço armado nacionalista. Guerra no Brasil? Guerra civil? Era assustador. A tendência da história era que tudo acabasse como uma quartelada redentora, repetindo outras épocas históricas.

Os militares de todos os países da região, muitos dos quais com passagem por escolas de estado-maior nos Estados Unidos, sabiam como combater o comunismo e, se necessário, assumir o poder. Os contragolpes, no entanto, não seriam meramente militares. Os sucessivos governos militares eleitos indiretamente pelo Congresso Nacional eram integrados por técnicos e liberais, especialistas de alto nível. A economia se desenvolveu sob a direção de renomados economistas, continuaria nas mãos de especialistas, os Três Poderes continuariam a funcionar, ora com restrições, mas em relativa liberdade na maior parte do tempo.

Os militantes da esquerda estavam mobilizados e financiados pelos que mobilizavam as tais "forças terríveis" e por Cuba, base soviética na América

Latina. A palavra de ordem era tomar o poder e "expulsar o imperialismo capitalista". A estratégia global executada pelos poderosos ocultos apontava para "resistir e combater as ditaduras militares", quando, na verdade, o plano geoestratégico era abrir caminho para ampliar mercados, privatizar empresas e reforçar as amarras das economias do hemisfério sul ao FMI.

Numa segunda fase, o plano concebido por Henry Kissinger para o Council on Foreign Relations (CFR) era destruir o sentimento nacionalista. O caos e a insegurança decorrentes serviriam à globalização e à propaganda do governo da nova ordem mundial.

Associação dos Marinheiros

Nesse ambiente surgiu em 1962 a Associação dos Marinheiros e Fuzileiros Navais. A iniciativa deveu-se ao cabo João Barbosa, estudante de Direito na época. Propunha-se como alternativa para a defesa de interesses dos militares subalternos nos campos da educação, pelo direito de casar sem necessidade de autorização dos superiores da Marinha, para ter acesso a cursos de reforço educacional, para ter assistência social e jurídica. Os estatutos eram claros.

A pequena sede na Rua São José, no Rio de Janeiro, era um ponto de encontro nas horas de folga. Editava-se um jornal mensal, *A Folha do Mar*. E as autoridades navais não reconheciam oficialmente sua existência. Uma divisão de serviço social era dirigida pela Dra. Érica Roth, uma pessoa que ativou cursos especiais para os marujos e um serviço de atendimento em clínica médica para as esposas e companheiras dos militares associados. A Dra. Érica era de nacionalidade húngara e não lembro por quem foi apresentada. Lembro apenas que era muito próxima do cabo Athaide, membro do Partido Comunista.

Fui levado para a Associação pelo amigo marinheiro Antonio Duarte, que fazia um curso de especialização no CIAW, e vez por outra nos encontrávamos. Foi ele quem me apresentou o último exemplar da *Folha do Mar*, explicando que a diretoria em exercício na Associação era inerte e havia um grupo desejoso de trabalhar de fato para reivindicar melhorias.

Logo me ofereceram o cargo de relações-públicas. Poucos meses depois, um ano antes do prazo estipulado, foi convocada uma Assembleia Geral com o objetivo de modificar os estatutos e possibilitar a eleição de nova diretoria.

Fui convidado para encabeçar a chapa de oposição, eleita com facilidade pela ação de um esperto grupo semipolitizado pelas esquerdas radicais e responsável pela organização associativa de alguns milhares de marinheiros e fuzileiros navais. Seu líder era Marco Antonio da Silva Lima, que foi eleito vice-presidente.

Marco Antonio, muito ativo e carismático, era de pouco falar em público. Mas como organizador, no campo, era imbatível. Instruía e controlava a equipe de "delegados" – representantes da associação nas unidades militares e navios. Esses eram os sócios responsáveis por captar adesões e coletar as contribuições mensais. Estavam presentes em quase todas as unidades militares.

Internamente a divisão de responsabilidades administrativas, como a tomada de decisões, era compartida entre o pequeno grupo de diretores: Antonio Duarte, presidente do Conselho Deliberativo, José Pinheiro Guimarães, tesoureiro, Adilson Aquilino, secretário, e o vice-presidente Marco Antonio da Silva Lima. Externamente, nos contatos políticos com sindicatos e personalidades da esquerda, discretamente, atuavam Marco e seu pequeno grupo de confiança: José Duarte, Antonio Geraldo Costa, Raul Alves e outros.

Sabia-se que alguns discretos marinheiros que frequentavam a sede da Associação eram filiados ao Partido Comunista. Todos os meses, alguns exemplares de *A Voz do Povo*, jornal panfletário do Partido Comunista, apareciam na recepção, disponíveis para os frequentadores da sede da Associação dos Marinheiros, ao lado da *Folha do Mar*, que mantinha uma linha apolítica, apenas informativa.

As instituições nacionais estavam cada dia mais abaladas. Brizola já não era mais governador do Rio Grande do Sul. A cadeia da legalidade, utilizando o poder popular da Rádio Mayrink Veiga, ajudou-o a se eleger o deputado federal com a maior votação do Rio de Janeiro. Cada vez mais ativo, divulgava sua intenção de suceder João Goulart, lançando a palavra de ordem: "Cunhado não é parente, Brizola para presidente".

Até que o evento da rebeldia dos marinheiros, culminando no ato de comemoração do segundo aniversário da Associação, depois de várias prisões disciplinares de alguns dos diretores e o discurso com teor político a favor das reformas, forneceu aos líderes comunistas que estavam ao lado do presidente a oportunidade de criar o ponto de ruptura contra as instituições. O presidente Goulart, cujos discursos e atos anteriores prometiam uma verdadeira revolução, solidarizou-se com os rebeldes e os anistiou quando punidos pelo ministro da Marinha, almirante Silvio Mota. A ruptura da disciplina militar deixava as Forças Armadas em alerta. A ordem constitucional estava ferida.

Nos dias anteriores, em um daqueles encontros políticos de grupos que manifestavam solidariedade e apoio às reformas de base, estive entre os presentes no Palácio das Laranjeiras. Ao cumprimentar o presidente, fiquei intrigado com o aperto de mão frouxo e os olhos daquele homem, que me pareceu extremamente tímido, voltados para o chão e não diretamente para os meus olhos.

Que segredos esconderia? Seria ele, o herdeiro do trabalhismo de Getúlio Vargas, o líder da revolução sindicalista que parecia em curso de vitória? Se a história e a nação reconheceram como afirmativos os atos de Getúlio, em tempo e espaço mundial diferentes, o mesmo reconhecimento parecia uma camisa de força para João Goulart no cenário da Guerra Fria.

Naquele momento, a construção da independência e personalidade nacional estava enquadrada na escolha: independência equidistante das potências estrangeiras ou aliar-se à URSS, cuja cultura nos era completamente alheia. Além disso, os Estados Unidos e a Europa Ocidental tinham empresas e investimentos diversos no Brasil.

O resultado intuído para a continuidade das reformas de base pretendidas e decretadas publicamente no famoso comício da Central do Brasil, no dia 13 de março de 1964, seria a ditadura sindical comunista. Significaria o rompimento do frágil equilíbrio de forças entre as superpotências imperialistas, equivalendo a uma invasão das ideias de modelo marxista da Internacional Comunista.

Cada pessoa busca o aplauso, a aprovação. A estrutura de valores internos sinaliza para que a pessoa continue ou recue. Os méritos do atleta são resultado de sacrifício, de disciplina, de persistência na direção do objetivo. O aplauso para atletas, oradores, artistas funciona como prêmio ao espetáculo ou ao valor que se acrescenta ao espírito.

A insubordinação da Associação dos Marinheiros foi decorrente de uma enxurrada de apoios e comprometimentos políticos, com desdobramentos envolvendo os bombeiros do Rio de Janeiro. Eles entraram em greve e foram orientados pelos marinheiros a criar sua associação.

O clima era de manipulação. O líder da greve dos bombeiros estava diante de mim na sala da presidência da Associação dos Marinheiros, quando um repórter, pelo telefone, quis saber qual era o verdadeiro significado do movimento dos "soldados do fogo". Respondi pelo tímido bombeiro: "Nosso caso é fome!". A bravata virou manchete no dia seguinte.

Logo veio o apoio da associação de sargentos do Exército, os cabos da Aeronáutica buscando orientação para montar sua associação, um programa na Rádio Mayrink Veiga, encontros com os líderes da União Nacional dos Estudantes, pronunciamentos solidários a sindicatos de trabalhadores em greve e as consequentes prisões disciplinares do presidente da Associação dos Marinheiros.

O quadro era de uma baderna institucional cujos contornos e motivos estavam além dos parcos recursos intelectuais e do conhecimento daqueles moços. Sentia-me vaidoso com tantos holofotes da mídia, com tanta aprovação de políticos que endossavam tudo quanto aparecia como iniciativa dos líderes da Associação dos Marinheiros.

O aplauso era utilizado pelas raposas da política para mobilizar a paixão e imaturidade juvenil, ingênua e irresponsável sob muitos aspectos. Pairava sobre nós a aura de um combate da távola redonda ou de cruzados.

A diferença era grandiosa: as batalhas do Rei Artur, assim como as guerras descritas por Shakespeare – *Henrique V* é um exemplo –, tinham como motivação princípios e valores eternos, a defesa de ideias transcendentais.

O combate corpo a corpo, viril, honesto, contava com um líder consciente chefiando seu exército.

Naquela guerra que nos era proposta, os "soldados" nem sabiam que os "comandantes" eram empurrados por mentores intelectuais políticos que atuavam nas sombras, ausentes do campo, em segurança, anônimos, preservando-se para assumir o poder no dia da vitória, negando em público suas reais intenções.

Assim entrei de gaiato no navio da história. Como militar subalterno da Marinha, nunca havia gozado de direitos políticos. Não votava. Não podia casar sem autorização. Por isso e por vaidade, me juntei ao grupo de insatisfeitos e fui guindado à posição de presidente da Associação dos Marinheiros e Fuzileiros Navais do Brasil.

Transformei-me ou fui transformado num demônio agitador aos olhos da hierarquia militar, no momento em que o presidente João Goulart, refém do Partido Comunista do Brasil, era empurrado para transformar o país em uma república sindicalista. A motivação e orientação dos atos do presidente da Associação vinham de todo um grupo de diretores, entre os quais, alguns dos mais ativos recebiam orientação direta de organizações e líderes comunistas.

Mais tarde, começando pelos porta-vozes do Partido Comunista, acusaram-me de ser "informante infiltrado no movimento dos marinheiros", agente da CIA, informante de Carlos Lacerda. Tudo para provocar a intervenção militar.

Atribuo a campanha mistificadora à fuga de responsabilidade dos comunistas que diziam já estar no poder. Apenas covardia moral. Para mascarar seus erros e responsabilidades, inventaram um agitador, um bode expiatório que eles mesmos "formaram".

João Goulart fez um discurso no Comício da Central – pregando reformas e mudanças constitucionais –, fez o mesmo discurso no Automóvel Clube entre os sargentos, fez o mesmo mandando soltar os marinheiros rebelados e ninguém o aponta como provocador ou responsável pela reação dos militares.

O Partido Comunista pregava o mesmo através do seu jornal *A Voz do Povo*, organizava sindicatos e greves continuadas e nenhum desses foi dito provocador ou irresponsável. Incoerência ou inversão histórica deliberada dos fatos documentados?

Fui promovido a figura de proa do movimento político das esquerdas em favor de Jango, com o discurso aos marinheiros proferido no dia 25 de março de 1964, no Sindicato dos Metalúrgicos do Rio de Janeiro. Eis a história de um discurso cuja redação final, com inserção do teor político, foi de Carlos Marighella, dirigente rebelde, que rompeu com a direção do PCB e mais tarde ficaria famoso por radicalizar as ações terroristas na direção da ALN – assaltos a bancos, sequestros de pessoas e aeronaves, justiçamentos, bombas...

Foi este o discurso:

> *Aceite, Senhor Presidente, a saudação dos marinheiros e fuzileiros navais do Brasil, que são filhos e irmãos dos operários, dos camponeses, dos estudantes, das donas de casa, dos intelectuais e dos oficiais progressistas das nossas Forças Armadas.*
>
> *Aceite, Senhor Presidente, a saudação daqueles que juraram defender a Pátria, e a defenderão, se preciso for, com o próprio sangue dos inimigos do povo: latifúndio e imperialismo.*
>
> *Aceite, Senhor Presidente, a saudação do povo fardado que, com ansiedade, espera a realização efetiva das reformas de base, que libertarão da miséria os explorados do campo e da cidade, dos navios e dos quartéis.*
>
> *Brasileiros civis e militares! Meus companheiros!*
>
> *A Associação dos Marinheiros e Fuzileiros Navais do Brasil completa, neste mês de março, o seu segundo aniversário. E foram as condições históricas, a fome, as discriminações, os anseios de liberdade, as perseguições e as injustiças sofridas que determinaram a criação de uma sociedade civil, realmente*

independente, com a finalidade de unir, através da educação, da cultura e da recreação, os marinheiros e fuzileiros navais do Brasil.

Autoridades reacionárias, aliadas ao antipovo, escudadas nos regulamentos arcaicos e em decretos inconstitucionais, a qualificam de entidade subversiva. Será subversivo manter cursos para marinheiros e fuzileiros? Será subversivo dar assistência médica e jurídica? Será subversivo visitar a Petrobras? Será subversivo convidar o presidente da República para dialogar com o povo fardado?

Quem tenta subverter a ordem não são os marinheiros, os soldados, os fuzileiros, os sargentos e os oficiais nacionalistas, como também não são os operários, os camponeses e os estudantes.

A verdade deve ser dita.

Quem, neste País, tenta subverter a ordem são os aliados das forças ocultas, que levaram um presidente ao suicídio, outro à renúncia, e tentaram impedir a posse de Jango e agora impedem a realização das reformas de base; quem tenta subverter são aqueles que expulsaram da gloriosa Marinha o nosso diretor, em Ladário, por ter colocado na sala de reuniões um cartaz defendendo o monopólio integral do petróleo; quem tenta subverter a ordem são aqueles que proibiram os marujos do Brasil, nos navios, de ouvir a transmissão radiofônica do comício das reformas.

Somos homens fardados. Não somos políticos. Não temos compromissos com líderes ou facções partidárias. Entretanto, neste momento histórico, afirmamos o nosso entusiástico apoio ao decreto da Supra, ao da encampação da Capuava e demais refinarias particulares, e ao do tabelamento dos aluguéis. Aguardamos, aliados ao povo, que o Governo

Federal continue a tomar posições em defesa da bolsa dos trabalhadores e da emancipação econômica do Brasil. Na data de hoje comemoramos o nosso segundo aniversário, isto é, o aniversário da Associação dos Marinheiros e Fuzileiros Navais do Brasil.

Ao nosso lado estão os irmãos das outras armas: sargentos do Exército e da Aeronáutica, soldados, cabos e sargentos da Polícia Militar e do Corpo de Bombeiros. Estão, também, companheiros da mesma luta, os sargentos da nossa querida Marinha de Guerra do Brasil.

Aqui, sob o teto libertário do Palácio do Metalúrgico, sede do glorioso e combativo Sindicato dos Trabalhadores Metalúrgicos do Estado da Guanabara, que é como o porto em que vem ancorar o encouraçado de nossa Associação, selamos a unidade dos marinheiros, fuzileiros, cabos e sargentos da Marinha com os nossos irmãos militares do Exército e da Aeronáutica, da Polícia Militar e do Corpo de Bombeiros, e com os nossos irmãos operários. Esta unidade entre militares e operários completa-se com a participação dos oficiais nacionalistas e progressistas das três armas na comemoração da data aniversária de nossa Associação.

Nós, marinheiros e fuzileiros, que almejamos a libertação de nosso povo, assinalamos que não estamos sozinhos. Ao nosso lado lutam, também, operários, camponeses, estudantes, mulheres, funcionários públicos e a burguesia progressista; enfim, todo o povo brasileiro.

Nosso empenho é para que sejam efetivadas as reformas de base, reformas que abrirão largos caminhos na redenção do povo brasileiro. Eis por que, do alto desta tribuna do Palácio do Metalúrgico, afirmamos à Nação que apoiamos a luta do presidente da República em favor das reformas de base.

Aplaudimos com veemência a Mensagem Presidencial enviada ao Congresso de nossa Pátria.

Clamamos aos deputados e senadores que ouçam o clamor do povo, exigindo as reformas de base. Ainda esperamos que o Congresso Nacional não fique alheio aos anseios populares. E com urgência reforme a Constituição de 1946, ultrapassada no tempo, a fim de que, extinguindo o § 16 do art. 141, possa realmente, no Brasil, se fazer uma reforma agrária. Dizemos que somos contrários à indenização prévia em dinheiro para desapropriações. O bem-estar social não pode estar condicionado aos interesses do Clube dos Contemplados. É necessário que se reforme a Constituição para estender o direito de voto aos soldados, cabos, marinheiros e aos analfabetos. Todos os alistáveis deverão ser elegíveis, para que novamente não ocorra a injustiça como a cometida contra o sargento Aimoré Zoch Cavalheiro*.

Em nossos corações de jovens marujos palpita o mesmo sangue que corre nas veias do bravo marinheiro João Cândido, o grande Almirante Negro, e seus companheiros de luta que extinguiram a chibata na Marinha. Nós extinguiremos a chibata moral, que é a negação do nosso direito de voto e de nossos direitos democráticos.

Queremos ver assegurado o livre direito de organização, de manifestar o pensamento, de ir e vir. Defendemos intransigentemente os direitos democráticos e lutamos pelo direito de viver como seres humanos. Queremos, na prática, a aplicação do princípio constitucional: "Todos são iguais perante a lei".

---

* Contrariando a Constituição de 1946, no ano de 1962 sargentos do extinto estado da Guanabara (no atual estado do Rio de Janeiro), de São Paulo e do Rio Grande do Sul indicaram candidatos próprios para as eleições. O sargento Aimoré Zoch Cavalheiro foi eleito deputado estadual no Rio Grande do Sul, mas foi impedido de assumir o mandato.

> *Nós, marinheiros e fuzileiros navais, reivindicamos: reforma do Regulamento Disciplinar da Marinha, regulamento anacrônico que impede até o casamento; não interferência do Conselho do Almirantado nos negócios internos da Associação dos Marinheiros e Fuzileiros Navais do Brasil; reconhecimento pelas autoridades navais da AMFNB; anulação das faltas disciplinares que visam apenas a intimidar os associados e dirigentes da AMFNB; estabilidade para os cabos, marinheiros e fuzileiros; ampla e irrestrita anistia aos implicados no movimento de protesto de Brasília.*
>
> *Iniciamos esta luta sem ilusões. Sabemos que muitos tombarão para que cada camponês tenha direito ao seu pedaço de terra, para que se construam escolas, onde os nossos filhos possam aprender com orgulho a História de uma Pátria nova que começamos a construir, para que se construam fábricas e estradas por onde possam transitar nossas riquezas. Para que o nosso povo encontre trabalho digno, tendo fim a horda de famintos que morrem dia a dia sem ter onde trabalhar nem o que comer. E sobretudo para que a nossa Bandeira verde e amarela possa cobrir uma terra livre onde impere a paz, a igualdade e a justiça social.*

Ato contínuo, os mesmos líderes sindicais comunistas, nos bastidores, orientaram os marinheiros para transformar a reunião em "assembleia permanente", até que o presidente Goulart determinasse as mudanças nos tradicionais regulamentos da Marinha e outras medidas políticas, como a nomeação de um novo ministro, indicado pelo almirante Aragão, comandante do Corpo de Fuzileiros Navais e amigo pessoal de Brizola.

Na manhã seguinte havia um tanque de guerra diante dos portões do Sindicato dos Metalúrgicos e uma tropa de fuzileiros comandada por um oficial com a ordem de prisão para os militares da Marinha presentes na assembleia.

Subi nas grades do portão de ferro e deixei fluir uma fala patética e inflamada, emocional, convidando os fuzileiros a largar as armas e se juntarem a nós. Bastou que um atendesse, para que algumas dezenas o seguissem, amontoando os fuzis e os cintos com baionetas, para mudar de lado desarmados.

No terceiro dia, findaram-se as negociações. O almirante Silvio Mota, do leito em que estava enfermo, recusou-se a levantar a ordem de prisão contra os marinheiros que haviam quebrado a disciplina. Pediu demissão do cargo. E o presidente Goulart nomeou um novo ministro, o almirante da reserva Paulo Mario. As notícias foram recebidas com agitação e os marinheiros presentes convidados a sair e embarcar nos caminhões do Exército. Uma prisão simulada.

Enquanto os repórteres e fotógrafos documentavam a movimentação, um senhor baixinho e de cabelos brancos apresentou-se a mim com um abraço, dizendo: "Sou Álvaro Lins e estou ao seu lado, meu filho".

Já conhecia o senhor embaixador por seus livros de crítica literária e a biografia de Rio Branco. Aquele encontro e a aprovação de um intelectual caíram como bênção. Um privilégio num momento tão confuso. Eram mais importantes e convincentes as palavras de um Álvaro Lins que os comentários e orientações dos líderes comunistas que negociavam com o governo nos bastidores.

Senti-me importante, servindo a uma causa coletiva. Mas, no fundo do coração, persistia uma dúvida estranha e muita insegurança. O medo de estar pisando num terreno desconhecido. Seria capaz de corresponder a toda a expectativa posta sobre mim?

Acreditávamos estar certos, como acreditamos depois que o correto era a luta contra o governo dos militares, para restabelecer a "normalidade" democrática. Naquele momento os comunistas foram menos "aliados" que importunos, determinando todas as iniciativas e contatos com o poder, com acesso direto ao presidente Goulart.

Logo seria responsabilizado pelos "aliados" comunistas, que, como sempre, ficaram nas sombras, sem assumir seu papel de principais conspiradores e dirigentes ocultos de um grupo emocional, primário e desinformado, que mordeu a isca e foi colhido no anzol vermelho como massa de manobra.

Da reunião comemorativa que se iniciara com a presença de mais de mil pessoas, entre marinheiros e sindicalistas, restaram cerca de 500 marinheiros e fuzileiros, que foram conduzidos para o quartel da Polícia do Exército. Formados no pátio, ouviram a ordem lida por um oficial, para que voltassem todos às suas unidades e que ninguém seria punido.

Dali fui separado do grupo e imediatamente conduzido à presença do novo ministro da Marinha. O gabinete estava às escuras e semideserto. Os oficiais presentes e o próprio ministro pareciam patéticos, sem saber o que fazer.

Entreguei a bandeira da Associação ao ministro, almirante da reserva Paulo Mario, demonstrando num ato ingênuo a confiança nas autoridades e a submissão à hierarquia militar. Recebi ordens para ficar afastado alguns dias, esperando que a situação caótica se definisse.

Um dos oficiais de gabinete me ofereceu uma pistola Colt 45 para defesa pessoal. Nas investigações posteriores, esse oficial me acusou de ter roubado a arma. Atribuo o fato à fraqueza de caráter e psicopatia própria dos comunistas.

Saindo do prédio do Ministério da Marinha, começava o roteiro instável de uma vida na sede dos Correios e Telégrafos, onde se instalara uma espécie de coordenação dos conspiradores. A confusão era total e as comunicações já estavam embaralhadas.

Era difícil, se não impossível, falar por telefone com Brizola, que estava no Sul, ou com Arraes, no Nordeste. Nenhum daqueles senhores poderosos parecia seguir um plano estratégico. Ninguém sabia orientar as táticas momentâneas para os perplexos seguidores. Uma greve geral paralisava todas as atividades, incluindo transportes e serviços.

Nos dias seguintes Goulart abandonou o governo e embarcou numa aeronave para o Sul. O Congresso Nacional denunciou a vacância de poder. Uma junta de militares das três armas dirigiu a nação por poucos dias, até a eleição indireta do marechal Castello Branco para presidir a nação. O tempo fechou. As representações diplomáticas começaram a receber refugiados.

Naqueles dias fui promovido a "cabo" pela imprensa ignorante do significado das divisas militares, embora fosse apenas um marinheiro de primeira classe, do serviço de convés, sem especialização. José Anselmo dos Santos teve os direitos políticos (que já não tinha) cassados pelo Ato Institucional Número 1, o AI-1*. Encerrava a lista dos 100 primeiros nomes detonados. Foi naquele instante que começou a nova condição de vida de homem cuja existência foi apagada.

---

* N. do A. – Em 9 de abril de 1964 o autointitulado Comando Supremo da Revolução, cujos integrantes eram o general Costa e Silva, o brigadeiro Francisco de Mello e o vice-almirante Augusto Rademaker, editou o AI-1, que dava ao governo militar o poder de mudar a Constituição, de cassar mandatos legislativos, de suspender direitos políticos durante dez anos, de demitir ou afastar funcionários públicos apontados como ameaças à segurança nacional. No total, os governos militares editaram 17 atos adicionais.

Mergulho na clandestinidade

De um momento para outro, fui abandonado ao próprio azar. Não podia voltar para a minha casa, a Marinha. A sede da Associação já estava ocupada por agentes militares. Os políticos, que até então insuflavam os marinheiros, haviam sumido da sede dos Correios e Telégrafos, ponto de encontro e reunião.

Ignorante, nem sabia da possibilidade de asilo político naquelas circunstâncias. Fui sabê-lo dias depois, lendo *O Correio da Manhã*, *O Jornal do Brasil*, que nas manchetes aplaudiam a ação e elogiavam os militares no poder.

Estava escondido com Edgar de Aquino Duarte, que tinha conhecidos na região do Rio do Ouro, em Niterói. Ficamos numa casa abandonada à beira de um rio, hoje poluído, com duas pessoas amigas que conheciam a região.

Sem comida e com ajuda de conhecidos, voltamos ao Rio e, depois de rápida passagem na casa de familiares de Edgar, seguimos para o apartamento da minha meia-irmã, um endereço desconhecido da polícia. Na manhã seguinte, pedimos asilo na embaixada do México.

Surpresa! Lá estavam líderes comunistas, Max da Costa Santos (ex-deputado federal), o capitão de corveta Thales de Godoy e sua esposa Josina e o padre Alípio de Freitas, líder da Ação Popular ainda católica, que viria a denominar-se marxista-leninista nos anos seguintes, seguindo a Teologia da Libertação.

Alípio declarava ser melhor a leitura do *Livro Vermelho* de Mao Tsé-Tung que do breviário da igreja católica, obrigatória para os padres. Lá estavam alguns marinheiros, entre os quais Marco Antonio, que fora vice-presidente da Associação, um dos mais ativos na organização das bases da Associação, sargentos do Exército, Aluísio Palhano, líder sindical bancário... Ao todo umas quarenta pessoas, que nos receberam festivamente.

Meses depois, após ter abandonado a embaixada e no dia seguinte ser preso, em operação conjunta do DOPS e do Centro de Informações da Marinha (Cenimar), certifiquei-me mais uma vez de que a estrutura das organizações, que apoiariam o poder sindicalista de João Goulart, era integrada por incompetentes agitadores, sem comando estratégico unificado, essencial para o sucesso da tomada do poder. O personalismo era a característica dominante. Mas o verdadeiro comando estava no Hemisfério Norte.

Nenhum de nós conheceu de fato uma liderança com autoridade confiável. Nunca nos foi apresentado um projeto estratégico. Apenas a mobilização para a agitação, que alguns crédulos apreciadores do discurso pseudointelectual dos comunistas identificaram como parte de um plano de ação para a redenção nacionalista. As entranhas da conspiração eram desconhecidas para os soldadinhos motivados pelo aplauso de tanta gente que parecia importante.

Os que foram envolvidos tinham intenção positiva e acreditavam estar contribuindo para um futuro melhor quando as forças nacionalistas e democráticas seriam predominantes.

Aquela minoria de cabeças dominadas pelo fanatismo da Internacional Comunista escondia a verdadeira intenção utópica final. Na qualidade de mentores intelectuais e aventureiros, seus atos futuros fariam crer aos seguidores que havia um inimigo comum, o imperialismo americano, e um inimigo imediato, a ditadura militar. Escondiam a verdadeira intenção de organizar a "vanguarda do exército do povo": a guerrilha, que levaria à guerra civil e à tomada do poder com a instalação do Partido Comunista no governo.

As referências intelectuais eram externas. Na busca de soluções para modernizar a face institucional, as disputas exaltavam teorias estrangeiras.

Santo de casa não faz milagre. Mas quanto a um aspecto, à exceção dos comunistas tradicionais ligados a Luís Carlos Prestes, a maioria dos soldadinhos concordava: encontrar um caminho alternativo ou equidistante entre Cuba, China e União Soviética.

Falava-se, e todos pareciam acreditar, que era bastante dar o primeiro tiro, para que Brizola se posicionasse no Sul e toda a nação se alinhasse ao lado dos rebeldes, contra os militares no poder.

Um contragolpe, uma quartelada nacionalista sob a liderança de Leonel Brizola. Os velhos políticos populistas regressariam e o Brasil retomaria o caminho vocacional de nação livre e soberana, justa, alegre e solidária. Ninguém falava das intenções de uma guerra prolongada.

As práticas democráticas, copiadas das nações ricas do Hemisfério Norte, confundiam-se com as políticas dos aliados norte-americanos. Deveriam ser modificadas para atender às necessidades de um povo com potencial de desenvolvimento, vivendo num país cujas riquezas esperavam para ser exploradas.

Os militares tomaram o poder sem disparar um tiro, sem nenhuma reação daquelas que eram alardeadas. O Poder Judiciário e o Congresso continuaram funcionando. A imprensa, informando e até criticando.

As prisões e inquéritos eram consequências do enfrentamento entre os que se propunham a preservar a estrutura democrática e os que pensavam poder instalar uma ditadura populista, abrindo caminho para a pretensa ditadura comunista que atendia aos interesses externos.

Respondi a diversos Inquéritos Policiais Militares (IPMs), fui transferido de cadeia em cadeia: DOPS, Cenimar, Presídio Fernandes Viana e Alto da Boa Vista. Em nenhum desses lugares sofri tortura física naqueles dias. Mas os *habeas corpus* eram negados.

Fui conduzido a diversas audiências processuais na Primeira Auditoria da Marinha, sempre com a presença e assistência de um advogado, no caso, Alcione Vieira Pinto Barreto, um homem gentil, sem cabrestos ideológicos, apenas um humanista.

O tempo passou, todos os presos políticos, civis e militares foram liberados por *habeas corpus*. Menos o "cabo" carimbado como perigoso, provocador, retido na cadeia da Delegacia do Alto da Boa Vista. Da janela da cela que ocupava, na parte superior da prisão, podia divisar uma pracinha e a curva que levava em direção a um colégio de freiras, situado a uns 500 metros.

Os sargentos e civis comunistas que haviam ocupado aquele espaço antes deixaram trabalhada a fechadura da porta da cela. Abria-se com a ponta de uma faca. Mas não precisei recorrer a isso, porque durante aquele ano – 1966, na condição de único prisioneiro político, a vigilância policial se convertera em cumplicidade solidária. Raramente cumpriam a rotina de fechar a grade da cela.

A Justiça ainda funcionava. Os advogados que assistiam os presos políticos conseguiram que todos fossem soltos com *habeas corpus* para responder aos processos em liberdade. O único preso a quem negaram todos os *habeas corpus* encaminhados pelo advogado Alcione Vieira Pinto Barreto era eu.

Amigos ex-marinheiros estavam em contato com Leonel Brizola e com as organizações clandestinas que se preparavam para a "resistência à ditadura", "resistência" que mais adiante seria a expressão da luta armada pela queda da ditadura e tomada do poder, que os radicais imaginavam ser o caminho para estabelecer uma ditadura do proletariado, isto é, um governo comunista, alinhado à então URSS. Brizola falava em nacionalismo, talvez um nacional-socialismo, sem os excessos do nazismo alemão, talvez.

Esses amigos organizaram a minha fuga com a Ação Popular (AP) e a Política Operária (Polop). Estava tudo acertado. Um carro se aproximaria às 2h30 da madrugada, estacionaria na pracinha, debaixo da grande figueira, e faria um sinal de luzes, três piscadas seguidas. A partir de então, eu teria meia hora para chegar ao local.

Deixava para trás as roupas, os livros e as imagens daquele Natal, quando cerca de 40 jovens cheios de alegria limpavam, lavavam, arrumavam as celas com paredes pintadas de preto e se espalhavam pelo pátio interno da prisão à espera das visitas.

Alguns ajudavam a preparar as rabanadas que seriam oferecidas às namoradas, aos familiares e amigos. Lembrava-me dos Natais em família, da missa do galo à meia-noite. Ali ficaria a memória das meninas da Ação Popular, que se revezavam para garantir o alimento, a notícia, o conforto, demonstrando coragem solidária.

Ali ficariam os policiais, que percebiam os prisioneiros políticos como gente diferente daquela com que estavam acostumados a lidar. Os políticos eram confiáveis, educados, amigáveis.

Alguns policiais referiam sua admiração dizendo-se contrários ao governo militar, que, em parte, dificultava suas atividades paralelas. Os baixos salários eram compensados com a partilha semanal de gorjetas da contravenção dos bicheiros. Para eles tudo voltaria à normalidade em breve e os militares deixariam o poder.

De lá fugi com ajuda da organização trotskista Política Operária e dos militantes da Ação Popular, futuros propagadores da Teologia da Libertação. Depois de alguns meses fechado em casas de família que funcionavam como apoio, "aparelhos clandestinos", em São Paulo, fui transferido para o Uruguai, onde me encontrei com Leonel Brizola.

Tudo funcionou perfeitamente naquela madrugada, provocando a prisão das meninas da Ação Popular visitantes na tarde do mesmo dia. O único soldado da PM que fazia o plantão noturno, enquanto o inspetor descansava em sua casa, recebeu uma pequena propina para facilitar um encontro amoroso do prisioneiro. O moço nem queria receber o dinheiro, mas o prisioneiro já conhecia a cultura daqueles policiais e o convenceu dizendo:

– É de lei! Você está me fazendo um favor, fique, não preciso de dinheiro mesmo! Mas você tem filho pra criar, precisa.

Saí caminhando pela rua deserta com a recomendação de regressar antes das seis horas, quando se trocava o turno de serviço. Aproximei-me do Dauphine e disse a senha combinada. Os ocupantes mandaram-me entrar e deitar no banco traseiro. Apenas uma parada para a troca de motorista. Às oito horas da manhã, o carrinho verde-claro estava perdido entre milhares de outros carros, enfrentando os congestionamentos entre Mogi das Cruzes e São Paulo.

Os três passageiros se confundiam com os tantos trabalhadores da grande metrópole. O roteiro atravessando áreas urbanas, no momento de trânsito intenso, levava ao centro de São Paulo sem o perigo de barreiras militares, que podiam estar na rodovia Dutra e nas marginais de acesso à cidade.

Ao meio-dia, os viajantes estavam numa churrascaria da Água Branca almoçando, quando juntou-se ao grupo um moço com ares de executivo. Com ele, saiu o fugitivo para a hospedagem, fechado numa residência de operários, na periferia da cidade imensa.

Uma semana depois, o mesmo moço apareceu. Nova mudança de endereço. Desta vez, uma família de classe média no bairro de Pinheiros. Ali podia conversar, ouvir música e sair vez por outra para comprar um jornal na esquina ou passear num jardim público que abrigava a Casa dos Bandeirantes.

Convivi com aquelas pessoas que sabiam valorizar a vida e a família e guardo de cada um a melhor memória afetiva. Gente que me aconselhou a estudar no exterior e esperar. Crianças para brincar, música clássica, leitura e esperança de exílio no Uruguai. O que era meu desejo não foi realizado, não me foi dada a escolha de exílio e estudo.

Eu não tinha opção naquele momento em função de quem era e do que representava. Os que se recusavam a entrar na aventura e seguir as ordens eram considerados covardes, rotulados pelo verbo "desbundar", criado especificamente para nominar quem se recusasse a seguir o caminho indicado pela esquerda comunista.

Aquelas crianças e adultos, pessoas privilegiadas, contrárias à ditadura, eram também contrárias ao radicalismo guerrilheiro que se prenunciava. Um nível de pensamento intelectual bem centrado, bem formado e informado, distanciado de facções políticas extremistas.

Ajudavam os perseguidos pelo governo militar, lembrando que o tempo curava todas as feridas e a normalidade institucional se restabeleceria.

Um pensamento livre, sem exageros radicais, valorizando o indivíduo e a liberdade, valorizando a educação como bem maior, a família como esteio moral da nação.

Os grupos esquerdistas minoritários que ensaiavam abraçar a violência eram acidentes passageiros de menor valor. Chegou a hora da troca de ambiente e de se despedir daquela família que marcou o fugitivo para sempre. Para os companheiros da organização clandestina, eram apenas aliados, apenas uns utilitários pequeno-burgueses.

As buscas ao fugitivo pareciam ter esfriado. A polícia não tinha pistas. Apareceu até um cadáver, com manchete e foto na primeira página do *Jornal da Tarde*, mas logo concluíram pela arcada dentária que se tratava de outra pessoa.

Mais um refúgio. Desta vez fechado, sem poder fazer nenhum ruído, num apartamento alugado em nome de um estudante pernambucano que se debruçava sobre os livros e se esquecia até de comer. O moço tinha poucos recursos para estudar na USP. Com o aluguel pago, prestava um serviço à organização Polop e sentia-se útil na luta contra a ditadura.

O moço pernambucano era aplicado e descobriu a solução de um teorema matemático. Após a publicação em revistas estrangeiras especializadas, foi convidado, com bolsa de estudos, por centros acadêmicos dos Estados Unidos, da Alemanha e... da URSS. Os mestres do fechado clube de matemáticos o receberam num jantar, para conhecer e homenagear o novo cérebro da comunidade. Ele não tinha uma gravata, nem um paletó, para o evento.

Perguntei pra que servia a solução daquele teorema. Tranquilamente, ele respondeu que naquele momento para nada, mas que seria útil no futuro, na exploração do espaço. Reforcei o aprendizado de que a política era menos importante que o conhecimento científico.

Meses depois, chegou o dia de nova mudança, desta vez para a residência de uma velha senhora, por pouco tempo. Ali foi possível receber a visita de velhos companheiros. Saía da proteção da Polop, que ainda não cogitava preparativos diretos para a luta armada.

Fui entregue, como pacote perigoso, aos militantes da Vanguarda Popular Revolucionária (VPR), então aliados discretos de Leonel Brizola, e conduzido para o esquema de segurança no bairro do Cambuci, à casa de ninguém menos que a sogra do General Zerbini*. A "casa da vó" era frequentada por Onofre Pinto e Geraldo Costa. Finalmente, o reencontro com um amigo, ex-marinheiro.

Reconfortante abraçar e trocar ideias com Geraldo, uma pessoa confiável. Preparava-se a saída do Brasil para o Uruguai, depois do Festival de Música Popular, quando se consagraram os compositores e intérpretes da pegajosa "Banda" e da emocionante "Disparada", com seu conteúdo épico, arranjos inovadores, remetendo à jornada do sertanejo, que considerava gente diferente de gado. Diferente dos que ficavam à janela vendo a banda passar.

Chegou o dia da fotografia 3x4 para os documentos falsos. A foto foi colada a uma cédula de identificação do estado do Rio Grande Sul. Havia também um Título de Eleitor, tudo providenciado por Onofre Pinto.

Na madrugada, numa esquina desconhecida, embarquei na Kombi rumo a Porto Alegre, uma viagem tensa. O contato gaúcho levou-me a um apartamento para um ligeiro descanso e, de lá, de carro até a fronteira. O companheiro entregou a mala do viajante para que um amigo residente do local fizesse a travessia. Mais tarde, no mesmo dia, o sargento que vigiava a ponte da fronteira barrou os dois caminhantes, pedindo os documentos.

O companheiro gaúcho mostrou os documentos e disse que íamos comer uma *parrilla* do outro lado, na cidade uruguaia de Rio Branco. Mostrei a identidade do Rio Grande do Sul e fomos liberados para pisar em solo uruguaio. Que alívio! Viajando de trem, na manhã seguinte, estávamos em Montevidéu, cumprimentando o Sr. Neiva Moreira, em cujo apartamento encontrei os amigos Antonio Duarte e Geraldo Costa.

---

* Euryale de Jesus Zerbini foi um militar legalista que resistiu à tomada de poder pelos colegas de farda. Foi preso e depois reformado compulsoriamente. Na reserva atuou como Diretor da Segurança da Fábrica de Papel Simão, em Jacareí. Sua esposa, Therezinha Zerbini, notabilizou-se como ativista política contra os governos militares.

— Anselmo, você sabe que é um trunfo para nós... Mas deve manter-se discreto enquanto estiver por aqui. Montevidéu está cheia de gente da ditadura fazendo espionagem e você corre perigo. Pode sair, com o Duarte e o Geraldo, mas não se exponha muito.

— Eu gostaria de visitar o Almirante Aragão...

— Não é aconselhável. Melhor nem chegar perto dele. Já brigou com o Engenheiro [Brizola]... Bom, vou deixar vocês.

Foi Geraldo Costa, o Neguinho, quem perguntou o que eu queria fazer. Já era meio-dia. Comer e conversar. Caminhamos pela rua até um restaurante próximo, trocando informações, rindo e sentindo o conforto da liberdade de andar pelas ruas sem medo, depois da fuga da prisão e da clandestinidade. Depois da *parrillada,* continuamos conversando. Minha intenção inicial era pedir asilo e estudar. Confessei a Geraldo que queria ficar por ali e estudar. Ele respondeu:

— Você não é qualquer um, é conhecido, é uma bandeira de luta! Melhor mesmo é ficar sob a custódia de Brizola e preparar-se para "a volta".

Já estava tudo preparado para tomar o poder dos "gorilas", como eram tratados os militares que haviam assumido o governo.

Naquele instante, eu não entendia o que viria a ser "uma bandeira de luta". Hoje entendo bem o significado do boi de piranha, o que é exposto à frente, o condutor, um elemento útil, fácil de ser reconhecido e seguido, mas a primeira vítima a ser devorada pelas piranhas enquanto a boiada faz a travessia rio abaixo.

Em poucos dias fui transportado para uma cidade vizinha, Atlántida, e fiquei mais uma vez fechado no "aparelho", aguardando o encontro privado com o grande líder, que durante algumas horas falou do seu intento após tomar o poder: cercar as fronteiras da nação, para construir um estado nacional soberano e diferenciado. Para tanto, talvez fosse preciso adotar, durante um breve período, a guerra de guerrilhas.

Disse contar comigo para aprender junto com outros as táticas e técnicas da guerra de guerrilhas que os companheiros cubanos patrocinavam. Em nenhum instante falou ou considerou a possibilidade de não ser aquele o desejo do interlocutor. O líder determinou. Mais uma "escolha" sem alternativas.

Como "bandeira de luta", eu tinha um roteiro de vida predeterminado, contra minha vontade mais profunda. Ouvia, com vergonha de revelar o que seria minha escolha pessoal àquelas pessoas tão importantes.

Os exilados que não compartilhavam da aventura estavam isolados, passando necessidade, atirados na rua da amargura de um país estrangeiro, sem perspectivas, acusando-se mutuamente e temendo a presença de espiões dos ditadores, que no poder deviam estar tremendo de medo da avassaladora força popular que se reorganizava... Bem ali, no país fronteiriço. Tremendo de medo!

Se pudesse, optaria por estudar, trabalhar, namorar, casar, ser um homem comum, vivendo longe e alheio àquelas disputas. Os desejos mais legítimos foram reprimidos, adiados pelo covarde em luta contra a covardia, carecendo de referencial externo para suas muitas dúvidas.

Deixei-me guiar e até pensava que Brizola e seus ilustres colaboradores soubessem o que faziam. Não sabiam! Apenas buscavam a revanche no jogo do poder. No vale-tudo, disputando o poder total, estavam os comunistas, diferentes dos nacionalistas, dizendo-se aliados daqueles que consideravam de fato "companheiros de viagem" ou "inocentes úteis".

A capital uruguaia abrigava centenas, talvez milhares de brasileiros, isolados ou associados a uma dezena de agrupamentos diferentes. O trânsito entre as fronteiras era intenso naqueles dias. Os que não recebiam ajuda dos familiares que estavam no Brasil e não tinham a situação legalizada como exilados no país vizinho sobreviviam de doações.

O ex-presidente Goulart já era o mais forte latifundiário local. O cunhado Brizola, confinado ao balneário de Atlántida, conspirava com os exilados e políticos brasileiros que o procuravam, circulando tranquilamente entre o local de confinamento e Montevidéu. Os políticos e ativistas ligados aos Tupamaros davam cobertura e ajudavam o ilustre rebelde em suas relações com Cuba.

Conheci pessoas muito importantes. Jornalistas como Flávio Tavares, economistas como Paulo Schilling, o poeta amazonense Thiago de Mello, amigo de Pablo Neruda, um membro do corpo diplomático, o coronel Dagoberto, que fora diretor dos Correios e Telégrafos, todos empenhados em acabar com a ditadura militar. Como? Seguindo as ordens do grande líder: Leonel Brizola.

No local de confinamento do homem e sentado na cama baixa de um beliche, ouvi-o dizer que eu seria enviado a Cuba para "treinar as táticas e as técnicas da guerrilha". Aliviou-me ouvi-lo afirmar que a nossa linha política se diferenciava daquela dos "companheiros" cubanos e que a violência poderia vir a ser utilizada ou não. A guerrilha para Brizola era uma alternativa remota, a menos desejada.

Naquele momento imaginei que Brizola esperava contar com uma organização de militares insatisfeitos para mobilizar um contragolpe. Ficou claro que deveria evitar o envolvimento político com os cubanos. Depois de alguns dias trancado no apartamento, o mesmo Brizola me conduziu em seu Mercedes verde a Montevidéu. Teríamos uma reunião para formalizar a fundação da organização.

Entre aquelas personalidades da corte do engenheiro, umas vinte pessoas de pé numa sala, ouvi-o anunciar que ali se fundava o Movimento Nacionalista Revolucionário (MNR), cuja sigla seria "Morena".

Acabada a reunião, fiquei na mesma casa, onde fui fotografado para obter o passaporte falsificado. Não poderia mais ter contato com os conhecidos. Começava um novo isolamento. Geraldo e Duarte continuariam a fazer o enlace entre Brizola e Onofre Pinto, transitando entre o Uruguai e o Brasil.

Mais um mergulho fechado na clandestinidade. Desta vez, a residência de um deputado uruguaio relacionado com os Tupamaros, aguardando a documentação com que viajaria para a Argentina e para a Europa a caminho de Cuba. Ali deu-se o encontro com Edgar de Aquino Duarte, recém--chegado de Cuba.

O que ele me disse de maneira reservada sobre a ilha era bem diferente da propaganda. Edgar era como um irmão, a quem eu respeitava e admirava.

Sua recusa em participar da aventura armada que se prenunciava, depois de viver asilado em Cuba, era uma advertência de peso para mim.

Mais uma vez eu estava diante da dúvida, sem escolha. O velho amigo iria tentar recomeçar sua vida no Brasil, clandestinamente, à margem das atividades políticas de qualquer grupo. Contou que havia casado com uma cubana, Tereza, contrária a Fidel Castro. Se pudesse, ela fugiria da ilha para encontrá-lo. Mas aquilo era um sonho. Aquela conversa era bem diferente das que eu mantivera com outros que elogiavam a ilha.

– E voltar clandestino depois do asilo em Cuba, não é arriscado?

– Arriscado, é... a vida é um risco.

– E você vai ficar onde?

– Com amigos em São Paulo... Ah! Você vai passar pela Europa. Compre alguma coisa feminina, um vestido seria bom, e leve para a minha mulher... A mulher do Marcos também está lá com um filhinho, ela mora no Hotel Nacional.

Anotei os endereços e telefones. Mais uma despedida, talvez para sempre, lembrando o verso do poeta francês Jacques Prévert: "Partir c'est mourir un peu" – *partir é morrer um pouco*. A vida estava marcada por sucessivas partidas, sucessivos desenlaces... em busca de um porto seguro. Um caloroso abraço com o sentimento de sobreviventes que compartilharam perigos e emoções marcantes. Marchávamos para o desconhecido. Meu amigo não disse que iria integrar um grupo de guerrilhas no Pantanal Mato-Grossense.

Em fevereiro de 1967, após receber o passaporte, contatos e roteiro de viagem, embarquei em companhia de Evaldo, outro ex-marinheiro, no barco que nos conduziu durante a noite pelo Rio da Prata até Buenos Aires.

Um guia nos acompanhou e conduziu até o aeroporto de Ezeiza. Comprou as passagens e embarcamos no voo Air France, com destino a Paris, e a recomendação para não desembarcar na escala que o avião faria no Rio de Janeiro. A tripulação acomodou os passageiros para o sono durante a travessia do Atlântico. Acordamos ao amanhecer, já em Dakar, no Senegal, última escala do voo.

Em Paris fomos recebidos por Max da Costa Santos, que nos levou a um pequeno hotel nas cercanias de Notre Dame e indicou os roteiros para uma semana de turismo. Até ali, ainda tínhamos passaporte, alguns dólares e relativa liberdade de movimento, como turistas pobres. Aprendi a utilizar o metrô, visitei os jardins e o museu do Louvre, a Torre Eiffel e o Museu do Homem, o Arco do Triunfo e o Quartier Latin, onde os *happenings** eram sucessivos, estavam na moda como forma de protesto.

Comprei um *pocket book*, poesias de Jacques Prévert. Depois de uma semana, *au revoir*, Paris! Na bagagem, dois vestidos *prêt-à-porter* leves e bem coloridos e dois vidrinhos de perfume francês para as mulheres e uma roupinha de criança. Tudo seria entregue como presente dos maridos ausentes.

Viajamos pela companhia checa de aviação com documentos fornecidos pela Embaixada Cubana, com destino a Praga. Mais uma semana de espera, e o primeiro choque entre o ambiente ocidental e a cultura coletivista.

Um idioma totalmente desconhecido. Peito de peru e cerveja no café da manhã. *Goulash* no almoço e no jantar. Quando se pedia arroz, a resposta era quase automática: "Acabou!". Neve e a presença de militares com ar prepotente por toda parte.

No Hotel Nacional frio e semideserto estavam duas meninas chilenas aguardando embarque para Cuba. Fizemos amizade e passeamos apreciando a arquitetura da Praça Venceslau, onde algumas moças se dedicavam à prostituição discreta, buscando dólares. Noutro dia dançamos um arremedo de "Tico-tico no fubá", na boate do hotel onde éramos os poucos frequentadores, além de um casal desconhecido e um cavalheiro solitário.

Um bonde era o meio de transporte entre o hotel e o centro da cidade, que parecia deserta. Ruas sem carros, sem comércio, sem gente, sem aquela atividade febril e facilidades tão costumeiras no mundo capitalista.

Numa ocasião, à saída do hotel, um moço aproximou-se e sinalizou para mim, falando em inglês e oferecendo-se para trocar dólares por coroas

---

* Manifestações imprevisíveis, repentinas, que envolviam os pedestres e espectadores nas ruas e praças.

checas. Pagava o dobro do câmbio oficial. Meio assombrado, pensando estar diante de um trapaceiro, troquei dez dólares com o rapaz, que era apenas um estudante dissidente.

Corri para alcançar o bonde. No momento em que ele dava partida, consegui embarcar no veículo em movimento, como fazia frequentemente no Rio de Janeiro. Recebi um dedo na cara e uma descompostura em checo, vinda de um militar que estava de pé na parte traseira.

Outra vez foi na cafeteria à saída do teatro. Estávamos tomando café e acendi um cigarro. Imediatamente, outro militar começou a esbravejar agressivamente, quando um senhor dirigiu-se a mim, falando espanhol: "No es permitido fumar aqui".

Imediatamente fui à rua e livrei-me do cigarro. Voltei à cafeteria e o senhor que me ajudara discutia com o militar. Todos os presentes calados, como que temerosos. O senhor apresentou-se: era um economista que vivera alguns anos na Argentina e era absolutamente contrário à economia marxista. Outro dissidente.

Muito falante, convidou-nos para um almoço no domingo seguinte: comida típica, num velho restaurante às margens do Rio Moldava. O lugar lembrava os sons de Smetana com a visão das árvores desfolhadas à beira-rio e um pouco de neve. A natureza tranquila, em contraste com o barulho produzido pelas famílias que frequentavam o restaurante. O prato era único: *goulash*!

À procura de notícias, buscamos a Embaixada Cubana, a fim de conseguir um jornal ou um livro. Voltamos com as mãos abanando e intrigados com a pouca cordialidade cubana naquela representação diplomática. Gente tensa, de cara fechada e de poucas palavras.

Chegou o dia de embarcar para o destino final, Havana, pela empresa Cubana de Aviación, em voo barulhento repleto de atletas que regressavam de um evento na Europa. Escala noturna em Montreal, 20 graus negativos. Manhã seguinte em Havana, 35 graus positivos. Enquanto o avião taxiava, li a mensagem que encimava a fachada do edifício: "Cuba, territorio libre de América".

CAPÍTULO II

Na Ilha

Fomos retirados da fila de desembarque e levados a uma sala reservada do aeroporto José Martí, onde as valises foram revistadas, tomaram os nossos passaportes e os poucos dólares que restavam. Ali nos recepcionou o comandante Piñero, o Barba Roja.

Tudo de modo muito gentil, com assistência daquele que seria o nosso risonho contato com as autoridades cubanas: Fermin Valdéz, com o traje verde-oliva do exército cubano, nos conduziu até a residência do bairro Almendares, onde estavam outros brasileiros. O grupo de guerrilha de Brizola estava formado: Anselmo, Francisco, Osvaldo, Quaresma, Osmar e Evaldo.

Os procedimentos não ditos pelo amigo Duarte, que haviam começado no desembarque, prosseguiram no dia seguinte, quando nos foi pedido que escrevêssemos sobre a nossa vida desde a infância e as razões por que estávamos em Cuba.

Uma espécie de anamnese e justificativa de propósitos revolucionários. A entrada naquele país nos colocava sob a vontade e controle total do Estado absoluto. Nossos movimentos e contatos seriam restritos e vigiados. Continuávamos na clandestinidade e sem documentos de identificação.

Na casa onde nos instalaram havia uma governanta, Paquita, falante, alegre, que tratava a todos como "mi niño". E dois militares cubanos, que mais tarde seriam nossos instrutores de guerrilha. Seis ex-marinheiros expulsos da Armada, formávamos o grupo enviado por Brizola para treinar guerrilhas em Cuba. Dos seis, três morreram em ações violentas: Francisco, Edson Quaresma e Evaldo. Dois outros, ouvi dizer mais tarde, ficaram na Europa, recusando o envolvimento com a insanidade revolucionária: Osvaldo e Osmar.

De início, em reunião formal, recomendações sobre os pontos da cidade que não devíamos visitar, para não sermos vistos por outros brasileiros residentes em Havana. Podíamos ir ao cinema, à praia em um balneário específico, ver televisão, e os jornais chegariam todos os dias. Logo dois brasileiros que haviam completado o treinamento embarcariam de volta, levando cada um, camuflado numa maleta 007, uma cópia de fuzil americano M-4, *made in Cuba*, desmontado, e duas granadas.

Depois de alguns telefonemas feitos fora da casa, fui ao Jardim Zoológico para ver os flamingos e encontrar a mulher e o filho de Marco Antonio, que havia retornado ao Brasil. Risos, abraços, lembranças, alegria com os presentes. Marcamos outros encontros, sempre clandestinos. Contatos proibidos que seriam reprovados no futuro.

O segundo contato proibido deu-se na residência de Tereza, a mulher de Edgar. Ambiente pesado, num apartamento modesto, quase vazio, na presença da mãe. Ela estava tratando de arranjar uma bolsa de estudos no México, mas o objetivo era viajar ao Brasil e encontrar o marido. Tudo era difícil. As autoridades locais dificilmente autorizavam a saída do país, a não ser em missões oficiais, artísticas ou esportivas.

Até junho recebíamos livros, revistas, jornais, aconselhando a leitura em voz alta para que nos acostumássemos ao idioma e pudéssemos seguir o curso da escola de guerrilheiros. No mais, cinema, espetáculos de balé cubano dirigido e estrelado por Alicia Alonso, teatro e praia.

A casa dirigida por Paquita era abastecida semanalmente por um veículo do exército. Na ração havia grão-de-bico substituindo o feijão, ovos, farinha de trigo, macarrão, óleo de soja, açúcar, lagostas congeladas, leite soviético enlatado, carne de porco e bovina enlatada de origem chinesa, café, cigarros e algumas cervejas. Eventualmente, uma garrafa de rum. Verduras e frutas não entravam no cardápio. Manteiga não existia. Também recebemos duas mudas de roupas cubanas: calças e camisas de mescla azul.

A prolongada estadia, sem notícias do mundo exterior, sem convivência com outros brasileiros ali exilados, deu ensejo ao relacionamento com cubanos ligados às letras e artes, todos críticos e contrários ao regime.

Uma era a versão oficial. Outro era o sentimento das pessoas, que esperavam um dia respirar ares libertários, mudanças propícias para viajar na própria ilha ou pelas terras continentais, locomover-se e expressar o pensamento sem medo.

Muitas vezes retirei da despensa algumas latas de carnes, leite e um pouco de café para levar de presente a amigos cubanos. Aquilo era uma riqueza, uma verdadeira festa. O café era feito aos poucos, com as xícaras de água medidas. A borra era guardada para ferver na água da próxima coada.

Naquele junho de 1967 chegaram os uniformes. Vesti a farda verde-oliva do exército cubano. Calcei as botas e arrumei a mochila. Embarcamos logo cedo, apreensivos e nervosos, para um destino ignorado. Numa fazenda abandonada pelos antigos proprietários, três pavilhões: dormitório, almoxarifado e refeitório, que funcionava também como sala de aula.

A leitura informativa e a doutrinação política dos instrutores da guerrilha colidiam com a estrutura de princípios, a cultura e os valores que aprendíamos. O grupo de brasileiros ignorava totalmente os contornos do painel instrumental do fanatismo político e da lavagem cerebral.

Ali estavam moços de baixa escolaridade sendo preparados para a servidão ao futuro poder alternativo, defensor de crenças ideológicas orientadas para a tomada do poder pela força revolucionária contra a legítima vontade inerente à crença e à cultura da nação brasileira.

As marchas começavam antes do alvorecer e os dias continuavam com a fabricação de bombas, simulação de emboscadas, limpeza de armamento e a voz metálica do instrutor anotando falhas e corrigindo posições, reprovando os *pendejos* (covardes).

O percurso das marchas, bem como o peso das mochilas, aumentava paulatinamente. Os banhos eram raros, porque, segundo o ensinamento do instrutor, o guerrilheiro deveria confundir-se com *la naturaleza, que se baña nomás cuándo llueve (*a natureza, que só se banha quando chove*)*.

Durante as marchas mais longas, os acampamentos eram armados ao anoitecer e desmontados antes do alvorecer – uma rede de lona estirada entre árvores, coberta por um mosquiteiro e um plástico. Em dias seguidos, marchas noturnas. Silêncio, sem cigarro, ouvindo os sons do ambiente para identificar qualquer aproximação indesejada.

A matança de porcos silvestres para umas poucas refeições quentes também era treinada, como exercício de sobrevivência na selva. Colher café em pequenas propriedades como ajuda "voluntária" objetivava o envolvimento do grupo guerrilheiro com a população. Presumia-se que durante a perseguição do exército regular os habitantes defenderiam os rebeldes.

Depois de colher café durante dois dias e ficar com as mãos sangrando para receber uma refeição quente, angu de quirera de milho com carne de porco frita, afloraram reflexões assustadoras. Quem produzia riqueza estava em um barco com remos pesados, rebocando um navio de luxo. Naqueles sítios de camponeses não se via uma galinha, nem uma horta doméstica.

Estávamos numa escola que preparava "máquinas frias de matar", presenciando a realidade da vida rural numa sociedade de "iguais", obedientes, conformados e abúlicos dominados pelos "diferentes" do partido único no poder, a quem deviam toda a produção, em troca de cestas básicas para sobreviver.

Aquele poder utilizava a propaganda com frieza lógica e racional, a persuasão de modo científico, a informação repetitiva e orientada para o fanatismo, sem espaço para a liberdade de expressão. Como se estivéssemos sendo preparados para uma guerra contra a humanidade, éramos instruídos a considerar inimigos mortais tudo e todos que estivessem fora do bando ideológico.

Em Pinar del Rio, estavam dois senhores portugueses de uma pequena colônia cuja existência e situação geográfica nenhum de nós conhecia, o Timor. E moços peruanos e equatorianos. Éramos 12 alunos compartilhando o mesmo alojamento. Cada um portando um fuzil AK, soviético, com ordem para nunca separar-se da arma, nem dormindo.

Uma segunda construção funcionava como refeitório e local de reunião para aulas e palestras. As refeições eram trazidas diariamente por um veículo militar, para alimentar o grupo internacional proletário. O terceiro barracão guardava explosivos, armas e munições.

Semanalmente o instrutor de política visitava o acampamento para ministrar palestras sobre a história de Cuba, da União Soviética e do Vietnã. O forte eram as repetidas justificativas para a "luta contra todos os imperialismos". E a união das forças continentais para a liberação da América Latina.

Os partidos comunistas eram citados com reserva, o que parecia incoerente. A tendência ideológica estava mais próxima de um supracapitalismo de estado: todos produzindo, para que um partido conduzido por um ditador comercializasse o resultado produtivo, utilizando os moldes e a estrutura econômica do capitalismo, relacionando-se com países capitalistas.

Havia algo que não casava quando falavam de paz. Mas nós não tínhamos formação suficiente para entender. Nem mesmo para imaginar um grande exército de liberação continental, a partir de guerras civis, enfrentando os exércitos nacionais, para a futura instauração de uma pátria latino-americana, como sonhara Bolívar. Ou como descrevia a ficção de Orwell. Era uma guerra sem fim.

Uma cópia da União Soviética? O que ninguém suspeitava era que existia um comando inteligente e secreto, cuja estratégia seria conhecida mais tarde como "nova ordem mundial" ou globalismo. O que nenhum daqueles moços percebia era que a pobreza cubana se devia ao modelo de estado coletivista, um trampolim para o modelo coletivista global.

O que nenhum daqueles moços, nem mesmo os que dirigiam organizações da esquerda, suspeitavam – e seria uma heresia admitir – era da condição de ignorância que os fazia agir configurando uma estratégia cujos verdadeiros financiadores e controladores tinham assento na City londrina, em Wall Street, na direção de bancos, fundações e clubes de poder que dirigiam o planeta.

Aos domingos havia folga para a guarnição de cubanos. Saíamos pelos arredores para colher limões na plantação abandonada do que fora uma fazenda de cítricos. Durante a semana as limonadas complementavam a dieta. Ao anoitecer era comum a reunião em torno de um violão, entoando canções populares latinas. Em alguma noite enluarada, nos remetíamos a um país distante chamado Brasil.

Em fins de julho, fui separado dos outros e levado a Havana, para um contato com Aluísio Palhano, representante de Brizola em Cuba. Fui informado de que o Engenheiro havia desistido de levar adiante o movimento para derrubar o governo militar. O grupo de ex-marinheiros ficava sem "comando estratégico". Órfãos de Brizola. Depois do fracasso em Caparaó*, o Engenheiro abandonou a aventura. Nos anos seguintes seria acolhido pela social-democracia europeia e aliados nos Estados Unidos. Para os radicais cubanistas, "desbundou".

Entretanto, a conferência da Organização Latino-Americana de Solidariedade (OLAS) abria uma nova porta. E Palhano, até então desconhecido do grupo, representante do MNR de Brizola em Cuba, me escalou para integrar a delegação e participar do encontro guerrilheiro. Quem não estivesse sob a cobertura de uma organização poderia ficar em Cuba para sempre. A defecção de Brizola ainda não era pública. Durante a conferência havia a possibilidade de contatar outros grupos brasileiros, amarrando a volta à pátria. O MNR causaria impacto revelando minha presença. Fui informado de que era considerado morto no Brasil, "ressuscitaria na OLAS".

---

* Caparaó foi a primeira guerrilha contra a ditadura. Foi uma tentativa de recriar no Brasil uma guerrilha nos moldes da de Sierra Maestra, que, a partir de um pequeno grupo, promoveu a Revolução Cubana. Na serra de Caparaó, divisa do Espírito Santo com Minas Gerais, cerca de vinte militares rebeldes se refugiaram depois do golpe de 1964. Eles tiveram dificuldades de sobreviver na região, ficaram sem contato com a logística da cidade, passaram fome e enfrentaram a desconfiança dos habitantes das proximidades. Em abril de 1967, os guerrilheiros foram capturados pela polícia mineira. Daquele grupo, dois conseguiram chegar a Cuba: Antonio Duarte e Avelino Capitani. Ambos foram para a Suécia.

Ficar em Cuba para sempre era a pior das alternativas. Muitos brasileiros e pessoas de outros países ali abrigados apodreciam moralmente, na dependência do Estado, sem ter o que fazer, sem nenhum contato com o mundo exterior, sem poder estudar nem integrar-se às atividades produtivas. A exceção era o capitão de corveta Godoy, que servia à marinha cubana comandando um navio pesqueiro. Ele e a mulher, Josina, tinham como residência um apartamento do Hotel Nacional, que abrigava outros desterrados, todos "hóspedes do Estado".

A conferência seria mais uma experiência com a possibilidade de aprender coisas novas sobre aquela política emaranhada. Avaliar junto aos outros brasileiros a situação pátria. E, quem sabe, ali estaria a oportunidade de encontrar alternativas à violência guerreira. No mínimo, minha família saberia que eu ainda estava vivo.

Logo fui conduzido ao aeroporto de Havana, para fingir a chegada de mais um representante brasileiro. No Hotel Hilton, rebatizado de "Habana Libre", cheguei a sentir constrangimento com tanto luxo, com tantos restaurantes e bares, dispondo de cardápio variado, incluindo leite e manteiga, sucos de frutas tropicais de produção cubana, exclusivos para a exportação, e saladas, bifes e galetos, itens que estavam ausentes das mesas dos cubanos.

A conferência da Organização Latino-Americana de Solidariedade (OLAS) funcionou em quatro comissões: Estatutária, Econômica, Política e de Solidariedade. No hotel, estavam abrigadas centenas de representantes de partidos comunistas e organizações guerrilheiras da América do Sul, observadores e jornalistas do mundo inteiro.

Carlos Marighella, da ALN, aproveitou a ocasião, na qualidade de observador convidado, para romper publicamente com o Partido Comunista Brasileiro. Aluísio Palhano, sendo homem de confiança dos cubanos, figurou como presidente da delegação brasileira e atuou na Comissão Econômica. Paulo Wright e "José da Silva", codinome de integrante da AP, na Comissão de Estatutos. Fui escalado para a Comissão de Solidariedade.

Ignorando totalmente que papel deveria cumprir num evento daquele porte, fui informado pelos experientes companheiros de que "todos os assuntos já chegavam prontos, era só discutir e aprovar". Havia entre os presentes a expectativa da presença de Guevara, que apareceria como o grande condutor da revolução nas Américas, Central e do Sul. Um Bolívar reencarnado. Ledo engano. Nem os comunistas da Bolívia admitiam o comando do aventureiro argentino.

Apenas uma carta, enviada "de um recanto da América Latina". Ninguém podia perceber que, naquele evento, Guevara e todos os presentes já estavam queimados por Fidel Castro. A OLAS não passava de um blefe a mais na Guerra Fria. Cuba não assumiria o comando físico nem iria providenciar a logística daquelas guerrinhas. Apenas ganhava espaço de manobra para obter créditos internacionais, econômicos e políticos.

Imperceptíveis, nos bastidores, estavam os seguidores dos fabianos* e da Escola de Frankfurt atuando como estrategistas para os serviços de inteligência da Inglaterra e dos Estados Unidos e para o Instituto Tavistock. O CFR, no comando de toda a propaganda, distribuía as opiniões contraditórias e as incoerências que desviavam a atenção do foco: o projeto de futuro controle "socialista suave" que viria a nascer no Diálogo Interamericano.

O fato é que a OLAS ficou atada às intenções, no nascedouro: sem estatuto, sem endereço e sem recursos financeiros. Tudo arquivado. Exceto o personalismo dos "comandantes" de guerrilhas latinas. Naqueles dias, tive oportunidade de conversar com Carlos Marighella à mesa do café da manhã. Olhei aquele rosto e lembrei-me da referência feita pelo jornalista Osvaldo Peralva ao estalinista que estava diante de mim.

Em *O retrato*, Peralva, que havia atuado como representante dos camaradas brasileiros numa das reuniões da Internacional Comunista,

---

* N. do A. - A Sociedade Fabiana na Inglaterra, nos fins do século XIV, era integrada por cientistas, escritores, como Bernard Shaw, H.G. Wells, Bertrand Russel e políticos que negavam a revolução e a luta de classes marxista. Defendiam a implantação do socialismo por meio de mudanças e reformas lentas. Suas ideias foram ampliadas pela Escola de Frankfurt e mais tarde metodizadas por Antonio Gramsci.

descreve sua trajetória e expulsão do Partido Comunista. O jornalista contrário aos crimes de Stalin foi "julgado" pelos camaradas do Comitê Central. Marighella é citado como um brutamontes iletrado e destemperado. Naquele momento, era um homem de olhar triste.

No papel de aprendiz, as profundas discussões teóricas sobre a revolução comunista internacional tinham pouco significado para mim. Era coisa para economistas, intelectuais, altos dirigentes. A leitura daqueles textos de Lenin e Marx tinha pouco interesse para os soldadinhos.

Perguntei ao ilustre revolucionário como ele via toda aquela divisão teórica separando pró-chineses, pró-soviéticos, pró-cubanos, nacionalistas, PC do B, Polop e outras tantas tendências. Onde ficava a posição pró-Brasil? O velho comunista deve ter alcançado toda a ingenuidade do interlocutor.

Dizia-se que ele não poderia dirigir um amplo movimento político no Brasil. Sua ideologia afastaria os religiosos e nacionalistas não comunistas, inviabilizando o desenvolvimento de uma organização de massas para o apoio da guerrilha até a tomada do poder.

Marighella disse que seguiríamos por caminhos diferentes, mais na frente nos encontraríamos. Saí do encontro direto para a enfermaria. Uma úlcera duodenal que me acompanharia por mais de vinte anos foi diagnosticada como hipersensibilidade. E o médico receitou sorvete.

A declaração final da conferência fixava os rumos da revolução continental. Os focos espalhados se juntariam no grande exército de libertação. Firmava-se o acordo para uma guerra prolongada, cruel, sem atinar para as mínimas regras. O comando estratégico estaria em Cuba. A direção dos exércitos seria de Guevara.

Depois do encerramento solene com um discurso de Fidel Castro, bem na medida da agitação emocional, sobravam muitas perguntas. Sem logística, sem concordância unânime, sem plano estratégico conhecido, comunistas para um lado, nacionalistas, foquistas*, seguidores da China, da Albânia e tantos

---

* N. do A. Adeptos do foquismo, teoria revolucionária adotada pelos grupos armados de esquerda. Consistia basicamente em criar focos (daí o nome) de guerrilhas no mundo, como forma de enfraquecer o capitalismo imperialista.

outros grupos, cada um crente na própria "linha de condução revolucionária". Cada macaco no seu galho. A realidade é que o funcionamento da OLAS não interessava de fato aos irmãos Castro. Não lhes interessava dividir o comando, o controle. Nem confiavam nos partidos comunistas.

Já sabiam que os comunistas bolivianos e seus camaradas no continente não aceitavam o comando de Guevara. Ninguém desconfiava que Fidel Castro, o grande manipulador, empurrava a todos para a indefensável forma de luta guerrilheira. Os focos de luta armada seriam apenas sustentáculos de sua política exterior com a China, com a União Soviética e Europa. Instrumento para outros negócios, contribuições monetárias e propaganda.

Não interessava dividir o controle com representantes de tendências diversas. Para o consumo externo, firmou-se a cisão entre os partidos comunistas e "foquistas" defensores da luta armada. Vendia-se como contradição a ajuda da União Soviética aos países sul-americanos governados por militares.

A moção apresentada no sentido de criticar a União Soviética considerava que ajudar tais países era o mesmo que aliviar, embora levemente, o custo de investimentos norte-americanos, facilitando a manutenção da guerra do Vietnã. A distância, parece ingênuo. Nem de longe o tráfico de armas e drogas era referido ou imaginado como uma das fontes de financiamento das guerrilhas.

A moção tinha sido apresentada pela delegação do Brasil e rendeu uma reunião a portas fechadas. Haydée Santamaría* me chamou ao seu apartamento pedindo que retirasse a moção do debate. Era um pedido do mesmo Fidel Castro, porque "os camaradas soviéticos estavam liberando

---

* Haydée Santamaría participou do assalto ao Quartel Moncada, em 26 de julho de 1953. Ao sair da prisão fundou o Movimento 26 de Julho, apoiou a guerrilha de Fidel Castro e foi enviada ao exterior para coletar fundos e armas para a revolução. Regressou a Cuba e fundou o Partido Unido da Revolução Socialista de Cuba, embrião do Partido Comunista Cubano. Trabalhou no Ministério da Educação e dirigia a Casa das Américas, referência cultural do país. Suicidou-se em julho de 1980.

uma substancial ajuda para Cuba naquele momento... Ajuda que seria utilizada no apoio às guerrilhas". Tudo jogo de cena.

Aquela não era uma decisão fácil, lembrei. Ofereceu-me uma linda caixa de madeira marchetada com uma coleção de todos os charutos de fabricação cubana, contando com minha promessa para transformá-la, no mínimo, em "moção secreta".

Os partidos comunistas do Uruguai, da Argentina, do México e outros se opuseram radicalmente a votar tal moção. Travou-se o debate, instalou-se a cisão. A censura à política soviética foi aprovada, em caráter secreto. Dois dias depois, os jornais europeus publicavam o texto e detalhes sobre o profundo desencontro de concepções sobre as "formas de luta", entre os comunistas ortodoxos e os defensores do "foco guerrilheiro". Fidel Castro encerrou a conferência, tomando o assunto como ponto central de seu discurso.

Após a conferência, todos os delegados saíram para o turismo em pontos diferentes da ilha. Os menos importantes foram conduzidos para uma noitada de show com efeitos especiais, rum, cerveja, petiscos e dança no Tropicana, o cabaré ao ar livre para turistas. Cada dirigente voltou a seu país, deixando os mais jovens na clandestinidade cubana para o treinamento de guerrilhas.

Os dois brasileiros representantes da Ação Popular (AP) desapareceram. Esperei alguns dias no hotel e recebi um jovem jornalista brasileiro enviado pelo *Jornal do Brasil*. Vestindo a tradicional camisa *guayabera* cubana, fui fotografado na varanda do apartamento e entrevistado, repetindo as palavras de ordem.

Pensava o que aconteceria com aquele moço ao voltar para o Brasil. A impressão era de que seria preso, torturado, talvez morto. Seu nome era Danúbio, disse que viajava com todas as autorizações e que o clima no Brasil era bem diferente do que se alardeava. Fiquei com muitas dúvidas.

Perguntei-lhe se poderia entregar uma correspondência para a minha família. Confiei-lhe uma carta, cujo teor defendia o sacrifício pessoal, mas continha as desculpas pelos transtornos e medos que lhes causava. Não sei se a carta chegou às mãos da minha irmã.

Saí do hotel e durante uma semana fui escalado para acompanhar Max da Costa Santos e sua companheira francesa Chantalle. O roteiro turístico incluiu a praia de Varadero e outros locais de lazer vetados aos cubanos.

Voltei à casa do bairro Almendares, onde estavam reunidos os rapazes de Carlos Marighella, Paulo, um ex-marinheiro que viera do México, e todo o grupo que estava comigo. Partiríamos para mais três meses de treinamento, daquela vez ensaiando os movimentos de uma "coluna guerrilheira", sem acampamento fixo.

Além dos brasileiros, havia no grupo cinco uruguaios. Depois da primeira semana, começaram as desistências, por enfermidade, indisciplina (com os pés rachados, alguns recusavam-se a caminhar). Os "pendejos" foram isolados num quartel, até que os cubanos e as organizações a que estavam relacionados decidissem o que fazer.

Em outubro, o desânimo e o cansaço dominavam o ambiente. O instrutor cubano, PhD em estupidez e grosseria, utilizava métodos violentos para "endurecer" os menos aptos fisicamente. Um belo dia, estava ele mesmo perdido, mostrando não entender como utilizar a bússola e situar-se no mapa. Não encontrava o roteiro predeterminado para o exercício. Os alimentos escasseavam. Acabamos quase emboscados pela milícia de uma cooperativa numa estrada vicinal.

Para aliviar a estafa, montou-se um acampamento na mata. Enquanto preparavam um leite quente (enlatado de origem russa) para a primeira alimentação daquele dia, liguei o precioso único rádio de pilha e afastei-me do grupo para ouvir um pouco de música da única emissora existente em Cuba: Radio Habana Libre. Surpreendentemente, a música era clássica e antecedeu a notícia: Guevara cercado e morto na Bolívia.

Ao ser informado, o instrutor reagiu com os olhos arregalados:

– Coño... su madre! Se jodió todo...*

---

* Tradução adaptada: "Puta que pariu... Tá tudo fodido..."

A voz do locutor repetia a notícia. O sangue desapareceu de sua face e as lágrimas rolavam.

Reunido o grupo, o instrutor Guerrero deu a notícia, emendando um discurso heroico. O treinamento entrou em recesso. Depois ele se afastou para receber ordens superiores. Fui desligado do grupo e internado num hospital para me submeter à cirurgia de um incômodo cisto sebáceo. Os exames preliminares foram rápidos. O cisto foi retirado, e a área, cauterizada. Medicina cubana de qualidade propagandeada pela revolução? Nada. Eram russos os médicos daquele hospital militar isolado de qualquer estrutura urbana. Durante todo o processo eu os ouvi falando nesse idioma. O mesmo acontecia no Hospital Central de Havana, onde todo o grupo brasileiro foi internado para check-up, antes e depois das jornadas de treinamento.

O isolamento no hospital estendeu-se por semanas, até que a ferida ficou completamente fechada. Na enfermaria estava de recuperação um soldado cubano, moço, imobilizado com fratura na bacia, causada por acidente em treinamento. Angel dependia da enfermagem para tudo.

Ele me contou que salvou-se da morte por milagre. A família era religiosa e ele rezava todos os dias. Tinha mulher e um filhinho esperando seu retorno numa pequena propriedade rural que possuíam e que fora anexada a uma cooperativa. Era o único meio de ter acesso a sementes e assistência do Estado.

Para os que teimavam na produção particular para vender ao Estado, faltavam sementes e implementos. Os que produziam tomates, colhiam, colocavam os caixotes no local onde deveriam ser recolhidos pelo Estado e viam os frutos apodrecerem na beira da estrada sem que o transporte do Estado os recolhesse.

Antes de ser enviado para outro quartel, onde esperei por mais duas semanas, pude ajudar Angel a dar os primeiros passos pelos corredores do hospital. Quando me despedi, desejou-me boa sorte com lágrimas nos olhos. A revolução ainda não havia matado os sentimentos humanos nem a religiosidade daquele rapaz.

Nosso grupo inicial de ex-marinheiros estava isolado, numa casa imensa às margens do Rio Almendares. Do outro lado avistava-se o Clube dos Militares Soviéticos, onde não entravam nem os cubanos. Também tinham a sua praia exclusiva. Não se misturavam.

Aluísio Palhano criou uma rotina de palestras, leituras e discussões políticas para manter a unidade e o ânimo do grupo. Como ninguém sabia dirigir, começou a instruir-nos no carrinho que os cubanos lhe confiaram, um privilégio de pouca gente. Logo arranjou uma moto com *sidecar* para as aulas. E, posteriormente, um motorista de táxi com um velho Chevrolet.

A última etapa, que durou meses, teve a presença de um instrutor de caratê. Aprendemos os *katas*, posições de luta, golpes defensivos e ofensivos com os pés e com as mãos e os pontos vitais para provocar um desmaio ou a morte com um só golpe certeiro. A técnica ofensiva ensinava a dominar o inimigo, que atacasse com golpes de faca ou ataque com armas curtas. Também ensinava a matar silenciosamente, com as mãos.

Nenhuma expectativa de retornar ao Brasil. Nenhuma notícia que não fossem as do único jornal e da revista *Bohemia*. Frequentei todos os eventos culturais, teatro e principalmente a cinemateca do Instituto Cubano de Arte e Indústria Cinematográficos, ICAIC, ponto de encontro dos intelectuais dissidentes.

José Maria, contra todas as expectativas, havia se "casado" e residia com a paraguaia Soledad num hotel. Os outros tinham seus encontros e atividades, cada um tentando à sua maneira recuperar um pouco da individualidade e privacidade perdidas.

Aluísio Palhano, que liderava o grupo após Brizola desistir do caminho da luta armada, ao voltar de uma viagem à Coreia do Norte, levou-nos a uma visita à embaixada desse país em Havana. Vimos filmes, tomamos aguardente de ginseng. E fomos informados de que a Coreia não conhecia a televisão – isso no ano de 1969. Kim Il Sung havia determinado que o país deveria descobrir e desenvolver seu próprio sistema de geração e transmissão de imagens. Naquela embaixada fizemos mais um pedido de socorro, solicitando ajuda àquele terceiro país para que o grupo de ex-marinheiros pudesse voltar ao Brasil. Mais um fracasso.

No teatro estreava uma nova peça de José Triana, um dos poucos dramaturgos locais permitidos. "A noite dos assassinos" revolucionava a linguagem teatral, com um espetáculo agressivo e insolente. Os diálogos entre pais e filhos desprezavam os costumes civilizados, destilando um ódio inconcebível em um ambiente posto às avessas: a sala não era a sala, a sala era a cozinha que funcionava como quarto, que era o banheiro. Eu nem sabia da existência de Antonio Gramsci.

Uma cena que despia a violência cultural revolucionária. Texto e cenografia que mostravam a impotência dos cidadãos diante de um poder totalitário invisível e presente, manipulador de consciências. Tive oportunidade de conhecer o dramaturgo e sua mulher, filha de pai francês e mãe brasileira. O dramaturgo era um individualista ferrenho, insolente, mordaz e crítico do Estado, mas defensor da revolução. Incoerência? Ou pragmatismo?

A longa espera

Escolhi para utilizar na clandestinidade os nomes Jadiel, Jonatán, Daniel, Américo e Renato, em momentos de solidão profunda, lembrando pessoas e instituições significativas, plantadas na memória.

Naquela casa-acampamento, as refeições prontas chegavam em marmitas, na hora certa. A roupa, nós mesmos lavávamos. Até pude fazer uma pequena horta, sem entender por que aquele não era um procedimento permitido pelo governo, que também proibia criar galinhas nos fundos de quintal.

Esgotadas as sessões de treinamento, fomos isolados num apartamento. Vagando pelas ruas de Havana, eu era como árvore transplantada do seu hábitat, alimentando-se da seiva da vida entre espécies desconhecidas.

Por vezes ficava acabrunhado, refazendo mentalmente o começo distante daquela viagem sem retorno, rapaz entre rapazes integrados e orgulhosos de cumprir uma tarefa que acreditavam importante para o bem-estar da Nação, na Marinha. Naquela ilha-prisão, comecei a perceber o fosso entre o partido único no lugar do Estado e as pessoas. O preconceito entre os chefes e subordinados.

Naqueles dias eu era Daniel e sorria muito raramente, pensando que viver de promessas como aquele povo ilhado, sem acesso às notícias dos continentes ao redor, era bem pior que a vida mais pobre no Nordeste ou nas favelas do Brasil.

Ali as igrejas estavam fechadas. Uma delas havia sido transformada em escola de balé. As crianças, separadas dos pais, vinham das áreas rurais para viver e estudar nas casas abandonadas pelas famílias ricas que fugiram para

Miami. Todas as manhãs a infância com os lenços vermelhos marchava pelas ruas, em fileiras guiadas por adultos, repetindo aos gritos: "Seremos como el Che".

Um dramaturgo me confidenciou que as mulheres encarregadas de cuidar das crianças eram, em sua maioria, ex-prostitutas, "salvas pela revolução", que adotara o sexo livre e o aborto. Os adolescentes e jovens eram enviados para escolas distantes, separados das famílias para trabalhar no programa "Escuela al campo" (escola no campo).

A educação doméstica não podia influenciar a formação da mente de crianças e adolescentes. O Estado cuidava de varrer da cena princípios e valores, religião e crenças ancestrais. Valia de modo uniforme a doutrinação ideológica do partido, para o qual todos trabalhavam, do qual todos dependiam.

A exaltação dos heróis da revolução havia substituído a velha crença nos santos devocionais. Em cada parede, quem olhasse pelas janelas das salas podia ver a foto enquadrada das três figuras que ocupavam o lugar da Sagrada Família: Fidel, Camilo e Guevara.

Camilo Cienfuegos integrou a tríade do poder inicial. Era um democrata, cristão praticante e muito querido pela população. Sabe-se em Cuba que desapareceu sem deixar vestígios, num voo curto. Nunca encontraram o pequeno avião nem os ocupantes.

A história tem aspectos de mistério que ninguém tentou ou ousou desvendar. O fato conhecido é que Camilo incomodava Guevara e não concordava com a aproximação com a URSS, desafiando algumas decisões do núcleo forte de comando. Sumiu.

Um fato incontestável era que as pessoas vestidas de azul temiam as pessoas vestidas de verde. O verde era a cor dos militares do exército cubano. O azul era a cor dos trabalhadores, da gente comum: uma calça de mescla e camisa de mangas, longas ou curtas, de algodão. Calça e camisa azuis para o trabalho no campo ou nas fábricas. Isso não significava que não se pudesse usar outros trajes. Mas, como todos recebiam duas mudas de roupas azuis por ano, parecia que as pessoas economizavam no uso das outras peças, que não poderiam ser substituídas facilmente. Não havia lojas, não havia dinheiro.

Vi trabalhadores levados aos campos de corte de cana nos domingos e feriados cumprindo ordens do partido, controlador e presente em todas as escolas e unidades de trabalho. A recusa ao trabalho "voluntário" era tida como ação impatriótica. Contava pontos negativos no histórico do estudante ou do trabalhador.

A propaganda oficial continuava alimentando o clima de guerra contra os imperialistas americanos, culpados por todo o sofrimento do povo, por todos os fracassos da economia improdutiva. Os que não acatavam o discurso oficial eram rotulados de "gusanos" (vermes) e os que ousavam algum tipo de manifestação contrária eram presos.

Presenciei as grandes cerimônias cívicas, quando o líder falava durante horas, para a multidão trazida de seus locais de trabalho e escolas em caravanas de ônibus, usando chapéus de palha e lenços vermelhos. Todos recebiam uma merenda para ficar ao sol durante quatro, cinco, seis horas, ouvindo os quilométricos discursos de Castro.

Para os estrangeiros convidados que ocupavam a tribuna nobre, ladeando El Comandante, à sombra de um gigantesco toldo, o espetáculo provava a popularidade de Fidel e a força daquela revolução em que todos eram pobres, sem saber que o líder possuía uma fortuna pessoal maior que a da rainha da Inglaterra. Os discursos acabavam sempre com o refrão: "Pátria ou morte!", e a massa respondia: "Venceremos!". A guerra ainda não havia acabado.

Percebi e compartilhei das mesas indigentes da população, enquanto os alimentos variados e fartos eram distribuídos em cotas diferenciadas para as famílias dos membros do partido e seus soldados. Convivi com a gente que, em voz baixa, arriscava-se a protestar. Naquele modelo não havia espaço para a liberdade de escolhas, nem para a generosidade e a compaixão, o perdão e a solidariedade.

A dependência do Estado contrário à livre-iniciativa impedia a manifestação do pensamento e a criatividade. A autoestima, a segurança pessoal foram substituídas por manifestações de cinismo impotente.

A vigilância parecia onipresente. Em silêncio, filas imensas aguardavam na "Coppelia" (única sorveteria em Havana) para conseguir uma bola de sorvete sobre uma fatia de bolo. O medo tangível, presente, impedindo qualquer manifestação contrária, dissonante do discurso oficial, ditado pelo partido único, pelo único jornal, única emissora de rádio, única televisão estatal.

Privilegiados eram alguns escritores defensores da revolução, alguns artistas e atletas utilizados na propaganda externa. Atletas e artistas, sem igualar-se aos militares, eram mimados pelo poder. Mas nem sempre correspondiam à vontade suprema e muitos desertavam, pedindo asilo nos países por onde passavam. Os familiares na ilha sofriam as consequências da deserção.

Militares ou civis rebeldes acabavam nas prisões ou nos campos de trabalho "voluntário", instrumento de reeducação. Como no caso de um cantor de sucesso, Silvio Rodríguez, que se desviou um pouco do discurso oficial e foi embarcado para uma temporada distante da pátria, em um navio pesqueiro, lá pela costa da África. Reeducação.

Podíamos frequentar o balneário Patrice Lumumba, onde havia caiaques e área protegida para natação. Ali encontrei algumas pessoas que, percebendo a presença de um estrangeiro, aproximavam-se para conversar, famintas de notícias do mundo exterior. A referência que tinham do Brasil era a dos filmes de Glauber Rocha, a música do movimento Tropicália e romances de Jorge Amado.

A quebra de barreiras era rápida e logo reclamavam do isolamento do mundo, da penúria em que viviam, da presença de militares soviéticos na ilha, da censura à imprensa e à literatura, ao teatro e ao cinema e a outras expressões artísticas. Para eles éramos apenas turistas. Sabiam que Cuba ajudava os chamados "movimentos de libertação". Como era feita a ajuda, isso não lhes era informado. Assim soube do exílio de intelectuais como

Lezama Lima e das Unidades Militares de Ajuda à Produção (UMAPs), colônias de trabalho forçado para dissidentes e homossexuais.

Falavam dos poetas marginais como Heriberto Padilla e do cerco para que nada contra a revolução se publicasse fora do país. Ali valia somente a obra discurseira do "caballo" (cavalo), como se referiam a Fidel Castro, que acabara distribuindo a fome, de modo que a gente criasse teias de aranha... "en el cullo".

Muitos cubanos casavam apenas para ter acesso aos enxovais que o Estado disponibilizava para os noivos comprarem, numa loja do Estado – uma quantidade restrita de roupas, sapatos, pratos e panelas. Na semana seguinte se divorciavam.

Uma *libreta* (caderneta) de abastecimento era o documento que listava para cada núcleo familiar o acesso mensal às cotas de açúcar, arroz, grão-de--bico, sabonetes e até papel higiênico. No local de distribuição, o agente do governo anotava a entrega dos produtos em cada *libreta*. O Estado controlava tudo. Não existiam mercados, nem lojas, nem feiras livres. Apenas os pontos de distribuição dos produtos liberados da cesta básica.

Cada família tinha datas marcadas para retirar suas cotas dos produtos de primeira necessidade. Normalmente, o estoque mensal de um ou outro item era reduzido e os encarregados da distribuição informavam tranquilamente: "Se acabó!" Ai de quem protestasse. O fato é que algumas das mercadorias tinham endereço certo: o mercado negro.

Leite, só havia o enlatado soviético, destinado a crianças, sexagenários, militares, famílias de dirigentes e estrangeiros. Manteiga, nem pensar. Para os turistas, que pagavam em dólares, existiam as butiques dos hotéis exclusivos. Para os diplomatas estrangeiros, alta direção do partido e militares soviéticos de alto nível, os armazéns de abastecimento eram exclusivos. Não faltava nada. Já Fidel Castro mantinha suas três ou quatro vacas de estimação no terceiro andar de um edifício que frequentava, no bairro do Vedado, na cidade de Havana.

Ter acesso a um dos três restaurantes, sempre reservados para turistas e convidados oficiais, era uma ocasião festiva. Havia a fila e o câmbio negro de senhas de entrada para os três locais: La Luna Azul, que servia o prato tradicional cubano, "moros y cristianos": porco frito e arroz com feijão ou frango assado; La Torre, que servia filés, e El Conejito, que servia carne de coelho.

Na Ilha de Pinos, a segunda maior do arquipélago cubano, conhecida como "Ilha da Juventude", nos cinco grandes edifícios circulares de um velho presídio, as celas foram adaptadas como alojamento para milhares de jovens. Eram os estudantes trabalhadores de projeto de citricultura, cuja produção total era exportada para a Europa, frutos *in natura* e sucos enlatados.

Para garantir a disciplina, ali havia também uma unidade do Exército, cuidando para que os familiares não estivessem em contato com a juventude exemplar. E não havia como. O único acesso era por via aérea ou pelo mar.

Se um morador de qualquer província desejasse deslocar-se para visitar um parente em outra província, devia obter permissão da polícia, justificando o motivo da viagem. No destino, devia apresentar-se às autoridades locais na chegada e na saída.

Quando os guerrilheiros da coluna de Guevara chegaram a Havana, antecedendo a entrada triunfal de Fidel Castro, a população conheceu o terrorismo, o medo e o fuzilamento sumário.

Milhares de casas estavam vazias, pois grande parte da população havia abandonado a ilha às pressas para refugiar-se em Miami. As casas foram ocupadas pelas tropas. Outras, mais tarde, foram transformadas em albergues para as crianças dos camponeses, separadas dos pais para estudar em Havana. Os filhos de pais residentes nas cidades foram levados para escolas no campo. Era necessário garantir a dissolução da família, da autoridade paterna e da influência religiosa.

Outras casas serviriam, no futuro, como alojamento para estudantes estrangeiros, para os grupos de alunos de guerrilha e para abrigar familiares de guerrilheiros e terroristas, como aconteceu com a família de Lamarca e outros brasileiros, argentinos, venezuelanos, angolanos... Claro que as mansões foram requisitadas e disponibilizadas para os dirigentes do Partido e da guerrilha.

Como os guerrilheiros não tinham em suas fileiras pessoas capazes de administrar o Estado, a tarefa foi confiada ao Partido Comunista Cubano, que oportunamente admitiu Fidel Castro, aquele que se deixava fotografar na Sierra Maestra com a camisa aberta, mostrando sobre o peito uma grande medalha da Madonna Del Cobre, padroeira de Cuba. Apenas um artifício para obter a aprovação dos cristãos durante a guerra revolucionária.

Nos fins de semana, durante a safra produtiva de açúcar, o principal produto de exportação, que os russos adquiriam pelo dobro do preço de mercado, cada fábrica, cada unidade de trabalho, cada escola era conduzida para o corte da cana: "trabalho voluntário". Se chegava o fim da safra sem que as metas do plano estatal fossem alcançadas, para não retificar a previsão (profética) de Fidel, os números de uma safra eram emendados com os da safra seguinte. Assim era garantido o cumprimento da meta estabelecida. Por diversas vezes nos exercitamos como "voluntários" cortando cana.

Logo cedo afiávamos os *machetes* (facões de folha larga) e partíamos para o eito, para cortar cana, com poucas paradas para uns goles de água. Ao meio-dia, banhados de suor, nos reuníamos para o almoço e um pequeno descanso. Num meio-dia daqueles um senhor, calvo e de fala mansa, estava diante de mim servindo-se de água gelada. De repente, voltou-se e pude ver como a pele de sua testa se enrugava, antes que ele desabasse. Morreu ali mesmo. O corpo foi colocado num carro e despachado para Havana, deixando um sentimento de pesar e mal-estar. Comentaram que aquele senhor, conhecido como José, era um dirigente comunista venezuelano.

***

Esperei, guardando os pensamentos como se fossem heresias. Abandonar tudo? Quem iria acolher um desertor? Quem acreditaria que ansiava por uma vida sem culpa e sem medo, uma vida construtiva, diferente daquele exercício de ódio violento? Quem acreditaria num traidor da pátria e ativista treinado pelos cubanos? Enquanto esperava a oportunidade para sair de Cuba, vivia a vida intensamente, valorizando cada momento, cada encontro.

Encontramo-nos ao entardecer numa praça vazia. Uma característica de Havana, que já tinha notado também em Praga, era a pouca presença de pessoas nas ruas ou mesmo aquele movimento de vida, de atividade nas casas. Em alguns locais e momentos a cidade parecia fantasma, silenciosa.

Outra impressão era de que milhares de olhos vigiavam os movimentos daquele casal, como se, ali, sentados num banco de jardim, estivéssemos fora de lugar. Foi ela quem me convidou: "Vamos para uma pousada?". Eu nem sabia da existência de tal instituição naquela ilha. Ela me conduziu e entramos no casarão. No *living*, por trás de um balcão, o empregado recebeu o pagamento e forneceu a chave numerada.

Subimos as escadas e chegamos ao quarto assoalhado com uma cama e um banheiro anexo, sem toalhas. E os lençóis não pareciam exatamente limpos. Era o que tínhamos para um momento de intimidade e privacidade. A moça me daria algumas horas de encontros furtivos e pouco a pouco fui restaurando o quase esquecido encanto do abraço amoroso.

Quando nos despedíamos, sentia-me envolvido por um sentimento de culpa, como se aquelas fugas clandestinas constituíssem debilidade incompatível com o procedimento de um revolucionário. Aquele negócio de sentir carência amorosa e alimentar sentimentos de dependência era perigoso, talvez um desvio burguês. Tais pensamentos acabavam por me fazer rir intimamente, imaginando se teria coragem de pular a cerca daquele curral e como seriam os outros currais da vida em liberdade.

Totalmente comprometido, a autoestima, o pensamento e a responsabilidade individual estavam anulados. Tudo estava resolvido e respondido em umas poucas frases feitas do tipo: "O dever de todo revolucionário é fazer a revolução". Se antes as minhas crenças religiosas eram importantes, então era bastante reverenciar os ícones revolucionários e anti-imperialistas, praticar a metodologia do ódio, seguir a práxis da guerra revolucionária.

Pensar e agir individualmente era uma heresia. A vigilância autocrítica estava presente, como se todos lessem os pensamentos uns dos outros. O contrário seria traição e o castigo era o fuzilamento. Os princípios e valores essenciais ali apreendidos estavam contidos em mentes envolvidas na mortalha do fanatismo.

O entusiasmo do grupo havia se esgotado. Numa reunião com o contato cubano Fermin, criticamos o treinamento e seu conteúdo. Aquilo seria inviável no Brasil. Algumas questões políticas vieram à tona. As respostas diplomáticas de Fermin soaram falsas. A conversa avançou na discussão da validade daquela empreitada guerrilheira, uma vez que falhava a confiança, falhavam as bases ideológicas, falhava o treinamento, o método, por ser inadequado à extensão territorial e à cultura brasileira, particularidades regionais, realidade econômica diferenciada e dificuldades de comunicação.

E mais: as notícias atestavam que era uma aventura suicida. Não era suficiente o exemplo do que ocorrera na Guatemala, Venezuela, Colômbia e, por último, na Bolívia? O cubano ouvia em silêncio. O Brasil era um continente. Lá conhecíamos uma história diferente da história dos outros países da América do Sul. Ouvidos os argumentos, Fermin respondeu com uma proposta: fazer um levantamento do Brasil, sob o patrocínio dos cubanos. Mais um divertimento.

No dia seguinte, recebemos pastas com mapas de uma área do território nacional, no Mato Grosso, na região de fronteira com a Bolívia. Fotografias, estradas, povoados, perfil dos habitantes da região, hábitos alimentares, índios, atividades produtivas, enfermidades, cobras, mineração, madeireiras, natureza, acidentes do terreno, unidades militares, aeroportos e estimativa do número de militares lotados nos quartéis. Pecuária, principal atividade econômica do Pantanal, e informações gerais. Tudo compreendido entre a cidade de Cáceres e uma rodovia que atravessa a selva até o Acre, incluindo: as cidades de Diamantino, Barra dos Bugres, Campo Grande, Açorizal, Alto Paraguai, Miranda, Corumbá, Ladário e Cáceres.

Havia a referência a uma ferrovia, única ligação com o Atlântico Sul, utilizada para o deslocamento de tropas e abastecimento da região. A curiosidade era a citação do encontro dos autores do estudo com um índio que tinha conhecimentos da língua inglesa. O levantamento contemplava a fauna e a flora, incluía trechos de autores brasileiros sobre atividades diversas como exploração de madeira e erva-mate, além da mineração. Tudo ilustrado com fotografias, inclusive aéreas, da Serra dos Parecis, onde a cobertura vegetal está restrita às margens dos rios.

Esse documento, escrito em português, foi realizado entre 1965 e 1966. Havia filmes de 10 minutos mostrando aspectos das cidades de São Paulo e Curitiba. A finalidade era óbvia e já nos haviam falado sobre isso: a implantação de um foco guerrilheiro de retaguarda, apoio para o empreendimento boliviano de Che Guevara, como fazem atualmente os guerrilheiros traficantes da Colômbia nos territórios da Amazônia, Venezuela e Peru.

O mesmo Guevara "máquina fria de matar", o mesmo Guevara que foi enviado em missão guerrilheira, para ficar impedido de cometer mais fracassos ocupando cargos administrativos em Cuba. O mesmo Guevara que havia fracassado na África. O mesmo Guevara que havia fracassado na Bolívia, sem ajuda dos comunistas e abandonado pela mesma Revolução Cubana que o endeusava. O dossiê suscitava muitas perguntas. E dúvidas. Que validade tinha para nós? Que validade teria para os cubanos? Se eles tinham esse tipo de informação, escrita em português, que outras informações teriam?

Haviam pedido uma apreciação "do ponto de vista guerrilheiro", mas o conceito não estava claro. Os guerrilheiros estavam virando assaltantes isolados e subsistiam até o confronto com a polícia, a prisão ou a tortura, sem que os líderes pudessem fazer alguma coisa para barrar a ruína de suas organizações e preservar a integridade dos militantes. Com toda a convicção naquele momento, respondemos o que se segue.

A região tem onze vezes a extensão do território de Cuba. A atividade econômica é incipiente. A população tem características próprias, diferenciadas, com hábitos e expressões idiomáticas diversas. Seria insano meter um grupo guerrilheiro ali. Além disso, não concordávamos com a ingerência de Cuba no Brasil. Não havia nada mais a discutir ou acrescentar. Insistiram num estudo e numa reflexão mais detalhada. Respondemos que não havia propósito.

Pensei na diferença cultural entre um civilizado e um selvagem. Uma vez, passei férias numa ilha em que ainda existiam algumas famílias de uma tribo em extinção. Saí ao entardecer, de chinelos, short, camiseta, toalha, sabonete para me banhar. Chegando à fonte, uma piscina natural, arrumei os objetos da civilização sobre uma pedra. Brincando na água estavam dois meninos e uma menina. Desnudos. Saíram da água, sem toalha, sem chinelos, sem sabonete, sem roupas e seguiram rindo e molhados pela trilha da mata. Qualquer um de nós, metido em qualquer região rural do Brasil, apareceria para os nativos como estranho, falando com sotaque diferente e carregado de hábitos e objetos dignos de suspeição.

Começou o isolamento. Recebíamos o alimento em marmitas, alguns pesos cubanos e nada mais. Sem destino, sem perspectivas. Depois de muito discutir a situação de dependência, elaboramos uma carta dirigida a Fidel Castro. Pedíamos que nos mandassem de volta à nossa pátria, de qualquer maneira, completando que jamais aceitaríamos que os cubanos dirigissem qualquer movimento no Brasil.

Mas não aparecia nenhum portador para o tal documento. Era como se os nossos passos e palavras fossem vigiados 24 horas. Passaram-se dias, até que um dos oficiais cubanos que nos acompanhavam chegou ao apartamento para trocar de roupa. Deixou uma sacola e pedimos a ele que comunicasse nossa urgência de fazer contato com Fermin. Tínhamos um assunto importante a tratar. Ele nos disse que Fermin estava viajando. E retirou-se.

Quando voltou para recolher sua roupa, impedimos a entrada. Que voltasse com Fermin. Durante todo o dia ele tentou entrar. No meio da noite, apareceu com nosso contato e mais dois assessores. Lemos o documento e entregamos. Silêncio. No dia seguinte, Pinheiro e Borges foram enviados para um hotel e proibidos de entrar em contato conosco. Francisco já residia com a mulher num hotel. Os cubanos diziam que não havia documentação para nos devolver ao Brasil. Pedimos para estudar e trabalhar. Era impossível, estávamos clandestinos, não tínhamos documentos.

Éramos reféns de uma ditadura cujo modelo pensávamos ajudar a implantar no Brasil. Somente nos anos recentes pude complementar algumas convicções sobre Fidel Castro, coisas que naqueles dias apenas intuía. Em 2009, o oficial de inteligência cubana Manuel de Beunza, asilado nos Estados Unidos, revelaria publicamente num programa de TV pela internet em Miami* como atuara em nome do Ministério do Interior para gerar divisas no mundo ocidental, abrindo mais de 150 empresas, todas lucrativas e administradas por uma *holding* sediada no Canadá, todas em nome de Fidel Castro. Beunza obteve licença até mesmo para operar um banco na Inglaterra.

As empresas estavam na Europa, América Central e do Sul, África e Ásia, dedicadas à navegação, ao comércio de armas e drogas, diamantes e marfim, entre outras atividades rentáveis.

---

* O vídeo da entrevista de Manuel Beunza pode ser visto no programa *María Elvira* pelo YouTube (https://www.youtube.com/playlist?list=PLC624CBBC73A15532) e também no site El Veraz.com.

Revolucionários brasileiros

Começaram a aparecer representantes de movimentos brasileiros pedindo ajuda ao companheiro Fidel. Alguns foram conduzidos ao nosso encontro. Paulo Melo trazia um projeto mirabolante, logo ignorado pelos cubanos. Todos nos prometiam um contato futuro e documentos para a nossa saída da ilha.

Esperar sem esperança. Entendíamos que só voltaríamos integrados a alguma das organizações que atuavam no Brasil em contato com o governo cubano. Raramente tínhamos notícias ou acesso a revistas e jornais brasileiros. Quando foi sequestrado o embaixador norte-americano, tivemos a impressão de que existia alguma organização. Buscamos aproximação com a embaixada da China, tentando romper o cerco cubano. Fomos literalmente enxotados.

Um dia chegou às nossas mãos "O Manual do Guerrilheiro Urbano", de Marighella. Era risível. Uma compilação das ideias de Régis Debray, misturadas com as técnicas de treinamento dos cubanos e dos manuais soviéticos da Universidade Patrice Lumumba. O manual foi publicado por Feltrinelli, editor italiano que atuava nas Brigadas Vermelhas na Itália. "Obra de um mestre revolucionário". Para nós soava como um livreto de propaganda e agitação, uma coletânea de plágios. Feltrinelli morreu colocando uma bomba que explodiu antes da hora...

A onda de sequestros levou a Cuba os primeiros banidos. A tal luta armada no Brasil estava fragmentada e sem rumo. E a repressão mais violenta ainda nem tinha começado, embora o AI-5, de 13 de dezembro de 1968, estivesse em vigor, desde a explosão de uma bomba no Aeroporto de Guararapes, em Recife, que deixou mortos e feridos.

Finalmente chegou Onofre Pinto, com plenos poderes para tratar com os cubanos. Após os fatos do Vale da Ribeira, a VPR ganhou status. O desertor capitão Lamarca, cuja mulher e filhos encontravam-se desterrados (hóspedes do governo cubano), parecia ser o homem de confiança para a retomada das atividades guerrilheiras no Brasil. Esmagar a cabeça de um oficial prisioneiro a golpes de fuzil era mesmo heroísmo revolucionário*.

Onofre Pinto nos falou do pleno desenvolvimento da luta e de sua perspectiva. Coisa para uma rearrumação vagarosa, contando com militantes treinados de outros países. A VPR tinha condições de arrumar os documentos de que necessitávamos. A nossa volta para o Brasil era de grande importância. Pouco depois, Onofre desentendeu-se com os cubanos e foi substituído por Shizuo, um nissei tranquilo e risonho, participante da guerrilha do Vale do Ribeira e capaz de resolver tudo com diplomacia.

Durante os preparativos para a volta, chegou a notícia da morte de Marighella. Na minha cabeça firmaram-se as suspeitas da ausência de apoio da população aos movimentos armados no Brasil. Onofre partiu para um *tour* pela Europa e África e retornou à sua base no Chile, governado por Salvador Allende, abrigo dos notáveis brasileiros de alto escalão, socialistas fabianos que atuavam à margem dos guerrilheiros.

Nossos novos comandantes tinham rosto conhecido e acreditavam na grande revolução proletária foquista. O líder bem-amado seria o capitão Lamarca. Seus "oficiais" de confiança, Mário (Shizuo Ozawa), Onofre Pinto e Aluísio Palhano. A VPR estava acolhendo e repatriando clandestinamente o grupo de ex-marinheiros descartado por Brizola. Os documentos para o retorno do grupo foram fornecidos pelos cubanos.

---

* No Vale da Ribeira, no sul de São Paulo e no leste do Paraná, Carlos Lamarca e seus companheiros da VPR montaram dois campos de treinamento para guerrilheiros. Descoberta a ação, coube ao II Exército e à Força Pública (Polícia Militar) a tarefa de combater o grupo. O jovem tenente Alberto Mendes Júnior, da Força Pública, de 23 anos de idade, que se entregara a Lamarca como refém em troca da vida de comandados feridos a tiros numa emboscada, foi executado por Yoshitane Fujimori e Diógenes Sobrosa de Souza com golpes de coronha de fuzil que lhe esmagaram a cabeça.

Por segurança, cada um viajaria isoladamente. Primeiro, sem despedidas, sumiu José Maria. O segundo foi Edson Quaresma. O destino final e a missão específica de cada um eram mantidos em segredo. Meses depois embarcaram Osvaldo e Osmar, que, segundo Onofre Pinto, não chegaram ao Brasil. Teriam ficado na França. Em setembro de 1970 foi a minha vez, com a missão de "instalar-me" em São Paulo e montar um "aparelho de fachada legal", destinado a receber "viajantes". Ficaria preservado, distante das operações, por segurança, fingindo uma vida normal.

Recebi instruções para seguir de Praga para Milão e Genebra, onde embarcaria em voo noturno da Swissair com destino a La Paz, fazendo conexão em São Paulo, onde poderia desembarcar na condição de passageiro boliviano em trânsito e sumir. Nessa situação, deveria registrar-me num hotel com a identidade brasileira (gaúcha) falsificada. Guardei o passaporte boliviano, que seria devolvido para outros usos.

Tinha as senhas e locais decorados para os primeiros contatos. Embutida no cinto, uma carta destinada ao "comandante" Lamarca e uns 30 fotogramas com fórmulas explosivas. Por iniciativa pessoal eu havia me aproximado de um dos fotógrafos de Fidel Castro, que me ensinou sobre aquela arte e as técnicas de revelação em preto e branco.

Permitiram-me levar um volume das obras de Tagore e outro de poesias de Antonio Machado. Sem que os cubanos soubessem, os livros tinham páginas com marcas que identificavam telefones e endereços de pessoas conhecidas na Europa. Um plano emergencial diferente das instruções que me foram dadas naquele momento: no trânsito europeu não deveria haver nenhum contato.

Os dólares estavam contados para os mínimos movimentos de subsistência no roteiro. A escala em Praga falhou. O aeroporto estava lotado de passageiros aguardando conexões para outros países. O contato cubano chegou afobado, com um bilhete aéreo da empresa checa, instruindo-me a embarcar num voo imediato com destino a Frankfurt. E dali? A resposta foi parecida com um "não sei! Se vire!", enquanto o *compañero* sumia no meio da confusão.

Começavam os movimentos populares que desembocariam na Primavera de Praga. A invasão soviética, como já havia acontecido na Polônia e na Hungria, seria aplaudida por Fidel Castro. Embarquei no aviãozinho russo da empresa checa, solto, fora do roteiro, em voo cego para a Alemanha, onde não tinha contatos. O mal-estar e a insegurança logo foram substituídos pela tentativa de arrumar o desequilíbrio interior e planejar os próximos passos.

Saía de Cuba vacinado contra o modelo de sociedade coletivista. E convicto de que a violência guerreira para que havia sido instruído já ceifara muitas vidas prematuramente e muitos dos mortos nem sabiam por quê. O espaço mental revolucionário não permitia momentos de fraqueza, momentos de dúvida pequeno-burguesa, contestação interna. O que era ditado por "comandantes" era lei e a desobediência poderia ser julgada sumariamente e punida com a morte – o justiçamento.

O objetivo irresponsável do fanatismo era destruir os alicerces de um modelo institucional que sintetizava as conquistas e malogros, o saber e as crenças, toda uma história de evolução da humanidade, desde a barbárie até a civilização, conquistas que muitos se empenhavam em aperfeiçoar e que o revolucionário tinha a missão de destruir. Obedecendo ordens, assaltando bancos, sequestrando, roubando, matando, renunciando à família... Para quê? Para ter o nome inscrito no rol dos heróis da guerra de libertação? Onde estava a grandeza daquele heroísmo bandido?

Uma revolução destinada a implantar, contra a vontade da nação, um modelo de sociedade silente e obediente, impessoal, comandada por um partido uniformizado, copiando um modelo historicamente assassino, alheio às diferenças e repressor das liberdades individuais. Em outras palavras, fustigar a estrutura econômica capitalista, para substituí-la pela produção nos mesmos moldes do capitalismo. Só que o único proprietário era o Partido, acima do Estado. A nação subordinada a uma estrutura de poder econômico que ignorava cultura, religiões, valores familiares... Curioso é que os governos militares acabaram contribuindo para esse desfecho.

Seria estupidez colocar-me a serviço de um partido ou de um grupo de pessoas de cujos objetivos não compartilhava.

O aeroporto de Frankfurt parecia um formigueiro. A conexão para Milão não chegaria a tempo para o embarque no voo que partiria de Genebra para o Brasil. O dinheiro que carregava era insuficiente para esperar uma semana na Europa.

Havia uma conexão imediata para Nápoles, onde poderia encontrar uma amiga jornalista que conhecera durante a Conferência da OLAS. A diferença de valor da passagem que me fora entregue em Praga com destino a Madri cobria o valor do percurso até Nápoles, e a troca de destino foi feita com facilidade.

Lina me recebeu com alegria e providenciou uma consulta médica. A velha úlcera incomodava e perturbava os sentidos. Medicado, comprei uma camisa nova, fomos à praia, comemos pizza em Santa Lucia, visitamos Sorrento e ela queria que eu ficasse na Itália. Os comunistas europeus, gramscistas, não acreditavam no caminho foquista. O contato com o mundo capitalista após dois anos em Cuba era chocante. Mas a sensação de liberdade passageira compensava. Aquele vaivém da gente napolitana e a sonoridade do idioma lembrava o Brasil.

Minha amiga foi cobrir uma assembleia de metalúrgicos que programavam uma greve. Seria matéria do seu jornal no dia seguinte. Acompanhei-a e lembrei-me das assembleias do passado no Brasil. Só pensava em pisar outra vez na minha pátria. No fim da semana de vagabundagem, ganhei a passagem de trem para Milão e dinheiro suficiente para a viagem de trem até Lausanne, onde visitaria outros amigos, também jornalistas.

Nas primeiras horas da manhã muito fria o táxi me conduziu ao endereço. No pequeno apartamento, a televisão estava ligada mostrando um avião da Swissair sequestrado pelos palestinos. O marido da minha amiga era um dos passageiros naquele voo. Para aqueles cidadãos loiros e bem-educados, admiradores de Cuba e das guerrilhas na América do

Sul, o sequestro de aeronaves deixava de ser um ato político e aparecia, em primeiro plano, como um fato assustador de violência contra pessoas: terrorismo inaceitável!

Almoçamos num restaurante às margens do lago. Dei umas voltas pela cidade e de noite a minha anfitriã, que havia reservado a passagem para o Brasil por telefone, conduziu-me de carro até o aeroporto de Genebra, onde comprou uma máquina fotográfica semiprofissional para mim. As redes informais solidárias da Europa funcionavam com eficácia. Mas era difícil entender como pessoas bem informadas, cidadãos europeus, ajudavam os guerrilheiros comunistas, contrários àquele tipo de sociedade capitalista, livre e próspera. Eu não entendia mesmo, nada.

São Paulo, 15 de setembro de 1970

Senti medo quando apresentei na alfândega do Aeroporto de Congonhas o passaporte que identificava o professor boliviano de nome Mauro Soria Mauri, natural de Trinidad. Fui retirado da fila por um policial e levado à enfermaria. Faltava uma vacina internacional contra febre amarela. Fui vacinado e liberado. Era um passageiro em trânsito, com voo marcado para La Paz na manhã seguinte.

O táxi me levou a um hotel da Avenida Ipiranga. Paguei a corrida em dólares e entrei na recepção, fingindo procurar alguém. Ali começavam os procedimentos de segurança. Saí carregando a pequena valise, atravessei a rua observando se era seguido, virei a esquina na contramão do trânsito. Tornei a atravessar a rua e entrei no primeiro hotel, onde ocupei um quarto, finalmente podendo falar português ao registrar-me com a identidade de brasileiro, natural do Rio Grande do Sul. Dormi profundamente.

Durante três anos estive fora do Brasil. As ruas do centro de São Paulo eram barulhentas, mas os jornais estavam escritos em português. Caminhei sentindo os cheiros de pastel e assados. Entrei numa livraria e comprei um volume em oferta, *A política*, de Aristóteles. Fui ao cinema, perambulei deixando-me envolver, encharcar com as imagens e vozes da gente familiar. E pensar que saíra de um treinamento para imaginar cada uma daquelas pessoas, tão comuns, como possível inimigo imediato!

Chegou o dia do contato com o pessoal da VPR. Falhou. Seriam mais dez dias de espera. Deixei o hotel, tomei um ônibus e fui para Águas de São Pedro, uma cidade balneária no interior de São Paulo, onde poderia esperar mais tranquilo, lendo e meditando como um turista em descanso.

Voltei a São Paulo na data marcada para o contato. Deixei a valise guardada na rodoviária e fui ao Cemitério da Quarta Parada. Não foi necessário usar senhas quando vi o rosto amigo e moreno de Edson Quaresma com um largo sorriso aberto. Sem falar um com o outro, aguardamos o ônibus e embarcamos. Sentamo-nos lado a lado e só então começamos a falar. O amigo contou que dias antes o banco ali na esquina onde nos encontráramos fora assaltado.

A situação que me descreveu era calamitosa. Zé Maria e Marco Antonio estavam mortos. Ele morava num quarto de aluguel. Não existiam famílias legais para apoiar os clandestinos. Fazia contatos com pessoas de diversas organizações, correndo o risco de ser preso ou morto a qualquer momento.

– O mar não está pra peixe, nem o vento pra passarinho. É cada um por si! Mas não se avexe...

Passei-lhe os endereços europeus de pessoas para as quais podia mandar correspondência, revistas e notícias do Brasil, destinadas a Shizuo e Palhano, em Cuba, e a frase em código para enviar um telegrama avisando da chegada e do contato bem-sucedido. Ele me passou uma quantia em moeda brasileira e logo pensei de que banco fora roubada. Afastei o sentimento de culpa e ouvi a orientação para buscar um quarto de aluguel e anotar de modo codificado os pontos: datas, senhas e horários para os futuros encontros com ele mesmo ou com um desconhecido.

A VPR estava liquidada em São Paulo. Quaresma era o seu único integrante ativo, sobrevivendo do que recebia de outros grupos dispersos que assaltavam bancos. Havia um acordo, uma divisão de tarefas entre os sobreviventes de cada grupo: uns faziam levantamentos de alvos, outros forneciam os carros roubados e havia os que forneciam as armas para os grupos de assalto. Uma técnica operacional que mais tarde seria ensinada nas cadeias aos presos que se organizariam em "comandos" do crime.

O resultado era imediatamente distribuído entre os que viviam na clandestinidade. A mobilização e troca de endereços, para não criar vínculos que afetassem a segurança, eram constantes. Poucos eram os que mantinham contato com parentes ou amigos que conservavam seus trabalhos e viviam na legalidade. Fui assaltado por sentimentos de solidão, frustração, receios confirmados, iminência de ficar perdido e sem contatos na cidade imensa e estranha, sem mar, sem praia. Restava bater perna, ler, ver filmes e refugiar-me na paz do Jardim Zoológico, onde fiz amizade com uma suçuarana que me deixava afagá-la.

Anúncios classificados facilitaram o encontro de um quarto de aluguel na Vila Mariana. A casa de construção antiga era dirigida por uma nissei paranaense que me olhou dos pés à cabeça, pediu os documentos e o endereço anterior. Facilmente convenceu-se de que o novo inquilino vinha do Rio Grande do Sul para um estágio em São Paulo. Ela passaria as informações para o dono da casa. Precisava da aprovação dele, porque aquele quarto fora ocupado anteriormente por um terrorista, fato que deu muito trabalho. Disse para voltar no dia seguinte que já teria a resposta.

Saí pensando que um raio não caía duas vezes no mesmo lugar. Olhei para o céu e vi a caixa d'água da Vila Mariana encimando uma coluna branca. O local era de fácil acesso, com farta condução. No dia seguinte, soube que poderia ocupar o quarto. Assumi o papel de moço reservado, bem-educado, atento, cumpridor de horários fixos para sair e chegar. Na bagagem, as roupas e uns dez livros. Nenhum retrato, mas pagava os aluguéis em dia. Não recebia visitas, nem cartas. Nada comprometedor. Podia-se dizer que utilizava o espaço apenas para a higiene pessoal e para dormir.

Estava sempre ausente, incluindo os sábados, domingos e feriados. Se vasculhassem meus pertences, nada encontrariam relacionado a alguma empresa, família ou pessoa. A carta destinada a Lamarca estava presa à cintura, embutida no largo cinto de tecido impermeável. Os nomes e endereços estavam escondidos em páginas de livros, discretamente sublinhados.

Os "pontos", contatos rotineiros, estavam sendo cumpridos religiosamente. Nos meses seguintes, a inutilidade no isolamento da clandestinidade, a falta de pessoas com quem conviver, relacionar-se, trocar ideias em confiança, pesou.

A tensão nos horários e pontos de encontro, as conversas rápidas caminhando pelas ruas mais movimentadas, cumprindo as normas de segurança, esperando ordens ou acontecimentos indefinidos entre as notícias de morte, falavam alto contra aquela aventura insólita. Quantas pessoas tensas e solitárias estariam andando naquelas ruas, esperando o momento da prisão ou do confronto com a polícia?

Consegui uma vaga para trabalhar como corretor de terrenos nos fins de semana. Uma atividade sem registros, sem perguntas, com treinamento para enredar as pessoas, fazê-las assinar o contrato e pagar a entrada da qual era retirada a comissão do vendedor. Enganar gente humilde, arrancar o dinheiro que não seria devolvido se a pessoa não conseguisse cumprir com o pagamento das promissórias.

Em pouco tempo tive de me afastar para não aprofundar relacionamentos que poderiam arriscar a segurança. O único documento que possuía era a cédula de identidade falsa do Rio Grande do Sul. Insuficiente para qualquer atividade permanente com um vínculo empregatício. Precisava de uma carteira de trabalho, certificado de reservista, título de eleitor e CPF para estar entre os legalmente atrelados aos mecanismos de controle do Estado sobre o indivíduo.

Percebia o abandono em que estariam tantos outros iludidos e sem saída. Tentava entender a inexplicável loucura. Uma vida sem expectativas plausíveis. Foi quando chegou a instrução para o encontro com o inimigo principal do regime militar, o homem caçado por todos os policiais. Acordei cedo, coloquei uma muda de roupa na sacola e fui ao ponto de encontro.

Da Vila Mariana fui para o Jabaquara, onde o nissei (Fujimori) passou as indicações para o encontro com a pessoa que me levaria ao Rio de Janeiro. Os responsáveis pelo transporte eram os companheiros do MRT (Movimento Revolucionário Tiradentes). Numa Kombi, chegamos ao Rio de Janeiro. E numa rua do bairro de Benfica, a moça magra e baixinha informou que a nossa viagem para encontrar o "comandante" seria noturna. Recomendou que fosse para um hotel. Fiquei assustado: um hotel?

– Olha, tenho uma valise no carro que me trouxe. E sou bastante conhecido na Guanabara. Se você ficar com a valise, prefiro movimentar-me até a hora do nosso encontro.

Ela concordou e marcou o encontro para a noite, na zona sul. Andei um pouco. Entrei num cinema. Tomei um lanche e ao entardecer fui para as cercanias do ponto de encontro, com o coração cheio de desconfiança e insegurança.

Deitado no banco de trás do Fusca, percebi que saía do Rio e passava por locais em que sentia o som e o cheiro do mar. Ouvi vozes de gente que se divertia, gritos de crianças, e mais tarde senti que o carro entrava numa estrada de terra. Depois de algum tempo, parou e a moça disse: "Chegamos". Retirei os óculos que funcionavam como venda e desembarquei no que parecia uma clareira aberta na mata. Adiante, uma luz fraca atravessava as frestas de uma casa de madeira.

Lá, no único cômodo, estavam Lamarca e sua companheira Iara. A única segurança, os revólveres sobre um caixote que servia de mesa. Dei-lhe notícias generalizadas sobre Cuba. Falei que a família estava bem e em contato com Mário (Shizuo Ozawa). A mensagem cifrada que trazia devia falar disso. A noite de sono foi tensa.

No dia seguinte a conversa correu satisfazendo a curiosidade dos interlocutores sobre a situação dos brasileiros em Cuba, a dependência absoluta do Estado para qualquer comunicação com o exterior, os atritos nas relações da VPR (Onofre) com os cubanos. Lamarca discorreu sobre a fragilidade e a falta de preparo técnico do pessoal. Lamentava a precária estrutura de comunicação, limitada aos contatos pessoais (nos "pontos"), que levava tantos à prisão e à morte. As práticas de contato impessoal ensinadas em Cuba não eram seguidas, talvez porque os militantes sentissem a necessidade do encontro, da rápida conversa para amenizar o isolamento ou mesmo por causa da fragilidade ideológica.

Os restos da VPR estavam negociando uma "frente" com os restos de outras organizações. Todas passavam por uma crise profunda. A infraestrutura, no campo e nas cidades, tinha sido destruída pela repressão.

Lamarca precisou recorrer à ajuda de outra organização, que o escondia ali. O casal (Lamarca e Iara) estava isolado, exposto, sem cobertura de segurança. Aquela situação era passageira. Logo estariam bem longe. O líder da VPR deu-lhe as ordens: comprar um terreno e construir uma casa na periferia de São Paulo. Receberia todos os recursos necessários para cumprir a tarefa. Adiantou que um ex-companheiro entraria em contato com detalhes e instruções.

A casa, no futuro, poderia abrigar um casal simpático e seria utilizada da melhor maneira, dependendo da sequência dos acontecimentos e da conveniência. Citou o fracasso do foco guerrilheiro no Vale do Ribeira, onde o distanciamento dos habitantes do local gerou desconfiança em relação aos estranhos. Ou seja, o foquismo carecia de um mínimo de cumplicidade e participação da população local. Completou com a observação sobre o Exército e a Polícia Militar, forças tão despreparadas quanto guerrilheiros naquele tipo de combate.

Diante de tanta insegurança, submeti ao "comandante" a lista de contatos paulistas que Onofre havia me indicado para emergências. Lamarca aprovou um que poderia passar informações "daquelas que a imprensa não publicava" e, de acordo com a receptividade, seria preciso estudar como poderia ser explorada sua colaboração. Desaconselhou o encontro com outro. Poderia sondar um terceiro por telefone, com muito cuidado.

O sábado transcorreu sem novidades e no domingo pela manhã a mesma moça do Rio chegou e manteve uma longa reunião com o casal. As conversas em voz baixa. A leitura da carta. Instruções para a moça. O casal estava deixando aquele esconderijo, afastando-se da VPR, que não tinha condições de conduzir a tal luta. Existiam divergências entre os companheiros do comando. Um grupo de outra organização acolheria o ex-capitão para levá-lo até um local seguro. Algumas pessoas aconselhavam-no a abandonar o país e seguir para Cuba. Ele recusou. Ao entardecer, hora da despedida.

– Nós vamos sair daqui para outro local. Mas ainda teremos outro encontro em condições mais favoráveis – Lamarca falou enquanto Iara me dava um aperto de mão. Nunca mais tornei a vê-los. Bem mais tarde, saberia da morte de ambos e das condições miseráveis que cercaram seus derradeiros dias de aventura, mais amorosa que outra coisa. Ele numa situação maltrapilha, faminto e doente, no meio da caatinga, no interior da Bahia. Ela, segundo informou a imprensa na época, cometeu o suicídio num apartamento em Salvador*.

A moça (Inês Etienne) me conduziu com os olhos fechados para o pernoite num apartamento em Copacabana e no dia seguinte ao encontro com os responsáveis pelo transporte de volta a São Paulo.

Durante a viagem, pensava naquele barco à deriva. Cada espaço da mente estava entulhado com dúvidas, incertezas, decepções, convencido da incompetência criminosa daqueles planos aventureiros, que transpiravam irresponsabilidade, desprezo pela vida e cegueira teimosa, fanática.

Por algum tempo estive ocupado com os contatos para a construção da casa. No inconsciente se configurava a percepção de que os velhos e jovens envolvidos naquela empreitada eram marionetes de uma política internacional extremamente voraz e impiedosa. Serviam para apoiar as políticas de Cuba, da União Soviética, da China e dos partidos comunistas.

Os entreveros ampliados, maquiados e divulgados pela imprensa internacional serviam apenas como trunfos de negociação. Pouco a pouco fui tomado por um sentimento de compaixão pelos "soldadinhos" manipulados e pela vergonha de olhar na cara das pessoas que a qualquer instante poderiam entrar para o rol das vítimas inocentes. Como desembarcar daquela aventura macabra?

O senhor José residia num município periférico e a melhor condução era o trem. A aproximação da casa comercial, nas cercanias da estação,

---

* Em 2003, a família de Iara Iavelberg conseguiu na Justiça o direito de fazer a exumação de seu cadáver porque sustentava que ela não cometera suicídio. O objetivo era também retirar seu corpo da ala dos suicidas do Cemitério Israelita de São Paulo para transferi-lo para a ala comum. Iara morreu em 20 de agosto de 1971. Pela versão oficial, ela teria se matado com um tiro no peito para não ser presa. Seu corpo foi entregue à família em caixão lacrado com a proibição de ser aberto. Um laudo feito com base na exumação, datado de 16 de maio de 2005, revelou ser improvável que a morte de Iara Iavelberg tenha ocorrido por suicídio.

deveria ser cuidadosa. Era um amigo cuja legalidade deveria ser preservada. A senha para relacionar-se com ele era dizer que "tinha um bilhete para ser entregue à mulher de Pedro. Que desejava ajudá-la".

Ao ouvir a mensagem, o homem ficou pálido e respondeu que estava sem notícias havia muito tempo. Logo acrescentou que não queria envolver-se com "isso". A esposa, que ouvia a conversa, ficou nervosa. Acalmei-a dizendo que era apenas uma questão de humanidade.

Rapidamente, a mulher indicou um endereço no centro da cidade, a casa de uma amiga, sem a certeza de que ela ainda estivesse morando no local. Agradeci, e, para aliviar a tensão, perguntei se não sabiam onde encontrar um bom terreno para comprar e construir uma casa. A coisa mudou de figura. O casal falou ao mesmo tempo de um bom terreno em Osasco. Podiam vendê-lo, estavam mesmo precisando.

O contato recomendado por Lamarca passava os fins de semana num sítio à beira da represa em Ibiúna. Foi fácil chegar. Encontrei o homem em lastimável estado de nervos. Disse-me que a irmã fora banida para a Argélia e em consequência do choque a mãe falecera. Ele mesmo estava sob tratamento psiquiátrico. A empresa o havia dispensado, sem pagar os salários devidos. Estava em dificuldade financeira. Não podia ajudar de nenhum modo, não acreditava mais em "nada"!

Indicou a moça que o acompanhava e nos observava a distância, na varanda da casa. Confidenciou que ela era relacionada com pessoas que trabalhavam no DOPS. A conversa foi na porteira. Ali mesmo nos despedimos. Junto com Fujimori, que me conduzia num Fusca, paramos adiante na beira da represa, fingindo uma pescaria. O objetivo era enterrar na mata uma caixa com munição, protegida por plásticos e isopor. Um exercício seguindo as lições cubanas. Circular na companhia daquele moço, num carro roubado cuja documentação era uma metralhadora Ina, era uma temeridade. Foi a única vez. Desembarquei aliviado numa esquina da Avenida Pacaembu.

Em novembro de 1970, mais uma baixa entre os comandos revolucionários: Câmara Ferreira, o "Toledo", substituto de Marighella. Dias mais tarde

Quaresma me conduziu ao encontro com Aluísio Palhano, na Avenida Jabaquara. Num sábado, o contato com Quaresma falhou. Na segunda-feira, os jornais estampavam na primeira página a foto do amigo morto pela polícia na sexta-feira anterior. Em desespero, atirei o jornal numa lixeira e me refugiei nas sombras da Igreja da Consolação.

Fiquei de joelhos por um longo tempo com a cara escondida entre as mãos. Sem lágrimas, mas com o coração agitado. Quanta gente mais teria de morrer vitimada pelas balas de ambos os lados? Quanta gente mais cairia pelo simples fato de estar na linha de fogo?

O encontro seguinte com Palhano foi para constatar que estávamos perdidos, sem contato com a rede clandestina que se dizia organizada. Apreensivo, ele informou que Quaresma estava de posse de uma carta destinada a Lamarca. A turma do exterior o credenciava para costurar a união com a ALN. Os companheiros também impunham ao "comandante" que se separasse imediatamente de Iara. Aquela era uma condição inegociável para que todos continuassem atuando na VPR como membros do comando.

A exigência, intramuros, mais um capítulo do que se conhecia como luta interna pelo poder, tinha origem na indesejada influência de "Jamil" (Ladislau Dowbor) e "Lia" (Maria do Carmo Brito) sobre Iara, como me revelou Onofre Pinto. Para os membros da VPR que estavam no exterior, Jamil era apenas um teórico burguês prejudicial à luta armada.

E agora, como retomar o contato? Palhano tinha um endereço europeu para correspondência destinada aos de Cuba. Precisava dispor de um endereço local para receber a resposta.

Seguindo a orientação de Lamarca, telefonei para uma residência e obtive o endereço do escritório no centro de São Paulo. Após várias desgastantes tentativas, encontrei o companheiro de relativa confiança. Com rodeios e cuidado, disse-lhe que estava chegando de Cuba. Ele começou a falar: estava liquidando sua parte naquele escritório, em breve estaria sem emprego. Dali por diante o propósito era cuidar da própria vida e da família. Ouvi mais uma vez uma frase conhecida: "O mar não está pra peixe e o vento não está pra passarinho", seguida de: "Contato encerrado, sem sucesso. Calma!".

Palhano me orientou a buscar um velho conhecido das lides sindicais. Cheguei ao endereço. Duas mulheres me atenderam, barrando o acesso ao homem. Pediam que me identificasse. Ele só atendia pessoas conhecidas, porque... "o mar não está pra peixe e o vento não está pra passarinho". E, para completar, as manchetes anunciavam o sequestro do embaixador da Suíça, alvoroçando ainda mais as forças da repressão.

Já era janeiro quando, "perdidos", embarcamos num ônibus da Viação Cometa em direção ao Rio. Aquela cidade que um dia fora o lar para ambos certamente facilitaria o reencontro com alguma "organização" clandestina. Era irresistível a tentação de sentir por instantes a intimidade dos laços familiares. Da estação rodoviária peguei o telefone e disquei o número, imaginando os passos da minha irmã no pequeno apartamento, para atender com a voz forte e inconfundível:

– Alô!

– Alô... dona Ivete, meu nome é Renato... Tenho notícias do (falei o apelido familiar)... Ele está bem e deseja saber como estão todos por aí.

– Por aqui todos estão bem... – ela respondeu com a voz trêmula.

– Eu estou aqui no Rio, de passagem, para tratar de negócios e queria deixar uma valise em sua casa por algumas horas... Pode ser?

A voz gaguejou e finalmente concordou. O carinho era mais forte que o medo. Palhano subiu até o apartamento que indiquei, deixou a maleta, deu notícias, agradeceu e foi me encontrar numa praça ali perto.

Na memória os sons, o calçamento das ruas de Copacabana, muito movimento, árvores, ponto de ônibus diante da porta gradeada, daquelas que abrem enrolando. O acesso para uma pequena galeria e a escada que levava aos apartamentos. Comecei a vasculhar o espaço na tentativa de refazer os passos e encontrar o edifício onde estava o apartamento da moça que me levara ao encontro com Lamarca. Poderia identificá-lo no corredor e a cortina florida do banheiro, visível ao lado da porta de entrada.

Andamos o dia inteiro. Ao entardecer, cansados, pensávamos em desistir, quando identifiquei bem ali, na Avenida Nossa Senhora de Copacabana, a entrada inconfundível, a galeria, a escada. Subi enquanto ele esperava nas imediações. Encontrei a cortina inconfundível de fundo branco com detalhes verdes. Teríamos de esperar a moça, saindo ou entrando, para abordá-la sem perigo. Mas estávamos muito cansados. E hospedar-nos em hotel era proibitivo e perigoso. Palhano telefonou para a irmã, que nos abrigou em seu apartamento, contra a vontade do cunhado.

Saíamos todas as manhãs para observar o edifício. Sem êxito. Um dia subi e toquei a campainha. Uma mulher madura, loira, de olhos azuis, com sotaque estrangeiro, atendeu. Perguntei por Isabel e ela respondeu que não residia nenhuma Isabel ali. Desculpei-me e saí. Anos depois, pude ver que não me enganara. Era aquele o endereço. E a tentativa de refazer o contato com a VPR causara um verdadeiro pavor.

Diante do malogro, passamos para a parte mais arriscada. Contatos com pessoas conhecidas e sabidamente relacionadas com a esquerda. Uma velha amiga atendeu ao contato telefônico. Marcamos um encontro. Ela nos informou que Kátia (uma exilada que seguiu do México para Cuba) havia regressado da ilha e trabalhava na revista *Cadernos Brasileiros*.

– Meu Deus! O que você está fazendo por aqui?

– É uma história longa e perigosa... e você?

– Casei... Tenho um filho... – e logo deu notícias de outras pessoas, algumas desaparecidas, outra que se mudara para a França.

– Você sabe onde é a redação da revista *Cadernos Brasileiros*?

– Sei... é aqui perto, na Praça General Osório, na galeria da Telefônica, vou passar lá perto esta tarde.

A minha amiga visitou Kátia e na mesma noite telefonei para receber as instruções. O encontro estava marcado para o dia seguinte. Como foi bom rever aquela silhueta e aquele sorriso! Como foi bom aquele abraço amigo. Depois da morte de Marcos ela regressara ao Brasil, trazendo o filho.

Casara-se outra vez e o Marquinhos estava muito bem. Ela prometeu tentar o contato com pessoas que certamente podiam nos ajudar.

Era a primeira vez que eu conversava com uma pessoa conhecida e confiável. Mesmo assim, o treinamento e a clandestinidade não permitiam entender como alguém, vinda do exílio em Cuba, trazendo consigo o filho de um militante morto na luta armada, poderia viver e trabalhar num país dominado por uma ditadura tão rigorosa. Era no mínimo curioso.

Ou alguns ares da distensão já começavam a soprar ou a família dela tinha as costas quentes. Não houve tempo para tecer considerações. O benefício superava qualquer cautela. Em pouco tempo Palhano foi ao encontro do contato indicado. Voltei para São Paulo, onde necessitava pagar o aluguel da pensão. Palhano ficou no Rio até conseguir o enlace desejado.

Num domingo, depois de ler os jornais num banco da Praça da República, comecei a andar pelas ruas centrais. Logo avistei a figura inconfundível de Edgar, bem vestido, com ar saudável e alegre, que se desfez numa ruga de preocupação quando me avistou. Ele me abraçou e fomos até um bar. Pela primeira vez pude abrir meu coração. Em poucos dias, o amigo alugou um pequeno apartamento e me abrigou, com a promessa de ajudar-me a encontrar uma saída. Ele mesmo havia saído e conseguira formar uma identidade nova, trabalhar e manter-se distante da loucura da luta armada.

O isolamento atingia também Aluísio Palhano, que, por sua posição, experiência política e confiança junto aos cubanos, deveria contar com outro tipo de cobertura. Fechava-se o cerco àquela aventura permeada de desconfiança, ódio e ilusões implantadas por estrategistas de alto nível, para manter a propaganda mentirosa de que a América do Sul e o mundo pobre estavam em levante contra as instituições democráticas, ansiosos pelo socialismo, um ilustre desconhecido.

Nunca havia comprado um terreno. Nunca havia construído uma casa. Quanto às implicações legais, nem pensar. As transações feitas por clandestinos eram sempre legalizadas por pessoas jurídicas ativas, livres de qualquer suspeita. O terreno foi adquirido e pago com a promessa verbal de que futuramente seria indicado um comprador para quem deveria ser passada a escritura.

Visitei o local e, com uma permissão escrita do vendedor, contratei um pedreiro e paguei à vista os materiais para iniciar a construção de uma casa, com a planta apenas em croqui: sala, quarto, cozinha e banheiro. Uma pequena varanda e, aproveitando o declive do terreno, uma entrada lateral para um carro que ficaria estacionado sob a laje, nos fundos. Ali também poderia ser construído um depósito e a lavanderia. Ainda sobrava terreno para uma pequena horta. A casa ficou inacabada. Não sei que destino os policiais deram ao imóvel.

Quando Palhano regressou, encontramos a "Leda", que me levou ao encontro de um elemento do Movimento Revolucionário Tiradentes (MRT), Márcio, garantindo que não ficaríamos perdidos outra vez. Se falhassem os meus contatos, não falhariam os contatos de Palhano. Recebi mais 4.000 cruzeiros com a informação de que o pessoal do MRT cobriria as necessidades futuras.

Voltei a Osasco, inventando para o pedreiro uma desculpa de doença em família. A casa já estava com as paredes levantadas. Faltava a cobertura, portas, janelas e acabamento. Fiz os acertos com o pedreiro e combinamos que os trabalhos ficariam suspensos por algum tempo.

Em última instância, poderia utilizar aquela casa cujo endereço ninguém conhecia e recomeçar a vida. Uma onda de culpa, vergonha diante da família e dos amigos. Arrependimento pela credulidade romântica e estupidez consequente.

Palhano continuou em contato com José Raimundo – dirigente da VPR. Recebíamos documentos que versavam sobre a "luta interna", narrativas de acusações mútuas, decepções, pontos de vista, opiniões divergentes sobre a condução e continuidade do projeto fracassado. Terminavam sempre com a frase "ousar lutar, ousar vencer". Como se ousadia e voluntarismo substituíssem estratégia, logística, treinamento, disciplina, conhecimento do terreno, propósito, condições realmente propícias, moral, capacidades e habilidades, entusiasmo legítimo, recursos. Os acontecimentos indicavam que a ousadia e o atrevimento afirmavam a insensatez.

Chegou a notícia da renúncia de Lamarca ao comando da VPR. José Raimundo passava a ser o cabeça da operação suicida. Nosso comandante era um marinheiro, com pouca instrução e a experiência prática de alguns assaltos a bancos. Ele me passou instruções para um contato de emergência no Recife. Palhano recebeu outro contato, em separado, observando as regras de compartimentação, isto é, um não poderia conhecer os passos do outro, para não informar à polícia em caso de prisão. A solução para a crise estaria na chegada iminente de dois dirigentes que estavam em Cuba. Seriam dadas instruções para recebê-los.

No Recife, José Manoel, um ex-marinheiro poeta, magro e baixinho, estava quase irreconhecível, gordo, mas mantinha uma de suas principais características, os grandes olhos que se destacavam do rosto. Mancava em decorrência de um acidente. Tinha conseguido reunir alguns simpatizantes do PCB entre habitantes rurais e editava um jornaleco mensal mimeografado. Precisava de dinheiro para "um trabalho que um camponês estava fazendo".

Era mais uma presa de ideias delirantes que incluíam a construção de salas subterrâneas no meio do mato, para esconder sequestrados ou companheiros de alta responsabilidade. Os lavradores vigiariam e levariam a comida a quem se encontrasse de passagem por ali, porque casas na cidade davam muita despesa e não ofereciam segurança.

A "toca" seria um túnel com a entrada camuflada... uma tampa de tela. Pensei com meus botões que na "toca", com a temperatura ambiente, os residentes passageiros iriam morrer sufocados. Além do mais, seria ótima morada para cascavéis e jararacas. Meu contato revelou que já tinha planejado o sequestro do proprietário de uma empresa de ônibus, sujeito malquisto na região, e o assalto ao carro pagador de uma usina ou empresa agrícola, que renderia mais de 100.000 cruzeiros. Só faltava gente treinada, faltavam armas, faltavam veículos, faltava sair do sonho delirante para a realidade.

A propaganda e o fanatismo continuavam mobilizando pessoas que, pouco depois da anistia, adotariam o rótulo de integrantes de uma "luta pela democracia", escamoteando os verdadeiros propósitos totalitários da esquerda armada.

Ninguém, em sã consciência, pode acreditar que Ulysses Guimarães ou Tancredo Neves apoiassem ou aprovassem os movimentos guerrilheiros, embora utilizassem a luta armada como instrumento de negociação. Hoje, mesmo eles, que encabeçaram o movimento pela volta das eleições diretas e pela "redemocratização", são menos lembrados na história transfigurada pelos coletivistas que os operários, estudantes e intelectuais que se envolveram na "heroica" resistência armada.

Despedi-me do bom José Manoel depois que ele me apresentou a um lavrador, nas cercanias de Recife, dizendo ser um "camarada consciente" e disposto. Era apenas um pequeno proprietário lavrador, bem falante e bom negociante. Tempos depois ele me venderia o terreno de uma posse de propriedade da Santa Casa, onde havia uma casinha de taipa. Nunca foi utilizada, nem sei que fim levou.

Prisão e tortura

Nunca perguntei nem os policiais me revelaram como chegaram ao apartamento da Rua Martins Fontes. Palhano havia desaparecido e a polícia chegou ao entardecer. As armas e a gritaria intimidavam. "Quem é você?". Respondi com o meu nome falso e fui levado a uma cela isolada e fétida. No chão havia um colchão que brilhava de tão ensebado. Na madrugada do segundo dia recebi a primeira sessão de tortura, com choques, pendurado no pau de arara.

Apagou-se da memória se falei ou o que falei do pouco que sabia. Fui carregado para a cela e fiquei encolhido com as dores musculares e o terror diante de tanta selvageria. Na madrugada seguinte a dose se repetiu. A partir de então o terror perdura na condição de uma pessoa que "não existe", mas sente as porradas da mídia e o silêncio incompreensível da Justiça sobre o que é de direito.

No decorrer do terceiro dia fui levado à presença de um dos homens mais poderosos da força policial no Brasil. Constatei que, até aquele momento, tudo quanto os policiais haviam arrancado nos interrogatórios após a tortura eram informações que eles já conheciam e testavam para conhecer minha resistência.

Dias depois pude observar as paredes de uma daquelas salas cobertas com um grande organograma dos grupos de esquerda, com nomes, fotos, tendências, contatos internacionais e outros itens, formando uma colcha de retalhos com informações atualizadas pelos serviços de inteligência para servir as operações de campo.

O poderoso Sérgio Paranhos Fleury, com toda a fama de mau e inimigo mais terrível dos militantes terroristas, parecia uma pessoa desmazelada por trás de uma mesa cheia de papéis.

— Sabe quem sou eu?
— Doutor Flêuri...
— Flêuri, não! Fleury. Senta aí.

Dali por diante, o rumo da conversa não tratou da política vigente ou da repressão contra "os comunas", mas da reação da população que trabalhava e produzia, celebrando as cores da vida. Quanto às manifestações de dor, a maioria ignorava e escolhia manter-se a distância. A guerra civil mudava o cântico das ruas e a feição do Estado para uma minoria de militantes armados, familiares, amigos e ideólogos do marxismo. Naquele momento a minha verdadeira identidade já era conhecida. Dias depois um emissário da Marinha viria atestar a identificação. Um velho conhecido, o mesmo que havia me inquirido na prisão do DOPS carioca em 1964.

— Você me ajuda e eu te ajudo. Quando é o próximo "ponto" (contato)? Com quem, onde e a que horas. Tem senha? Nós não vamos prender. Vamos seguir e fazer trabalho de inteligência para chegar aos peixes grandes...

— E depois?

— Conforme o resultado, você fica livre, vai cuidar da sua vida. Já existem muitos que se livraram assim. Outros ainda estão trabalhando. Já mandamos gente até pra Cuba.

Não tinha por que duvidar daquele homem. A experiência pessoal comprovava que o aparato policial estava, além de bem informado, mobilizado para varrer do mapa qualquer tentativa de reorganização para a luta armada.

O país parecia estar bem economicamente e circulavam rumores de que tudo se encaminhava para a estabilização democrática, com a plena e livre atuação dos três poderes e liberdade total da imprensa. A alternativa de redemocratização já começava a dividir os militares no poder entre os brandos e os da linha dura.

— Vou mudar você de cela. Ninguém sabe que você está aqui. Comece escrevendo um relatório das suas atividades.

O detalhe que ele omitiu foi a prisão de Edgar Duarte, que conversou com outros presos e revelou a minha prisão. Diante do inevitável, assumi o risco, imaginando se poderia influenciar aquele homem de alguma maneira. Não pude. Mas de algum modo imagino que ele percebeu minha convicção anticomunista.

Naquele momento, a decisão de ajudar a livrar a nação de uma possível guerra civil ou, no mínimo, de mais uma escalada terrorista, era um imperativo de consciência. Ninguém morreu inocente! Nenhum daqueles militantes foi preso ou morreu lutando pela democracia no Brasil! Basta ler os documentos, manifestos e livros escritos pelos líderes e participantes dos grupos armados.

Ajudar a polícia foi um risco assumido. A sobrevivência era um tiro no escuro, que a morte poderia acontecer no fogo cruzado sem que a arma fosse identificada. O término das ações terroristas facilitaria a abertura política, a anistia, a volta dos exilados, o término da censura à imprensa e os movimentos que culminaram com as eleições diretas, marcando a retomada do poder pelos políticos civis que antes ladeavam os militares, que por sua vez voltariam aos quartéis, depois de cumprida sua ingrata, mas patriótica função constitucional, resguardando a frágil soberania em um cenário internacional perigoso. Esse era o entendimento daquele momento.

Era difícil para os policiais entender as diferenças ideológicas da esquerda, que atuava dividida em dezenas de grupos, comandos e atividades celulares, atomizadas. Aquela diversidade caótica dificultava o combate ao inimigo com tantas faces. Um inimigo espalhado que contava com a proteção de profissionais liberais, padres e até empresários, além do apoio financeiro e da propaganda internacional.

Consciente da inconsistência dos propósitos daqueles pequenos grupos isolados, percebi quanto contrariava minha própria consciência, que me mandava agir como ponto de união entre pessoas, o que, naquele ambiente, não passaria de alucinação. Para eles, policiais, eu era apenas mais um "informante", "dedo duro", "cachorro". Para eles, o melhor era resumir tudo numa só classificação: "comuna!". Melhor: "Tão roubando banco, sequestrando, botando bomba, matando gente, perturbando a vida? Isso é coisa de bandido. De bandido a gente entende. Comuna e bandido é igual!".

Não fiz nenhum juramento à bandeira soviética ou cubana, não fui espiritualmente queimado pelo fogo do batismo na fanática religião comunista. Mas duvidava de que algum policial ou militar fosse acreditar que o mitificado "cabo" cogitasse abandonar aquela ideologia e prática, tão engenhosamente manipulada pelos poderosos de todas as cores.

Pude perceber que as responsabilidades estavam divididas entre dois "papas" (assim eram apelidados pelos policiais Romeu Tuma e Fleury), cujas atuações interdependentes resultavam na ação rápida e eficaz. Dr. Romeu Tuma tinha sob sua responsabilidade a Inteligência e representava o Governo do Estado de São Paulo junto à Comunidade de Informações, integrada por representantes da cúpula das Forças Armadas, da Receita Federal e outras instituições.

Tuma, mais que Fleury, contava com agentes infiltrados nas grandes empresas e sindicatos de trabalhadores mais ativos: professores, têxteis, metalúrgicos, bancários e outros. Conhecia o mapa, os mandantes, os financiadores e seus motivos. Sua equipe analisava dados de várias fontes, verificando e atualizando constantemente as informações. Dominava as operações estratégicas.

A equipe operacional chefiada pelo Dr. Fleury atuava na linha de frente, fazia o trabalho "sujo" durante vinte e quatro horas por dia, num ritmo alucinante em busca de resultados, e também contava com vários infiltrados e "colaboradores".

Hoje, não duvido que, sem a inteligência analítica do quinto andar, as equipes operacionais do Dr. Fleury não teriam condições de alcançar resultados. Romeu Tuma movia as pedras do jogo sabendo quanto pesavam, quanto valia estrategicamente o movimento do peão, do bispo, do rei ou dos cavalos daquela batalha.

Para um restou a memória enxovalhada: Fleury. Para o outro, uma carreira política de sucesso e o respeito dos seus pares: Tuma, um arquivo com memória privilegiada, visão estratégica e frieza, manteve-se incólume. Serviu ao Brasil acima de tudo. Ambos serviram ao Brasil, cada um a seu modo.

Ninguém imaginava os contornos da globalização ou que naqueles dias, em níveis superiores, as decisões internacionais seriam voltadas para o controle de áreas estratégicas do planeta. Os policiais não sabiam nada disso. Atuavam como profissionais, cumpriam as tarefas encomendadas para acabar logo com aquilo e voltar à vida dos turnos de serviço normal, promoções, estudo e vida familiar comendo pizza aos domingos.

O passado passou e não há maneira de mudá-lo, embora existam muitas maneiras de interpretá-lo sem se importar com o espírito da época em que os fatos aconteceram. Há um vício insistente de ocultar eventos, negando que todos os personagens eram seres em evolução, agindo com base em informações habilmente distorcidas.

Por experiência, qualquer pessoa bem informada pode sentir que os resultados são opostos ao discurso oficial do passado. Qualquer pai pode sentir a falência da educação. Qualquer cidadão sente a iminência da violência... Nos arquivos secretos está a verdadeira história que os poderosos guardam a sete chaves. Poucos bem informados entendem que o terrorismo inaugurado nos anos 60 continua nos dias correntes, em sua versão de crime organizado protegido pelo Estado.

Lição dos erros

> *Nos tempos de revolução julgam os homens vulgares por contrários todos os que não querem ser cúmplices de seus desatinos e por inimigos declarados os que estranham seus excessos e crimes.*
>
> JOSÉ BONIFÁCIO DE ANDRADA E SILVA

Quando pisei de volta em solo brasileiro, fui tomado por um sentimento confuso de "ovelha negra" ou de filho pródigo, buscando aproximação com o rebanho ou a família. Os circunstantes pareciam todos estranhos, ausentes, cada um cuidando dos seus afazeres. Seriam possíveis inimigas aquelas pessoas apressadas, sérias ou risonhas, carregando suas pastas e bolsas, pegando os filhos pelas mãos, oferecendo mercadorias?

Respirei fundo, subi os degraus da Igreja da Sé de São Paulo e entrei, visitante, estranho, envolvido por uma indiferença religiosa, como se estivesse num museu. Aquela igreja não me dizia nada. Sentei-me num banco à esquerda e senti o ar gelado enquanto observava a penumbra. Buscava conforto espiritual e não obtinha resposta. Como se a força espiritual fosse anulada pela matriz comportamental implantada para considerar os sentimentos religiosos, a fé, como ópio, entorpecente contrário à ação revolucionária. Inadmissível para uma pessoa nas minhas condições. Até esqueci de visitar o túmulo de Anchieta.

Voltei a perambular observando vitrines, na contramão do trânsito, buscando perceber se alguém me seguia, senti a pontada da úlcera que me acompanhava havia anos. Um médico me havia dito que as úlceras eram consequentes de estados de contrariedade não superada. A minha contrariedade era pensar de um jeito e agir de outro, suportando o que sozinho não podia mais superar. Eram as dores da solidão e da tristeza, da falta de amor, da perda de crédito em mim mesmo.

Dias mais tarde, nova tentativa de obter conforto espiritual. Desta vez numa igreja da Avenida Brigadeiro Luís Antônio, onde havia um movimento que parecia festivo, a música do órgão preenchendo o espaço. Sentei-me e aos poucos respirava com alívio, como se estivesse sendo abraçado e afagado pelos sons e pelas luzes. Como se o peso da carga fosse dividido.

Mentalmente comecei a repassar as escolhas feitas e percebi que a responsabilidade não fora maior que a de ajudar a transportar um fardo, ajudar na construção de uma trincheira do lado inimigo, sem perceber que aquele era o lado agressor. Do outro lado defendia-se uma edificação antiga e sólida.

Hoje estou sabendo que, em parte, contribuí para que as últimas gerações viessem a viver em ambiente semidemocrático. Se algumas liberdades são preservadas neste país, contribuí para isso. A ignorância inicial foi bem intencionada, apaixonada e aventureira. A consciência final foi amadurecida, racional. Naquele fardo que os da minha geração carregaram estava descrito um objetivo duvidoso, passando por uma guerra fratricida. Já ouvi muitas vezes a pergunta: valeu a pena? E respondo: poderia ser de outra maneira? Todo ato humano consciente pela vida vale a pena.

Não há como fazer o outro perceber o sentido de experiências únicas, pessoais. Não há como fazer o outro voltar ao passado como testemunha isenta. O intelecto funciona e leva à ação dependendo da qualidade das ferramentas disponíveis. Educação do lar, instrução pública, grupos de convivência e informação alimentam o espírito, favorecem escolhas imprudentes ou sensatas. Tenho consciência de que o Brasil poderia estar em melhores condições no âmbito interno e internacional. Elementos estratégicos poderosos contribuíram para o contrário: a desconstrução cultural promovida pelos coletivistas, a lavagem cerebral e submissão aos controladores da globalização econômica estão acima das escolhas "democráticas em eleições livres".

As ações positivas dos militares foram tomadas de assalto e a iniciativa é negada aos que a imprimiram na história. A intenção real e a mobilização de jovens imaturos para a violência guerrilheira é escamoteada pelos que interpretam a história transformando tolos, malvados e criminosos em heróis. Os militares deixaram de investir com suficiente energia para expor a intenção e dependência da minoria ideológica atrelada à Internacional Comunista. Falharam as políticas da instrução pública que ficou dominada pelos marxistas da escola de Gramsci. Falhou a informação extensiva sobre os crimes históricos dos comunistas, insuficientemente divulgados depois da queda do Muro de Berlim. Falhou a orientação no sentido da vida, da Pátria, da Nação.

Arrumada a casa, o lixo foi para debaixo do tapete. E a opção foi a continuidade do estado democrático de direito pela metade, sem que as bases mais sólidas da engenharia nacional para solidificar a independência soberana e a liberdade responsável estivessem garantidas. Não se vislumbrou a democracia como obediência à Constituição. No roldão dos acontecimentos perdeu-se a oportunidade única de mobilizar a nação para o grande salto republicano democrático de direito nunca ocorrido e sempre adiado na história do Brasil.

A República, as práticas democráticas, a tripartição de poderes como está inscrita em todos os textos constitucionais foi amordaçada por imposições ideológicas externas que servem aos interesses das tradicionais famílias políticas: enriquecimento próprio, sem atinar para o mundo, sem o propósito do bem comum.

O melhor da herança cultural que caracterizava o Brasil foi atirado ao lixo, em obediência a Antonio Gramsci. A Constituição é ignorada pelos que tomaram todos os postos institucionais. A nação parece amestrada e enjaulada pelo terrorismo mais escabroso, apadrinhado pelo Estado e defendido por uma doutrina "humanitária" às avessas. O socialismo-democrático (uma incongruência), o capitalismo do Estado, utiliza a máscara demagógica do velho populismo.

Os poderosos de hoje no Brasil sabem disso. Mas negam os fatos, motivos e intenções do passado para justificar as ações e comportamentos do presente, facilitando a marcha para o socialismo do século XXI, ou seja, tudo quanto o comunismo internacional perdeu com a queda do muro de Berlim. É o que afirmam os partidos integrantes do Foro de São Paulo, orientadores externos dos que hoje governam quase toda a América do Sul.

Para isso contam com a rede internacional de engenharia social, mobilizando os militantes nas universidades e na mídia, ocupando todos os espaços e subornando todas as consciências disponíveis, alinhados ao globalismo econômico e à legislação da ONU, que destrói as culturas nacionais e acelera a construção da sociedade do Big Brother, do governo mundial.

No Brasil, aqueles anos aparecem nos livros escolares como um "tempo de tortura, mortes e perseguição feroz dos militares contra inocentes defensores da democracia"... Aí estão eles, membros oficiais do Foro de São Paulo: Partido dos Trabalhadores – PT, Partido Democrático Trabalhista – PDT, Partido Comunista do Brasil – PCdoB, Partido Comunista Brasileiro – PCB, Partido Pátria Livre – PPL, Partido Popular Socialista – PPS e Partido Socialista Brasileiro – PSB, fingindo oposição um ao outro, mas todos comprometidos com a implantação das mesmas políticas do internacionalismo coletivista.

CAPÍTULO III

Valores e motivos

As ruas de Itaporanga d'Ajuda eram forradas de areia branca, que aos sábados ficava manchada pela bosta dos cavalos que traziam os sitiantes e produtos da terra para a feira semanal. A igreja católica contava com a participação de pais e filhos em todos os atos. O ambiente era respeitoso e alegre. Como respeitosa e feliz era a convivência familiar em que cada menino ou menina tinha atribuições domésticas: varrer, cuidar de bichos, molhar o jardim e a horta, limpar e abastecer os candeeiros a querosene ou carbureto, pois ainda não havia luz elétrica.

De noite, as calçadas eram o ponto de encontro de vizinhos para a troca de ideias enquanto as crianças corriam e brincavam ou ouviam as histórias de Trancoso, até que os adultos chamavam para se recolher. Pedir a bênção dos pais nesse momento e no começo de cada dia era um procedimento comum. Então se ouvia: Deus te abençoe... Te faça feliz... Te dê juízo... Guie teus passos... E outros desejos que revelavam o carinho e os cuidados familiares na educação.

Logo ali estava a escola dirigida pela professora Antonieta. Um grande salão entulhado de carteiras, com quadro-negro e mapas nas paredes, ábaco e palmatória presentes. Os mais adiantados ajudavam os iniciantes nas primeiras letras contidas na *Cartilha do povo*, que trazia na primeira página uma mão espalmada, os dedos encimados pelas vogais.

De manhã, os alunos, descalços, formavam em frente à escola para o cerimonial de hasteamento da bandeira, cantando "salve, lindo pendão da esperança...". Ao meio-dia, quando tocava o sino da igreja, enquanto o ar espalhava cheiro de feijão cozido com carne-seca, diante da bandeira cantava-se o Hino Nacional.

Os jornais falavam da guerra, que não afetava aquela rotina provinciana. Ali se continuava cuidando das vacas, dos porcos, do milho, da mandioca e do feijão. Quem poderia vislumbrar um mundo amarrado às distorções da natureza humana quando a educação familiar, da escola e da igreja pesava na formação e Júlio Verne era apenas ficção? Maior ficção seria Orwell ou Huxley se fossem conhecidos naquele tempo.

No primeiro posto de serviço na Marinha do Brasil, o Navio-Tanque Rijo, o grumete arrumou uma biblioteca, que ficava num armário do refeitório. A primeira coleção adquirida foi dos livros de Malba Tahan. Para ele, ler era um hábito essencial que buscava incentivar entre os companheiros. Viajar mentalmente, conhecer o homem que calculava, para ampliar os limites da parca educação. A gente podia bater ferrugem dos navios, fazer continência às autoridades, sentir a distância do ambiente doméstico substituído pela autoridade institucional, mas também pensar, aprender mais para se afirmar e conquistar o respeito dos companheiros e de alguns superiores.

Recusar-se a defender o vizinho? De modo algum. A tendência era atirar-se de corpo e alma à empreitada afirmativa, para acabar com a pobreza moral e material, ultrapassar os limites humanos, superar a indigência espiritual e o obscurantismo. Havia uma tarefa desafiadora, dignificante, além dos limites, que exigia concentração, trabalho em equipe, conhecimentos novos. Pronto. O boi de piranha estava junto à manada.

Os companheiros haviam cumprido com sucesso o seu papel de enlace, ampliando o entusiasmo e admiração pelo referencial externo, que se batia por uma estrutura nacional moderna e equidistante dos conflitos do planeta. Ele nem cogitava que, muito longe dali, já haviam preparado as armadilhas para os aventureiros e românticos.

Vez por outra subia as escadas do Mosteiro de Santo Antônio e tomava assento no parlatório com janelas para o jardim interno, pousando as mãos sobre as mesas de tampo marchetado, enquanto revelava suas dúvidas ao monge velhinho. Ali estava um amigo incondicional, um ouvinte paciente que reforçava e consertava as rachaduras da parede espiritual, mostrando a presença do ser superior em tudo e em todos. Um pouco de recolhimento para sair com alma lavada. Força nova. Baterias recarregadas. Sorriso aberto. Fé.

Convites para almoçar à mesa do Almirante Aragão, convites para comparecer a assembleias de sindicatos operários, convites para assistir a peças de teatro encenadas pela União Nacional dos Estudantes. Diversas boiadas e bois de piranha estavam prontos. Pouco entendiam das verdadeiras intenções dos dirigentes, "donos da verdade", pessoas admiráveis... Hábeis nas técnicas de manipulação da boa-fé e da credulidade.

Aquele Anselmo prezava amizades e era meio cauteloso, reacionário até, conservador, mas flexível e destemido. Agia em nome da equipe, em nome do grupo, mesmo que discordasse de alguns. Podia entrar e sair em qualquer ambiente e discorrer sobre teatro, filosofia, cinema, costumes com facilidade. Havia frequentado cursos de relações públicas. Só precisava de um polimento para abraçar a militância política.

No tempo de confusão, forças e ideias diferentes convergem para ultrapassar dificuldades comuns. No próximo cenário podem estar juntas ou separadas. Pode-se então pesar os prós e contras no rumo do próximo objetivo ou mudar de rumo por convicção e adotar objetivos diferenciados. Aquele era um momento de confusão no Brasil e no planeta ameaçado pela Guerra Fria entre Estados Unidos e União Soviética. Ambos armados até os dentes.

Nenhum movimento popular é totalmente espontâneo. Para que um grupo se mobilize, está presente uma ideia aprovada, manipulação de informações e poder de persuasão, tarefas e execução compartidas. No particular movimento de reivindicações populares, um nome, uma imagem, um símbolo identifica o grupo. O símbolo, como nos desfiles escolares ou nas paradas militares, carrega a bandeira. Os que marcham atrás podem defendê-la ou fugir.

No processo de doutrinação ideológica, que viria a conhecer na clandestinidade, o primeiro passo é separar a pessoa de qualquer contato com o mundo exterior. Providenciar para que fique absolutamente dependente e tenha todos os movimentos estritamente vigiados. Sem identidade, sem telefone, fechado num apartamento ou numa terra estranha, com acesso a uma única fonte de informações. Sem família, sem amigos, sem nenhuma referência alternativa, sem iniciativas, sem escolhas, sem personalidade ativa, apenas um membro a mais no coletivo, com variados nomes fictícios. Confusão e cansaço mental funcionando como verdadeira lavagem cerebral, varrendo todo o histórico.

As sessões matinais de autocrítica, com o passar do tempo, têm efeito devastador. A rotina, as repetições de conteúdo vão instalando um conformismo que obstrui qualquer iniciativa individual. O fanático está no caminho de ser um membro confiável da nova "religião". Se o grupo ou o líder momentâneo determinar, qualquer tarefa deve ser cumprida com o sacrifício da própria vida.

O fanático acredita radicalmente nos dogmas (palavras de ordem) sem censura: acredita no que está escrito sem interpretar, sem pensar nas consequências. Obedece cegamente às ordens de um comando superior ausente, seja para matar, roubar carros, bancos, residências, pessoas, incendiar, colocar bombas, destruir propriedade pública ou privada, sequestrar... Passa a acreditar que contribui para uma grande e heroica causa que vai salvar a humanidade. Os contrários são inimigos, burgueses, alienados. Devem ser desmobilizados ou sacrificados, eliminados, mortos em nome da segurança do coletivo e seu objetivo programado.

Estrategicamente os "pequeno-burgueses" podem ser utilizados como aliados descartáveis. Todos os meios são lícitos para que a nova classe dominante mantenha o poder. Alianças, chantagem, ameaças, fingimento, utilização de velhas amizades, informação privilegiada, espionagem, roubo, homicídio, sabotagem...

Mas, quando o militante fanatizado volta a circular pelas ruas, as imagens, os sons, os sabores, os cheiros da vida esquecida começam a exercer uma influência perturbadora. Funcionam como antídoto. Se a realidade se impõe e o controle esmaece, todo o processo anterior de lavagem cerebral começa a desmoronar. Instala-se o conflito. Trair os companheiros? Trair o propósito de redimir a humanidade dos pecados capitalistas? Trair o objetivo de construção da liberdade socialista? O que é liberdade? Ou o que são liberdades? Capitalismo ou socialismo? Que diferença faz para quem trabalha e apenas sobrevive num mundo de leis tão confusas e políticas paradoxais?

As perguntas ativam reflexões sobre atitudes do dia a dia que são essenciais e pouco notadas. A certeza das possibilidades. A possibilidade de tomar decisões. Fazer ou deixar de fazer de modo consciente e responsável. O poder de dizer sim ou não. Andar pelas ruas sem medo. Escolher comer o pão com manteiga e o café com leite ou sem leite. Tomar o fim de semana para o lazer numa pescaria. Ter um endereço fixo. Educar filhos. Praticar qualquer religião. Ler qualquer livro. Escolher um filme ou um espetáculo. Comprar uma camisa colorida. Falar ou calar. Opinar, manifestar o pensamento sem o perigo de ser punido.

São tantas pequenas coisas disponíveis num ambiente de liberdade que passam despercebidas. Havia bloqueado a ausência das pequenas liberdades naquela ilha tão distanciada da cultura democrática que impregna a civilização ocidental cristã. Tudo tão diferente nas ruas e no contato com as pessoas. O que via e vivia era o oposto da informação que trazia.

Quando voltei ao Brasil, nada correspondia ao doutrinamento recebido naquele ambiente distante dos costumes, da terra, da gente e da realidade do meu país. Há um instante em que a confusão mental direciona para a busca de reforço informativo na história. E as justificativas históricas sempre registram a luta pelo poder. Nunca a busca do bem comum.

O bem comum tem espaço para ser construído sem violência, no ritmo permitido pelo tempo e pelo desenvolvimento das ideias e da riqueza conquistada com o trabalho. O saber compartido com os mais próximos se reflete na conquista de ambientes mais confortáveis. O ódio, a perseguição, o rancor, a violência e crimes continuados não podem ser aceitos como valores humanos. Minha fidelidade era devida exclusivamente aos brasileiros, minha família, minha pátria. Às pessoas voltadas para o trabalho.

Culturalmente, a "traição" é proibitiva, um pecado, um indicador de fraqueza, de mau caráter. Uma ação abjeta. Tudo quanto se repete e se documenta, tudo quanto se aprende configura o traidor como um ser desprezível. Ganhar consciência e utilizar-se da liberdade de fazer escolhas num momento crucial. Recusar-se a servir como soldadinho provocador de uma guerra civil traindo a nação é bem diferente.

Mais ainda quando a escolha se fundamenta em convicções éticas e fé ancestral, historicamente desprezadas pelos que hoje, depois de abandonar o que diziam ser suas sólidas convicções, posam de democratas e servem decididamente à ordem global contrária às liberdades, ao respeito humano e à vida. Entre os comunistas todas as traições – aos princípios e valores familiares, à pátria, aos juramentos militares, à fé, aos valores e símbolos da civilização humana – são lícitas. A ação anticomunista consciente e livre é imperdoável, punida com a morte física ou moral.

Os partidos comunistas, acima dos Estados, atribuem-se a capacidade de interpretar a vontade alheia, ditar comportamentos sem consultar o que as pessoas consideram melhor para si mesmas. São mestres na manipulação da vontade, contrariando princípios e valores. Para quem tem olhos e ouvidos abertos, para quem tem fome e sede de saber, isso é perceptível. Naqueles países os vencedores instalaram o estado totalitário exercendo todo tipo de censura e perseguição.

Traição ou amadurecimento? Consciência ou traição? Percepção da realidade ou obstrução da razão? Será que o atleta que abandona a delegação e opta por não representar uma pátria que o aflige e mantém seus familiares cativos pode ser considerado traidor? Ou o mundo começa a mudar a partir de sua decisão consciente de mudar de mundo, declarar sua independência, viver em liberdade, fazer escolhas?

Contribuí para mudar o equilíbrio das forças em litígio. Uma escolha diferente da daqueles que fugiram à responsabilidade e ficaram a distância no exterior servindo à Internacional Comunista. Os fatos que eu vivi estavam compartimentados, estanques como os porões de um navio: o que acontecia na ponte de comando era ignorado pelos que estavam na sala de máquinas, na popa ou na proa.

No começo as ordens vinham de Brizola, o rumo era alcançar o poder num clima de normalidade que acreditávamos nacionalista, democrática, com os militares de volta aos quartéis. Depois os seguidores de Brizola ficaram órfãos e tornaram-se presas fáceis de outros projetos, diferentes daquele que os mobilizara originalmente. Foi assim que, de passagem por Cuba para o exílio na Europa, Antonio Duarte e Avelino Capitani, que haviam participado da guerrilha de Caparaó, tentaram me demover daquele caminho. Impossível. Havia a barreira da documentação, que não possuía, e os cubanos não iriam aprovar a saída da ilha sem o concurso de uma organização.

As "verdades" históricas são repetidas e estão grafadas na quase totalidade dos ensaios, artigos e comentários sobre os bastidores da reação militar para a tomada do poder. Posso hoje inferir e me sinto confortável com a ideia de que João Goulart entregou o governo aos militares, prevendo a desorganização e os resultados de um governo dominado pelos comunistas para o equilíbrio mundial naquele momento. Goulart não desejava tal destino para o Brasil. Era da escola populista e paternalista de Getúlio Vargas.

É tortuoso para quem não se aplica à pesquisa histórica, para os que atuam em áreas diferentes daquelas em que atuam os formadores de opinião, entender os mecanismos do poder. Os que atuam sob controle das agências de notícias internacionais projetam, trabalham e mobilizam a informação de modo a desviar a atenção das questões fundamentais. E, com a mentira histórica, semeiam nas cabeças infantis as dúvidas, os medos e a insensibilidade para as questões políticas. Hoje, quase ninguém percebe que há séculos os comunistas não praticam a política moral normativa das relações sociais no terreno democrático.

A política vem sendo descaracterizada e reduzida à compreensão chula de negociatas para garantir a eleição de cartas marcadas, perpetuar o poder de Estado contra a sociedade. O Estado passou a agir como sócio dos banqueiros internacionais que alimentam o tráfico de armas e drogas, negócios mais rentáveis que o petróleo.

"Um homem é um homem, um rato é um rato" – ouvi meu pai dizer sempre que se referia aos comportamentos mesquinhos ou covardes diante das contingências da vida. Será que a humanidade ainda pode superar a invasão dos ratos nos postos de poder? A filosofia essencial deixou de ser ensinada nas escolas. Saber pensar é um perigo. Aquele homem brasileiro que Euclides da Cunha disse "ser antes de tudo um forte" está amolecido pelas esmolas que o Estado fornece. Sem saída.

Os grandes programas financiados pelos neocolonizadores, interessados na água, na madeira das florestas, no nióbio (minério estratégico cujas maiores reservas estão em nosso território, abastecendo o mercado mundial com 98% da demanda), quartzo, ferro, bauxita e mão de obra barata devido à escolaridade de baixo nível, os empréstimos impagáveis da rede bancária internacional garantem a tal governabilidade socialista do século XXI. Também garantem as negociatas e a lavagem cerebral massiva, para consolidar o ambiente controlado descrito por G. Orwell em seu *1984*. Ou o ambiente dos drogados promovidos por Huxley.

A dicotomia esquerda x direita, comunismo x capitalismo, continua presente, distraindo a vida das nações. Um só partido controlando o pensamento não cobre as realidades e necessidades das diferentes culturas e nações.

Vale saber que proliferam algumas ilhas de compaixão para reeducar e fornecer tecnologias simples e significativas para melhorar as condições de vida de grupos marginalizados. Vale agradecer a visão, audição, tato, a emoção proporcionada pelos movimentos produtivos, improdutivos e as possibilidades de ócio reflexivo. Vale conceber uma forma justa de inteligência transcendental.

Plantamos e estamos colhendo. Como será o futuro? Que escolhas estão disponíveis para os que estão chegando? Que informações? Que verdades? Que crenças? Que ética? Que costumes? Que peso moral têm as ideias e valores que construíram a mais generosa civilização, comparadas às idiotices alucinadas? Velhas perguntas, respostas adiadas...

A vida clandestina

Entrei pelo corredor lateral da casa, caminhei até o pátio de serviço nos fundos, que dava acesso ao quarto alugado, sem janelas, onde as baratas residentes, vez por outra, na escuridão da noite, mordiam e sopravam as pontas dos dedos e os lábios, no proveito do resto adocicado dos biscoitos que comia, enquanto lia com o travesseiro apoiado à cabeceira.

Meti a chave na velha fechadura, dei duas voltas e entrei, sentindo o cheiro do chão encerado por dona Carlota, a senhoria espanhola, que me tratava como se fosse um sobrinho. Procurei o fio com o interruptor da única lâmpada elétrica que descia do centro do teto, percorria uma parábola e se enroscava feito cobra-cipó na cabeceira da cama. Acendi a lâmpada e identifiquei a presença silenciosa dos poucos objetos.

Feliz e ansioso na irresponsabilidade da solidão, lembrei que passaria mais uma noite andando pelas ruas, porque na casa vizinha já começavam a entregar às mãos rápidas do vento a invocação aos orixás. Faziam tremer o quadro da face de Jesus, que, pendurado na parede, olhava os quatro cantos do quarto espartano, onde a cama ocupava o centro, ladeada por um caixote no qual estavam empilhados alguns livros e revistas velhas.

Naquelas noites em que as paredes tremiam, o quadro de Jesus descia para repousar num lugar seguro, entre os restos de bolacha, um copo e uma garrafa de água que moravam sobre a cadeira velha, encostada à parede oposta. Ali, os pregos sustentavam os cabides artesanais que serviam de guarda-roupa. Melhor para a imagem de Jesus que se espatifar no chão com a tremedeira das paredes recheadas de espíritos inquietos. Tão inquietos quanto meu próprio espírito.

Lá fora, no alto céu, a luz da lua cheia começava a refletir-se na água de chuva que se juntara na bacia, estrategicamente colocada abaixo do gotejar das telhas. Banho de gato. Tirar a camisa suada, pegar a toalha no cabide, o saco plástico com os objetos de higiene e sair ao pátio. Ajeitar o caco de espelho entre os pregos e ver os olhos castanhos, ainda com brilho de esperança lembrada da alegria de viver perdida quem sabe quando. Olhos que riam para a visão da planta verde pendente do muro refletindo um restinho da luz misteriosa do entardecer. Claridade expulsa pela vibração dos tambores que preenchiam cada poro do espaço.

Na área dos fundos do quarto de clandestino molhava o pincel de barba na bacia, passava no sabonete e depois no rosto, fazendo espuma cheirosa. Pegava o aparelho com gilete e começava a raspar os fios rebeldes. O mundo parecia enjeitar as pessoas que desejavam cultivar amizades sinceras e fortes ajudando-se mutuamente, como ensinavam os mais velhos antes de antigamente.

Gente inconformada com a vida tentava mudar o mundo e mudar o modo de vida dos outros à sua conveniência. Os outros, mais de 100 milhões, pareciam alheios, sem meter a mão na cumbuca, apenas trabalhando, estudando, rezando. Tentava, aos poucos, fixar novos relacionamentos, ouvir as pessoas abandonando a atitude de desconfiança, a censura, a luta, a briga de galos, o ringue do vale-tudo. Por que o amor ao próximo e as virtudes do espírito são incompatíveis com a competitividade encarniçada pelo poder?

Por que o entendimento entre pessoas que vivem num mesmo espaço se dificulta a ponto de acabar em tiro ou facada? No trono do poder cabe apenas um, pretenso senhor de todas as respostas, contemplando o próximo do alto como objeto, ferramenta produtiva especializada, serviçal obediente e submisso. Obediência e submissão anulam a razão. O poder é contrário ao saber e oposto à autoridade moral, esta, sim, marca registrada dos verdadeiros líderes. Vistas e tratadas como números estatísticos, as pessoas acabam conformadas em casulos de medo.

Acabava de fazer a barba, molhava a toalha com um pouco da água da bacia, passava sabonete, esfregava o peito e os braços, limpava as orelhas, o pescoço e as axilas. Massagem enérgica. Outra molhada na bacia e jogava a toalha pelas costas puxando uma e outra ponta. Sentia os poros que pareciam abrir-se e respirar.

O rosto emoldurava os olhos por onde entravam as emoções, o nariz que sentia os cheiros, a boca que modulava os sons de aproximação. Namorar, não. Não podia pensar em me casar ou me comprometer com uma família, escondendo o "eu" que nem existia de direito. O medo tecia um bordado estranho. Renunciar e temer o que mais desejava era uma contradição. Mergulhava toda a toalha na bacia, espremia forte no tanque de lavar roupa e estendia no varal perto do muro. Recolhia os objetos e voltava ao quarto.

Vestia-me. Verificava na carteira o documento que mostrava um nome que não era o meu. O retrato era parecido. Mas a data de nascimento era outra, como se tivesse nascido de pais diferentes em lugar diferente, devendo a cada dia acordar para uma vida diferente. Dependente e sem liberdade de pensar, vivendo nas sombras. Apagava a luz, fechava a porta e tomava o corredor lateral, imprimindo a cada passo o ritmado tum-tum dos tambores da casa de umbanda. A lua mostrava o caminho.

Atravessava o portão e andava envolvido pela escuridão até a avenida iluminada e barulhenta. Passava pela marquise do prédio abandonado, onde alguns miseráveis adultos e crianças repartiam um pão e uma garrafa de refrigerante, risonhos como se estivessem felizes.

Bem, aquela era uma luta mesmo, com muito chão sob os pés, com um céu imensurável, insondável, infinito e eterno como a alma humana, apenas percebida. O mundo real era diferente do que me fora ensinado. Era um desencontro caótico e indisciplinado de construção competitiva. A conquista de pequenos espaços exigia trabalho atento e comunicação a cada passo. Foi então que entendi o verso que emergiu da memória infantil: "A luta é combate, que aos fracos abate; viver é lutar!".

Mas digna e humana era a luta sem armas, a luta mais cansativa pelo pão de cada dia com o prêmio das pequenas alegrias. Habilidade, competência, dedicação e criatividade eram as ferramentas de trabalho. Bem diferentes das ferramentas de trabalho da matança.

No Recife

A contestadora personagem do cartunista Quino foi entalhada numa peça de madeira por um artesão local e pendurada no portal da casa. A garagem lateral foi fechada e transformada em minigaleria. "Mafalda", a lojinha de artesanato, rendeu muitos contatos com pessoas que poderiam ser alvo de sequestro.

Em Olinda, onde me instalei com Soledad, vivi momentos angustiantes. Os policiais da equipe do DOPS de São Paulo, infiltrados, recebiam e encaminhavam os militantes armados e mensageiros que chegavam de Cuba, enquanto nós mantínhamos a vida tentando subsistir com a incipiente confecção e venda de blusas bordadas à mão, fingindo vida normal. Vez por outra chegavam viajantes com pequenas quantias em dólares que recebíamos num rápido encontro e depois os policiais trocavam, subtraindo sua comissão. Ossos do ofício, pois não seria nada regular a visita a casas de câmbio, a cada passo. Mas os compromissos tinham que ser pagos em dia com o fruto do trabalho... de outros! Fossem eles desconhecidos do exterior ou assaltantes de bancos locais. Um cotidiano restrito, em que os planos estratégicos e comandos para a implantação da guerrilha eram desconhecidos. Nossas conversas abordavam as dificuldades financeiras do momento e o futuro incerto.

A "compartimentação" de informações entre nós era rigorosamente mantida. Soledad não sabia o que eu fazia e vice-versa. Ela fora treinada desde a infância para viver assim.

Eu a conheci em Cuba, quando juntou-se com um dos ex-marinheiros do meu grupo, José Maria, de apelido Boêmio, violeiro, um moço afável, com quem gerou uma filha. Vez por outra nos reuníamos e pude fotografar a criança, Ñasaindy, uma bela menina, até os primeiros passos.

José Maria foi dos primeiros a voltar para o Brasil para atuar pela VPR, a Vanguarda Popular Revolucionária dirigida por Lamarca, que se reestruturava depois da fracassada guerrilha do Vale do Ribeira. Deixou na ilha a companheira Soledad e a filha. Vim a saber que Sol também deixara Cuba, quando a encontrei em São Paulo, seguindo orientação de Onofre Pinto. Ela deveria seguir comigo para o Recife, onde fingiríamos ser um casal pacato e ordeiro, recepcionando outros militantes que chegariam do exterior.

Não sei por quanto tempo esteve numa quitinete no centro de São Paulo. Foi bom reencontrá-la e conduzi-la na viagem para o Nordeste, que fizemos no Fusca verde que me fora dado pelos policiais. Levei-a para a casinha bem humilde no bairro do Rio Doce, onde esperamos que chegasse algum dinheiro, suficiente para instalar em Olinda o negócio de fachada, uma butique de blusas bordadas à mão e peças artesanais.

Nesse ínterim, para legalizar os documentos, os policiais providenciaram uma identidade de estrangeiro residente, tudo seguindo os trâmites legais. Desde então tive a promessa de Sérgio Fleury: quando chegássemos ao fim daquela operação, Soledad seria banida para voltar a Cuba e reencontrar sua filha. Esse era o meu desígnio. Mas não sei se seria o dela.

Antes de deixar Cuba e viajar para o Chile, Soledad não sabia que José Maria já tinha sido morto numa ação guerrilheira. Mesmo assim, aceitou integrar-se à luta armada no Brasil. Foi chocante quando me revelou que estava grávida de um filho indesejado, resultante de uma aventura passageira.

– Flaco [ela me tratava assim], me leva pra São Paulo. Quero fazer o aborto.

Viajamos, ficamos hospedados alguns dias numa pensão onde eu estivera antes e podia contar com a ajuda de pessoas amigas. Depois do procedimento, ela repousou alguns dias, voltamos ao Recife e nos instalamos numa casa alugada. Ali funcionou a "Boutique Mafalda". Nós gostávamos da personagem do cartunista Quino. E passávamos o tempo ouvindo discos com as canções de Violeta Parra e clássicos. Íamos à praia, frequentávamos e recebíamos amigos, artistas locais, e por duas vezes viajamos para visitar Garanhuns e para assistir ao espetáculo da Paixão de Cristo em Fazenda Nova. Uma vida pacata para não levantar suspeitas.

Nós nos relacionamos afetuosamente, vivendo cada momento sem indagações mais profundas, sem promessas, mantendo em segredo um do outro as instruções recebidas no Chile, como mandava o figurino revolucionário.

A revolução era uma coisa para o futuro que ela esperava desde a infância no lar comunista. Acreditava estar contribuindo para um projeto internacional de salvação da humanidade. Por vezes eu ficava admirando o belo perfil, o rosto emoldurado pelos cabelos claros contra a luz do sol nordestino. Imaginava que em outra situação seria prazeroso viver ao lado daquela pessoa, enérgica e contida. Me intrigava sua capacidade para esconder as verdadeiras intenções, viver com aparente naturalidade uma vida secreta que apenas algumas vezes se revelava em comentários de cansaço e insatisfação, diante da rotina clandestina.

Quando o irmão, Jorge Barret, chegou de visita, os intervalos de alegria espontânea e de bem-estar se multiplicaram. Pairava sobre nós uma realidade, uma segunda vida sobre a qual nada podíamos decidir. Diante dos insucessos lidos, ouvidos e comentados, diante da esmagadora realidade de um terreno e um povo diferenciado e que não estava "maduro" para a guerra civil, o propósito futuro era que ela voltasse a Cuba, para criar a filha que havia abandonado aos cuidados do governo cubano, na companhia de brasileiros da VPR.

Quando voltamos ao Recife, depois da viagem a São Paulo, para livrar-se do feto gerado numa relação anterior com outra pessoa, antes do nosso encontro, ela foi a um posto de saúde para introduzir o dispositivo intrauterino, o DIU. Estávamos cientes da inviabilidade de gerar filhos naquela situação e assim nos impúnhamos uma vida afetiva esparsa e reticente. Da minha parte pairava o fantasma intolerável de outro aborto.

Olhava-a tentando entender o enigma da consciência da mulher, educada desde a infância para "fazer a revolução", talvez vivendo um ensaio de construção amorosa diferente da autodestruição.

De qualquer modo, fazíamos o possível para reduzir o estresse a que estávamos submetidos. E muito frequentemente um nó na garganta e um peso no coração me assaltavam, quando ela referia saudades de Ñai, a filha distante. Foi comovente quando o irmão artista, Jorge, compôs uma canção de ninar para a sobrinha desconhecida. Os sons da mais pura ternura me acompanham até hoje: "Duerme Ñai...". Soledad me pareceu apenas orgulhosa da homenagem do moço, cuja sensibilidade admirável estava acima e à margem da sanha dos "revolucionários". Preferia que ambos estivessem bem longe dali, vivendo produtivamente, em segurança, mesmo que fosse em Cuba.

Existem muitas lacunas para o entendimento do que ocorreu naquele dia em que desembarquei da aventura guerrilheira para lidar com a minha individualidade, liberdade e sonhos pessoais, distante da crueldade mental a que estive submetido no espaço da guerra irregular.

Para complementar tais lacunas, busquei na web e encontrei uma espécie de interrogatório publicado num site da esquerda, dedicado a alinhavar fatos narrados por testemunhas daqueles eventos. Lá estava uma resposta balsâmica para um tormento: durante todo o tempo li coisas como "ao lado do corpo morto de Soledad havia um feto" e "entregou a própria mulher grávida...".

Embora soubesse que eram inverídicas as afirmativas repetidas por todos que escreviam sobre o assunto, fiquei aliviado com a entrevista gravada por um jornalista investigador (ex-guerrilheiro) que se dedica a alinhavar depoimentos de testemunhas para restabelecer os fatos, segundo a ótica da esquerda.

No site www.documentosrevelados.com.br, Aluizio Palmar postou "entrevista jorge barret5.waveditado.wavfinal~1", em que o irmão de Soledad revela: Soledad não estava grávida, pois usava DIU.

"Eu vi Anselmo com a carta na mão."*
"Soledad usava DIU. Ela foi ao médico com minha mulher."
"Trocaram as fotos dos corpos de Soledad e Pauline na edição do dia 11 do Jornal do Commercio."
"Leninha concorda comigo que Soledad não estava grávida."

Leninha era a ex-mulher de Jorge. Pauline Reichstul era uma das militantes armadas que alguns meses antes recorreu à ajuda de Soledad para visitar um médico, pois estava grávida e sentia complicações.

A carta codificada teve Jorge como portador, veio do Chile. Era firmada pelo comando da VPR. Soledad me mostrou o conteúdo por ela decodificado e saiu. O apartamento no bairro olindense do Rio Doce estava sob vigilância dos policiais, que monitoravam todos os nossos movimentos. Pela janela, fiz o sinal combinado e fui resgatado pouco depois. César, codinome do investigador da equipe de Fleury e hoje delegado de polícia aposentado, conduziu-me ao aeroporto de Guararapes e embarquei imediatamente num voo da FAB para São Paulo. No dia seguinte, li nos jornais o relato dos acontecimentos naquela chácara em Pernambuco, sobre a morte de Soledad e dos outros membros do grupo, cujos movimentos estavam sendo monitorados a partir da chegada de cada um.

Ao contrário do que relatam os que buscam reescrever a história, eu não conhecia nenhum dos endereços dos demais componentes daquele grupo. Nem a residência de José Manoel, nem a chácara de São Bento. Isso pelo simples fato de obedecermos à regra da compartimentação que ditava que ninguém devia passar o endereço onde vivia, clandestinamente ou não, para os outros contatos. Aquela era uma regra seguida à risca. O único endereço aberto para todos era o da "fachada legal", isto é, onde nós simulávamos uma vida normal e aonde todos poderiam acorrer em caso de urgência excepcional.

---

* http://www.documentosrevelados.com.br/. Acesso em 12 de março de 2012.

Em 1999 fui até aquele local pela primeira vez, acompanhando o jornalista Percival de Souza. Foi uma jornada incômoda. Mesmo tendo ouvido a narrativa dos moradores locais, a mente racional conserva lacunas, perguntas para as quais não tenho resposta.

Alguns fatos continuam obscuros. Hoje sei que as agências de inteligência utilizam a contrainformação e a desinformação para mascarar fatos sensíveis em tempo de guerra... Ou de paz. O método é copiado por blogueiros de esquerda e profissionais de imprensa dependentes de verbas publicitárias do Estado.

Os documentos da Agência Brasileira de Inteligência (ABIN) e do Cenimar, anexos neste livro, mostram como eram feitas anotações na minha ficha pessoal, em grande parte inverdades colhidas da imprensa ou não sei de onde. As anotações vão até o ano de 2002, isto é, trinta anos após eu ter sido liberado da prisão, onde decidi colaborar, depois de marcado pela tortura no pau de arara, pelos choques e pelas porradas, mas muito mais por minha consciência.

Minha consciência me fez atuar como informante e facilitar a infiltração de um agente de polícia, o de codinome César, na periferia auxiliar do grupo armado que se instalava em Pernambuco, por várias razões:

– por ter visto o regime comunista na Checoslováquia;

– por ter vivido o comunismo em Cuba;

– por ter comparado o progresso, a segurança e o pleno emprego no Brasil do início dos anos 1970 com a vida em Cuba;

– por saber do projeto de fazer ressurgir as guerrilhas pelos remanescentes guerrilheiros;

– por querer preservar a vida de compatriotas trabalhadores e desinformados da ação dos guerrilheiros;

– por entender que a ação dos guerrilheiros poderia causar uma guerra civil prolongada;

– por imaginar a situação de insegurança em que viveriam os brasileiros e meus familiares, lembrando de seus rostos, de suas atividades, de seus riscos e de sua fé;

– por começar a entender a contraposição entre Marx-Darwin e o Criacionismo que sustentava a civilização cristã.

No momento em que li a notícia, a face da mulher que eu imaginava ter sido presa com os outros surgiu na mente, risonha e enigmática. Troquei a letra da canção de ninar e cantarolei "Duerme Sol...". Aquele foi um dos dias mais tristes da minha vida.

As instituições controlam rotineiramente a formação dos seres humanos, controlam a formação de opinião e parecem orientar cada passo, cada pensamento, cada decisão. Os resultados são flagrantes! As pessoas parecem enredadas, como peixes capturados numa rede de malha fina ou empurradas num corredor polonês – sem saída, comprometidas com um ambiente de ideias confusas, ódios, medos, práticas autoritárias e ilusões, distantes de objetivos que possam realmente prestigiar, afirmar o homem em evolução.

As versões da história omitem, até hoje, que estive sob vigilância continuada, 24 horas ao dia, mesmo na viagem que fiz ao Chile, já como informante do DOPS, quando a conversa com Onofre Pinto deixou entrever um mapa de preparativos alucinados.

Procurei a amiga chilena que havia conhecido na viagem para Cuba. Ela estava espantada e temerosa com os acontecimentos em seu país. Através do senador Altamirando, que conheci durante a Conferência da OLAS, cheguei ao contato com Onofre Pinto.

Ficou claro que a prioridade da disputa interna era o controle do dinheiro do cofre de Adhemar de Barros*, administrado por Miguel Arraes,

---

* "Depois de uma longa investigação, localizamos parte da famosa 'caixinha' do ex-governador de São Paulo Adhemar de Barros, enriquecido por anos e anos de corrupção. Conseguimos dois milhões e meio de dólares. Esse dinheiro, roubado do povo, será a ele devolvido." A declaração foi dada por Carlos Lamarca à agência internacional France Presse, em 1969. O guerrilheiro fazia referência ao roubo do cofre da mansão de um parente de Ana Benchimol Capriglione, amante de Adhemar de Barros, falecido quatro meses antes. Treze guerrilheiros de diferentes partes do Brasil participaram da ação na casa situada no bairro de Santa Tereza, no Rio de Janeiro.

com negócios e aplicações entre a Argélia, Londres e a França. Ainda havia referência a uma parte do butim desviado pelo "Bom Burguês".*

Até pensei em pedir asilo e partir para a Europa, onde encontraria pessoas amigas. Mas seria continuar com a consciência pesada, atrelada a uma causa mortal. A decisão era exponencial: ajudar a livrar os brasileiros da guerrilha que pretendia provocar uma guerra civil prolongada.

Onofre citou as execuções entre os militantes, os "justiçamentos", quase uma ameaça, quando abordou suspeitas que rondavam meu nome. Respondi com firmeza, olhando-o nos olhos:

– Você está com a faca e o queijo. Se acredita nesses boatos infames, pode me matar agora mesmo. Ou pode me isolar até ter certeza...

Estava aplicando os ensinamentos da escola comunista: mentir até transformar a mentira em verdade. Atribuir aos outros o que me era imputado. Instalar a dúvida e apelar para o "senso de justiça" de quem estava no comando. Onofre era personalista e sentia-se poderoso em sua alucinação. Respondeu com total confiança. Pesou o ressentimento presente entre os ex-militares e os intelectuais na disputa pela condução e tomada de decisões, na disputa pelo poder... E pela grana.

Recebi a tarefa de mudar-me para o Recife e preparar as condições para receber os militantes que deveriam implantar o foco guerrilheiro no Nordeste. Não estaria sozinho na construção da base nordestina. Uma "pessoa conhecida" estaria ao meu lado.

Em Santiago, no Chile, todas as tardes, panelaços: o espaço da cidade era preenchido pelo som de batidas em panelas vazias, substituindo os sinos na hora do ângelus. Do outro lado, sempre mais cedo, as milícias do MIR** tomavam as ruas centrais com suas flâmulas vermelhas na ponta de varas altas de bambu que batiam sobre o asfalto marcando o ritmo. As vozes entoavam

---

* O "Bom Burguês" era Jorge Medeiros Valle, um bancário do Rio de Janeiro que, por meio de artifícios contábeis, desviou do Banco do Brasil cerca de dois milhões de dólares, na cotação dos anos 1960, que ele destinou, em parte, para guerrilheiros brasileiros de diferentes matizes ideológicos.

** Movimento de Izquierda Revolucionária, em espanhol.

o mantra que começava em sussurro e se erguiam até alcançar um grito de guerra – m.i.r/mir/mir/MIR!! A terra tremia, as pessoas silenciavam. Ali estava a "vanguarda do exército do povo", integrado por jovens imberbes que idolatravam a Revolução Cubana e Guevara.

Soledad chegou a São Paulo pouco tempo depois. O que justificava a decisão daquela moça para abandonar o refúgio seguro, deixando a filha aos cuidados do Estado cubano? Somente o fanatismo ideológico, a lavagem cerebral efetuada na Universidade Patrice Lumumba, em Moscou, para onde eram enviados os filhos de dirigentes dos partidos comunistas. Foi ali que Sol recebeu o treinamento para atuar a serviço do comunismo em qualquer parte do mundo.

A família, por princípio, ocupa um lugar sem importância no universo emocional do revolucionário, mera referência de origem. Pais são abandonados, como esposas, filhos, irmãos, amigos. Para isso Soledad fora treinada. Nada disso eliminou seus sentimentos femininos, o gosto pelo belo e a capacidade de se relacionar e encantar as pessoas. Tudo com uma finalidade: servir à ação revolucionária. Ela já aceitara a ideia de voltar para Cuba. Cheguei a comunicar isso aos policiais, rogando que lhe facilitassem a saída.

Mas o desenlace violento estava fora do meu alcance. Quando ela deixou o apartamento onde eu já estava virtualmente na condição de prisioneiro, fui resgatado, afastado da cena e levado diretamente ao aeroporto.

Destino incerto

No dia seguinte, já em São Paulo, li a notícia com o coração apertado pela raiva, impotência e tristeza de viver um momento tão doloroso.

Os inquisidores atuais, na pessoa de certos jornalistas que parecem desconhecer a história dos movimentos clandestinos armados e seu objetivo real, também confundem o prisioneiro que fui como se estivesse na condição de um profissional da polícia, com espaço para deliberar, decidir e participar de operações. Só resta dizer: a polícia estava no comando e no campo operacional.

A documentação necessária, como a identidade brasileira para residente estrangeiro emitida para Soledad, e facilidades de trânsito eram fornecidas pelo pessoal da equipe do delegado Fleury. Com os agentes infiltrados e colaboradores desconhecidos, os militantes começaram a chegar, com tarefas específicas e desconhecidas uns dos outros, seguindo as regras da "compartimentação". Seus contatos e destinos, somente os agentes do Estado chegaram a conhecer.

Éramos a "família de fachada", com o endereço aberto para todos, para emergência, com acesso mediante senhas de reconhecimento. Foi assim que soubemos da existência de outro casal na área. Uma militante, Pauline Reichstul, necessitava de cuidados médicos devido à gravidez complicada. Na ocasião, Soledad a atendeu e deu a ajuda necessária. Mesmo assim, não ficamos sabendo onde morava, o que fazia ou com quem estava. Mas a polícia sim: vigiava cada passo, desde a entrada na área. Aquilo era uma guerra e o objetivo de uma guerra é "forçar o adversário a submeter-se à nossa vontade". O adversário era o movimento comunista internacional contra o Estado brasileiro, com a nação no meio do fogo cruzado.

Soledad Barret Viedma, aquela que conheci, era uma pessoa com qualidades raras. Não nos encontramos no Chile, como imaginou um roteirista de televisão. Encontrei-a em São Paulo. A "ordem de cima" era levá-la para o Recife e montar a "família de apoio", vivendo com discrição para não levantar suspeitas da repressão.

Ela dominava três idiomas: espanhol, guarani e russo. Logo veio a dominar também o português do Brasil. Um dia, no Recife, recebemos o convite para o primeiro *vernissage* do sociólogo Gilberto Freyre. Lá estava a nata da sociedade pernambucana para apreciar e adquirir os quadros em óleo sobre tela, lembrando um pouco o traço e os motivos de Renoir. Um dos convivas sabia falar guarani. Ele e Soledad ficaram na varanda, isolados. Ela me disse ter recebido uma cantada e que o contato poderia render bons frutos para a revolução. Naquele dia, senti ciúme. Engoli o sapo. Guerra é guerra...

Apreciava fotografá-la, e, enquanto revelava as fotos e convivíamos, fui percebendo que se aprofundara uma ternura mesclada ao desejo de posse e permanência. O impossível na vida regrada pela impermanência, pela aventura, pela dúvida, pelos eventos incertos. Os desejos individuais de independência e liberdade, as decisões pessoais eram incabíveis naquela cena. Restava o relacionamento afetivo sem compromisso, sem planos para um futuro em família. Ambos seguíamos no escuro por caminhos contrários.

Na vida rotineira na cidade de Olinda, enquanto eu tecia tapetes, ela criava desenhos que seriam transformados em bordados nas blusas produzidas ali nos fundos, na garagem da casa. Um dia, parou à porta um Cadillac com vidros escuros e ar-condicionado. Um luxo! Uma jovem senhora entrou, examinou os bordados e tapetes silenciosamente e se apresentou como senhora João Santos. Era a dona da indústria de cimento Nassau. Pediu que criássemos um bordado exclusivo para um vestido de grife francês. Já o havia utilizado uma vez e não desejava repetir o modelo. Com um bordado seria diferente, pareceria novo. A trama do tecido do longo negro era enviesada e deu muito trabalho para as bordadeiras. Mas a cliente ficou satisfeita com o resultado. Isso nos deu acesso à residência da família João Santos.

Noutra ocasião, fomos convidados para desfilar as blusas bordadas à mão para a menina herdeira das Casas Pernambucanas. Fomos recebidos na varanda da residência, onde a matriarca, dona Helena Lundgren, repousava numa rede. Ao lado, uma mesa posta com frutas, sucos, bolos e biscoitos. As mucamas a postos, adivinhando cada necessidade da sinhá. Coincidentemente, naqueles dias, eu estava lendo *Casa-Grande & Senzala*, de Gilberto Freyre. Feito o desfile, a menina universitária adquiriu uma única blusa.

Dona Helena, proprietária de um castelo na Inglaterra, que pertencera à Rainha Vitória, revelou que viajava sempre com o mesmo vestido de renda azul-marinho e as amigas de Londres sempre elogiavam, como se fosse novidade.

Numa viagem minha a São Paulo, uma artista de Olinda pediu-me que fosse portador de uma encomenda para ninguém menos que dona Yolanda Penteado. Fui recebido em seu apartamento nas redondezas da Avenida Paulista, onde esperei por ela na companhia de uma cadelinha inconveniente, diante de um quadro de Modigliani que dominava a sala.

A ilustre senhora me convidou para jantar naquela noite. Antes passamos por uma galeria onde apreciamos o *vernissage* de um artista que pintava grandes bananas. O jantar foi numa cantina do Brás, numa grande mesa em que estava um dos filhos do Dr. Gilberto Freyre.

Nem eu, nem Soledad acreditávamos mais na probabilidade de sucesso da guerrilha. Comentávamos sobre a segurança de gente tão importante: nenhuma. Estavam vulneráveis a sequestros. Nunca transmitimos as informações privilegiadas. Sabíamos que os que nos davam ordens e apareciam como líderes não tinham o perfil, nem o conhecimento, nem a liderança suficiente para conduzir uma guerra civil.

O final dela foi sem dúvida um dos choques mais brutais na minha vida pessoal. A tragédia, como tantas outras, foi mais um dos dolorosos episódios que vitimaram tantos brasileiros militantes, militares, policiais e pessoas comuns.

No meu entender, Soledad e os demais seriam presos. Nunca me passou pela mente a possibilidade de um desfecho como o que descreveram os jornais que li no dia seguinte. A notícia foi como um soco no plexo solar. Percebi naquele momento que os agentes do Estado podiam agir do mesmo modo que os governantes em qualquer regime: "Aos amigos e aliados, tudo; aos inimigos, nem a lei".

Espelho em pedaços

De repente, um silêncio e logo uma voz gritando de dentro para fora que havia muito que fazer antes que os lábios colados e as pálpebras fechadas sobre aqueles olhos castanhos, que vigiavam lá dentro do caco de espelho, pedintes feito olhos de cachorro sem dono, estivessem mortos em mais um corpo, anônimo, crivado de balas.

Tinha, sim, um medo feroz de ficar só, sem a companhia de livros e de gente amiga. Preferia os livros que falavam de tudo sem exigir nada. Cada um era livre para concordar ou discordar do conteúdo, sem temer perseguição ou punição por sua preferência. E livros não feriam como armas. Abriam portas misteriosas e o contato com uma natureza seletiva, um elemento interior que parecia estar olhando por cima do ombro da gente e manobrando emoções: rindo às gargalhadas, aprovando ou torcendo o nariz, admirando-se diante das cenas brilhantes da narrativa.

Confusos ou brilhantes, diretos ou sinuosos, severos ou bem-humorados, os livros foram os melhores amigos. E entre os melhores estavam grandes e íntimos amigos. Marcantes como aquele das *Mil e uma noites* que me levou a Malba Tahan e a Júlio Verne, Érico Veríssimo e Euclides da Cunha. Depois fui descobrindo Machado de Assis e achando enfadonho José de Alencar. Um dia, na prisão do DOPS do Rio de Janeiro, um moço chamado Roberto Pontual me apresentou ao baiano Adonias Filho.

Se Stendhal me havia impressionado, seu Adonias me conduziu ao espaço exploratório dos interiores de pessoas com as quais eu convivera. Tratou de mostrar a beleza dos ignorantes. Num palavreado direto, econômico, objetivo, me fez apreciar as marcas da divindade contidas no grotesco.

Uma filosofia de respeito e amor aos homens brutalizados pela vida, que somente na velhice passei a perceber como escravos de um só amo. Lembrei de Roberto Pontual, o longilíneo e atlético moço contemplativo e com a cara cheia de espinhas, um sorriso tímido, que me ensinou a apreciar detalhes da literatura que ignorava e apontou caminhos que não segui.

Frequentei e me associei a várias bibliotecas pela vida afora, em Aracaju, em Salvador, no Rio de Janeiro, em São Paulo. E durante um tempo reuni alguns milhares de livros de filosofia, administração, novelas, livros técnicos, direito, antropologia cultural, psicologia de todas as escolas, acreditando poder encontrar respostas para o autoconhecimento, caminhos, técnicas. Frequentei diversos cursos de comunicação e endocomunicação, técnicas de aprendizagem, dinâmicas de grupo, psicologia aplicada e programação neurolinguística.

Nas idas e vindas provocadas pelos medos, os livros foram doados para escolas em Minas, para uma faculdade no interior de São Paulo, para uma biblioteca municipal e para uns poucos amigos. Resta pouco mais de uma centena de livros impressos e outro tanto de livros eletrônicos – não publicados e pouco conhecidos no Brasil, em sua maioria. Tenho facilidade para ler em inglês, francês e italiano. É possível perceber o mundo, a história dos homens com mais coerência quando se tem acesso à diversidade dos estudos acadêmicos e à literatura do hemisfério norte. Dá para entender quanto fomos enganados.

Nos dias atuais, aqueles jovens são citados pelos historiadores como atores conscientes e maduros revolucionários. As circunstâncias são omitidas. Todos serviram como instrumentos de um voluntarismo errático. Fração bem controlada de um jogo internacional. Juntaram-se a dezenas ou centenas de pequenos grupos fechados, alguns se identificando nos documentos mimeografados, declarando simpatia pela China, URSS, Cuba, Albânia, cristianismo marxista-leninista da AP, trotskismo e um emaranhado de "linhas" doutrinárias apontando para um mesmo objetivo. À margem, bem distante, os socialistas fabianos espreitavam.

Numa das salas do DOPS paulista via-se o complicado organograma encimado pela sigla PCB, mostrando a origem e as relações, os "rachas", as divisões, repartições, reuniões, atividades e pessoas envolvidas. Sobre o treinamento em Cuba os detalhes eram surpreendentes, mas incompletos. Como se algum agente, após passar pelo curso na ilha, não soubesse como relacionar as "diferenças" ideológicas. Os agentes policiais não tinham lido o complicado Marx, o metódico Lenin, ou Engels, ou mesmo a história daquele movimento internacional. Nem os intrincados, chatos e esotéricos escritos dos documentos que apreendiam nos "aparelhos" e entregavam para os analistas de informação.

Lembrei-me do instrutor de bombas caseiras passando a lista de produtos encontrados em qualquer loja de tintas ou produtos agrícolas, que poderiam ser adquiridos por qualquer pessoa, em qualquer quantidade, sem controle, matéria-prima para artefatos de alto poder destrutivo. O instrutor acrescentava que "os capitalistas facilitavam ingenuamente a ação dos revolucionários. O fraco deles é que o capitalismo não pode estabelecer controles para o livre comércio". De fato, não podia.

Hoje poucos percebem como a globalização da economia limita a liberdade das nações e das pessoas. Poucos entendem as consequências da submissão à Nova Ordem Coletivista Global, uma variação ampliada e modernizada dos ensaios que vitimaram mais de cem milhões de vidas somente na extinta União Soviética. Pouca gente sabe que 70% da administração bolchevique era ocupada por judeus russos. Nem referem que Lenin também era judeu, como Trotsky e Marx. Hitler é responsável por abomináveis atrocidades contra o sofrido e persistente povo judeu alemão e de outras origens que nenhuma nação europeia queria abrigar na época.

A dúvida que fica é: a guerra acabou? Ou depois do armistício – isto é, "acordo para cessar as hostilidades, sem pôr fim ao estado de beligerância" – continua multiplicando vítimas em todos os continentes, sob aspectos variados, com a justificativa de imposição de uma suposta ordem "democrática"? Ou estamos diante da imposição sistemática de controles para a nova ordem mundial? Até quando os povos vão ser vitimados por líderes e governantes que investem cada vez mais na indústria bélica, sacrificando seus melhores jovens e expondo as nações à instabilidade e ao medo contínuo?

Por que não se destacam as atrocidades cometidas por exércitos "democratas" e exércitos irregulares depois da Segunda Guerra Mundial? Comparativamente, o número de mortes e perdas materiais não será superior àquelas cometidas pelos governantes da Rússia, da Alemanha, da Itália fascista e do Japão e da Segunda Guerra Mundial que não acabou? A continuidade no Vietnã, Laos, Camboja, Iugoslávia, Oriente Médio, em todas as nações da América Latina, na África... é apresentada como se os conflitos fossem isolados.

Quando e como a humanidade vai poder livrar-se de psicopatas e seitas secretas dominando as instituições?

Os problemas estruturais do Brasil se agravam a cada dia. As soluções políticas anunciadas como milagres acabados não saem do papel. Falta de vontade ou incompetência? Que Brasil queremos?

A história se repete como tragicomédia. A mesma população que se ressente com a violência dos criminosos e traficantes nos dias de hoje ressentia-se dos crimes que os grupos armados cometiam para instituir a guerra civil. A mesma população que se envergonha com as mazelas da corrupção e teme diante da violência generalizada sentiu orgulho e participou da construção e do crescimento pós-64, que mudou a nação em alguns aspectos positivos de longo prazo.

Os mais jovens, driblando os medos, têm dificuldade de perceber sua própria realidade existencial indesejada. Não percebem a dependência mental e física promovida pela mais fantástica e seletiva máquina de propaganda, que nos subjuga dia e noite através de todas as mídias "politicamente corretas". A generosidade, a nobreza, a delicadeza, o respeito humano tornaram-se *avis rara*. Vive-se a vida como ela é vendida e imposta e não como cada um gostaria que fosse. A realidade brutal é aceita passivamente.

Depois da queda do Muro de Berlim, todas as vozes entoaram a mesma ladainha: "o comunismo acabou". E tanto repetiram tal mentira que a coisa virou crença midiática e acadêmica. Esquecem que a doutrina comunista é única e está no poder na China, na Coreia do Norte, em Cuba, na Venezuela e nos países sul-americanos controlados pelo Foro de São Paulo, incluindo o Brasil.

Após a Perestroika (abertura) do Sr. Gorbachev, alguns arquivos foram revelados e recuperadas informações letais da conspiração para eliminar a cultura da civilização ocidental cristã, hoje deformada pelas drogas, cuja disseminação no Ocidente foi em parte executada a partir de iniciativas do Kremlin. No livro *Red cocaine* estão descritas as operações de longo prazo das inteligências russa e chinesa, desde a época do stalinismo, para alcançar a desmoralização do Ocidente e controlá-lo por meio das drogas.

Os soviéticos listaram os cinco fatores mais efetivos para acelerar o processo revolucionário na América Latina:

1. A igualdade militar entre Estados Unidos e União Soviética.
2. Enfraquecer e por último romper os laços da América Latina com os Estados Unidos através da propaganda.
3. Organização ideológica e de suprimentos para as forças de liberação: uma organização melhor e uma ofensiva ideológica unificada eram requisitos para as forças de liberação. O suprimento de dinheiro, armas, o treinamento e a organização precisavam melhorar, e muito, na América Latina.
4. É fundamental que as forças nacionalistas (pró-Estados Unidos) reconheçam que não se pode mais confiar nos Estados Unidos como aliados contra o processo revolucionário.
5. A desmoralização dos Estados Unidos e de seus vizinhos tanto ao sul como ao norte: as drogas são o principal instrumento para trazer essa desmoralização – a desmoralização pelas drogas deve ser referida como a "Epidemia Rosa".

Os soviéticos acreditavam que quando a "Epidemia Rosa" cobrisse toda a América do Norte e do Sul, a situação estaria altamente satisfatória para a revolução. E faz sentido. Principalmente quando tantos políticos defendem a descriminalização das drogas e alguns já estão envolvidos com o tráfico. Mais ainda, quando se sabe que as drogas incapacitam as pessoas para entender a realidade, deprimem-nas, e, sem capacidade de censura, os drogados cometem atos de violência.

Ensina Clausewitz que qualquer guerra compreende uma sucessão de pugilatos ampliados. Um ou outro lado pode vencer o adversário. São ações táticas, subordinadas à estratégia guerreira, que objetivam "forçar o adversário a submeter-se à vontade do contrário".

O "contrário" a ser vencido nos anos 60 eram a liberdade e a criatividade, a crença cristã nas Américas, as crenças tribais da África, o budismo, o hinduísmo, o islamismo. Preparava-se o cenário para os dias de hoje. Boas intenções nunca estiveram presentes em cenários de guerra. O predomínio do ódio e do medo, sim. Os homens transformados em bestas: "máquinas frias de matar".

Os historiadores repetem fatos, destacam pessoas e omitem a identificação dos mandantes e propósitos. Debruçam-se sobre os escombros, sobre pilhas de mortos e escondem consequências trágicas: o medo, o sofrimento, a submissão dos que estão à margem da discórdia instalada, os que perdem seus familiares, os que continuam produzindo bens e produtos rogando pelo fim dos perigos que rondam suas vidas.

No submundo dos crimes políticos, os Marighella ou Lamarca e outros não eram estrategistas. Desempenharam o papel de aventureiros ambiciosos, credores do jogo político de Fidel Castro, russos, chineses, albaneses, coreanos e esquerda europeia, alimentadores intelectuais e materiais da matança. Os peixinhos colhidos nas redes da Internacional Comunista foram embriagados pelo mesmo canto de sereia. Comecei a perceber isso no momento em que vi o desespero do oficial cubano ao saber da morte de Guevara: "Se jodió todo!".

Do lado dos ditadores militares, a ciência guerreira apreendida nos laboratórios de inteligência avançada nas escolas dos Estados Unidos, que diziam defender os ideais democráticos dos fundadores daquela nação, preparava para as guerras convencionais. Não contemplava o passo futuro da globalização econômica e cultural.

A utilização daquelas técnicas de guerra irregular jamais seria bem-sucedida para os foquistas, mas poderia causar muitos estragos, muitas mortes, como acontece até hoje na vizinha Colômbia. Somente os fanáticos acreditavam na insensatez. Quando a guerra passou para o campo da política, dos acordos, dos entendimentos, levaram vantagem os agressores da nação, menos nacionalistas e mais alinhados com os objetivos estratégicos da nova ordem mundial.

A única liberdade total possível é espiritual. As liberdades políticas têm sido, desde a gênese, concessões do poder. A única igualdade total possível é aquela determinada pelo princípio e fim comum. Entre nós, foi desprezado o princípio da hostilidade citado por Clausewitz*, que pressupõe a declaração formal de guerra antes do início da beligerância. Como na guerra assimétrica não cabem os tratados internacionais, os partidos comunistas não tiveram de assinar um tratado de rendição e deposição das armas.

A anistia foi decretada, e os comunistas dos vários matizes voltaram à cena cavalgando as bestas do heroísmo. A máquina de marketing e propaganda os promoveu. Propaganda unilateral – repetitiva e massiva – que aponta como marginais os militares que momentaneamente livraram a nação dos que agora a afligem e hipnotizam.

---

* Carl von Clausewitz, *Da guerra*, ed. Martins Fontes, p. 81: "Se duas partes se armaram para o combate é porque foram impelidas por um princípio de hostilidade".

Agente da CIA

Mentiras conclusivas, absolutas, são companheiras de viagem dos relatos com intenção infamante, tidos como verdadeiros. Uma das versões fantasiosas, risíveis, mas repetida frequentemente por jornalistas e blogueiros, partiu de um criativo escritor do Partido Comunista, sobre suposta "ligação do Cabo Anselmo com a CIA".

Tais peças de "agitação e propaganda" – informação e contrainformação – são geradas a partir das agências de inteligência. No pré-64, o Partido Comunista estava nas antessalas do poder. Seu líder, Luís Carlos Prestes, declarava para a imprensa: "Nós estamos no poder". A derrota momentânea do movimento comunista só poderia ser atribuída à incapacidade de suas lideranças. Edmar Morel conhecia bem a máquina de "agitação e propaganda". Por isso gerou a "informação" que minimizava a responsabilidade do partido diante de seus seguidores. A CIA era barra pesada, imbatível... E a KGB, idem.

Todos os patriotas e nacionalistas tentaram afastar o presidente Goulart da Confederação Geral dos Trabalhadores, dominada pelos comunistas. Por isso a KGB forjou, com ajuda dos serviços de inteligência checos, um documento que comprometia os Estados Unidos com uma conspiração para a deposição de Goulart. Quem duvidar consulte a Biblioteca do Congresso Americano e outras fontes fidedignas.

Hoje, é bem sabido para os que têm acesso a pesquisas feitas no exterior que há um núcleo duro de poderosos ligados à rede bancária, que utilizam fundos secretos depositados nos paraísos fiscais, principalmente nos bancos suíços, para financiar a deposição de governos, assassinatos, guerras, tráfico de armas, drogas, pessoas e outras atividades sujas.

Foi Ladislav Bittman, o mesmo espião que forjou o documento acusatório contra o governo norte-americano, utilizado pelos comunistas brasileiros nos anos 60, quem confessou publicamente, nos anos 90, a falsificação. A verdade é que os espiões de todas as nações com interesse no Brasil andavam por aqui, bem ativos. Pra que interferência da CIA, se os militares das Américas eram capazes de defender a democracia inspirada nos moldes americanos do norte? A estratégia de combate ao comunismo era única. E se espalhou ao mesmo tempo em toda a América Central e do Sul. O modelo das ditaduras militares, naquele momento, funcionou como um gatilho de força.

Os marinheiros, cuja idade não ultrapassava os 25 anos, moços com baixa escolaridade e informação pobre, como bombeiros, cabos da Aeronáutica, sargentos, foram mobilizados pela propaganda. Eram incapazes de compreender e dominar a configuração sociopolítica do momento. No entanto, logo após a tomada do poder pelos militares, Edmar Morel atribuiu a deposição de Goulart à infiltração da CIA entre os marinheiros. Pronto! O escritor fixava a redução ou anulava a responsabilidade total da conspiração da Internacional Comunista nos acontecimentos. É o que prevalece como verdade absoluta para guiar o discurso da nova engenharia social no Brasil.

Morel, um homem do Partido Comunista, afirmou: "Anselmo era um agente da CIA infiltrado para mobilizar a insubordinação e facilitar o golpe de Estado". Brilhante! Um gênio de 23 anos de idade, a serviço da poderosa agência de espionagem norte-americana! E até hoje alguns jornalistas inquisidores e blogueiros insistem nessa potoca.

Apareceu até um oficial da Marinha, militante comunista ligado ao gabinete de Goulart, afirmando tal estupidez. Pior ainda, um policial que dirigia o DOPS do Rio de Janeiro tem sido explorado por ter dado uma lamentável declaração no mesmo sentido. Por que a CIA, a Marinha e o Estado autoritário abandonaram um elemento de tanto valor à própria sorte? Por que não lhe restituíram a cidadania? Por que não lhe forneceram uma nova missão? Por que o mantiveram sob controle dos serviços secretos até o ano 2002?

As narrativas transfiguradas pelos "estoriadores" escondem a verdade guardada em documentos que os poderosos colocaram sob sigilo pelos próximos cinquenta anos. Infere-se, por isso, que existem verdades inconvenientes para os que ocupam os postos de poder. Poucos investigaram a fundo e produziram relatos não viciados. Meu isolamento contribuiu para fixar o estigma da monstruosidade, fortalecendo a imagem pulcra e grandiosa dos "heróis" que pegaram em armas para "restaurar a democracia".

A história comparativa é a interpretação mitológica dos fatos ignorando a individualidade e a integridade de cada pessoa. A cada instante estamos diante de escolhas exclusivas. Mesmo sendo obrigado a atravessar um atoleiro, calando a intenção mais forte, contrária às práticas de ambos os lados, naqueles dias pude presenciar o empenho das forças policiais a serviço do Estado, para finalizar o que se delineava como uma possível futura guerra civil. No mínimo, como existe na Colômbia até hoje.

A covardia e o fingimento estiveram presentes em momentos cruciais. Covardia por esconder minha posição íntima. Fingimento, dançando conforme a música, focado em preservar a vida de muita gente que seria vitimada se os projetos dos que hoje governam se concretizassem. As cicatrizes, as marcas emocionais, perduram na memória dos que perderam pais, irmãos, filhos, amigos, fardados ou não, a serviço do Estado ou a serviço da Internacional Comunista. Mas os defensores dos "direitos humanos" excluem da "memória da verdade" o tenente Alberto Mendes, que, na condição de prisioneiro do grupo de Lamarca no Vale do Ribeira, teve seu crânio esmagado a coronhadas.

A violência consequente após a saída dos militares da cena política foi logo implantada, de modo sutil e refinado. Somente depois da queda do Muro de Berlim, na Europa e nos Estados Unidos os estudiosos de documentos liberados pelo Kremlin expuseram detalhes de uma conspiração que se sobrepõe às disputas ideológicas, comprovando que o interesse maior visava à globalização da economia.

As doutrinas ideológicas, as guerras, os golpes de Estado, os homicídios e genocídios, o tráfico de armas e drogas, os altos estudos de engenharia social e propaganda, controle das populações, tudo estava mobilizado há muito tempo, para manter e aprofundar divergências, forçando a hegemonia cultural e a aceitação de tratados para submeter as nações aos grupos como a União Europeia. Ou a União de Nações Sul-Americanas – Unasul.

Um dos executores desse sistema de controle, manipulação e dominação do Estado sobre o cidadão é o Instituto Tavistock. O famoso laboratório, criado originalmente pela inteligência militar britânica, alimenta todos os centros de pesquisa relacionados com as modificações do comportamento. O objetivo está no molde descrito pelo socialista fabiano George Orwell em seu *1984* – o mundo dividido em áreas hegemônicas: Eurásia, América e Oceania – ex-nações formando blocos culturais similares, todas subordinadas ao governo mundial, talvez a ONU, com poderes de intervenção militar em qualquer parte. Enfim, já temos uma escola de altos estudos militares da Unasul aprovada para adestrar as tropas internacionais...

As causas sociais, as disputas que forçam os cidadãos de qualquer parte do planeta a priorizar a salvação da própria vida, persistem até hoje. O terror se manifesta no campo material e cultural com maior frequência, com maior dureza e muito mais vítimas. As instituições globais ditam normas com o objetivo de anular as liberdades, as soberanias nacionais e o sentimento patriótico. No ambiente revolucionário instalado, muita gente ainda mantém uma esperança sólida, prezando a tradição cultural da civilização cristã, desmantelada por Marx, Lenin, Stalin e seus seguidores Antonio Gramsci, Marcuse, Althusser, Huxley, Russel, os "teólogos" da libertação e personagens a serviço da Escola de Frankfurt e do Instituto Tavistock.

A perversão elaborada pelo psicopata fundador do partido comunista italiano, Antonio Gramsci, tem sido há dezenas de anos o fundamento das políticas educacionais e culturais dessa quase nação de homens livres chamada Brasil.

Na esteira dessa prática, a desconstrução cultural transforma banditismo em virtude. A partir da formação básica, implanta-se na mente das crianças o cientificismo histórico, os preconceitos, a divisão de classes e os modismos que substituem a cultura e a fé tradicional pela anarquia existencial, com um propósito muito bem definido. Na origem do marxismo iniciou-se a cruzada pela eliminação da fé e substituição dos dogmas religiosos pelos dogmas do historicismo marxista, dito "científico".

Na prática provaram a habilidade de esconder a rapinagem dos recursos gerados a cada dia pelos homens que se dedicam às atividades produtivas. Escondem a brutal violência, o infinito desprezo à vida. Que ciência existe em utilizar o poder e a força das armas para submeter nações? Que ciência existe na imposição de um pensamento único, partido único e deificação de amorais e assassinos? Que ciência existe em disseminar drogas que afetam o cérebro? Quem se interessa por fomentar estados de consciência alterados, utilizando a televisão 24 horas ao dia para anular o senso autocrítico? Quem se interessa por multiplicar os contingentes de pessoas que trocam a lucidez pelo império dos mais baixos sentidos? Quem arrecada e controla os multimilionários recursos finais envolvidos em guerras assimétricas, tráfico de armas e drogas, pornografia?

A macro-heresia teológica da libertação encarregou-se de esculhambar a fé e a crença tradicional. No marxismo científico que fundamenta esse socialismo do século XXI está a suprema desonestidade na promessa de um mundo melhor e da igualdade, quando historicamente utiliza a ignorância e a submissão servil, a laminação da pobreza moral e material, o pensamento e a ação coletivista a serviço de uma elite minoritária.

O fato é que isso que agora denominam socialismo do século XXI tem antecedentes históricos escritos com o sangue de mais de 150 milhões de vítimas de guerras, carências nutricionais, trabalhos forçados, prisões, torturas, fuzilamentos sumários e muita, muita droga. Que outra guerra conta tantos mortos? E a contabilidade aumenta a cada dia. Por que é quase proibitivo falar verdades sobre as práticas e a natureza perversa dos comunistas e dos que, acima do Estado, controlam o mundo?

Eu já conhecia desde a infância a crueldade de Lampião com seu bando assustador e não achava graça em gente correndo e se escondendo embaixo da cama, enquanto os tiros pipocavam e os cangaceiros saqueavam, estupravam e tomavam alimentos, joias, dinheiro, deixando cadáveres e corpos pendurados de cabeça para baixo, estripados como porcos. Tais cenas são condizentes com a terminologia modernizada: terrorista, traficante, que nem ao menos sabe o serviço que presta ao Estado coletivista.

Dos centros de criação intelectual, chegam aos mortais as notícias sobre a liderança e as atitudes pacíficas de Gandhi, educado na Inglaterra, pela independência da Índia. Mais tarde foi a vez do pastor Luther King, em sua curta e profunda luta pela consolidação dos direitos civis nos Estados Unidos, contra o preconceito racial, coisa que soava estranha, desumana, brutal, incoerente no berço das liberdades democráticas, incoerente na maior nação democrática do planeta. E, mais recentemente, a epopeia de Nelson Mandela na África do Sul.

O fato é que os ambientes para o desenvolvimento das legítimas liberdades democráticas foram reduzidos. Os ensinamentos e exigências de espaço para o desenvolvimento mental, reflexão, pensamento, estudo, compreensão, prática, amadurecimento humano, foram diluídos pela revolução cultural. Substituíram liberdade por *libertação,* uma ideia amarrada a uma carga explosiva ou inscrita na empunhadura de um fuzil. A primeira vez que percebi concretamente o sentido da palavra *liberdade* foi diante da inscrição em sangue num muro destruído por um bombardeio, numa ruína turística da África. Fiquei pasmo e imaginei o autor daquela inscrição em seus últimos instantes de vida. "Escreveu a mensagem com o próprio sangue e morreu em seguida..." – foi o que informou o guia turístico.

No meu Brasil, não chegaríamos a um extremo desses!, pensei. Estava enganado. Quando voltei, a estudantada ativista dos movimentos de esquerda já ganhava espaço e, em pouco tempo, mesmo alguns cristãos embevecidos com o discurso de Lukács alinhavam-se com a esquerda mais radical.

Equivocadamente, admitiam que, para superar a oligarquia e seus modelos institucionais, que demoravam tanto tempo para acabar com as disparidades sociais, o jeito era matar para tomar o poder e guerrear contra os Estados Unidos da América do Norte para eliminar o sistema capitalista da face da Terra. O povo trabalhador do campo e da cidade, como diziam alguns, embarcaria forçosamente no trem da revolução. Havia um entrave: a fé e religiosidade do povo. Mas a inteligência pretensiosa e arrogante desprezava a percepção dos humildes, nem todos ingênuos.

Era a manifestação da estupidez: os jovens revolucionários não se reconheciam como agentes da violência, peões servis de onipotentes senhores que manobram as matanças para conquistar maiores fatias de controle sobre territórios e mentes. Nas cabeças feitas pela doutrinação ideológica e propaganda intensiva sobre as maravilhas do mundo comunista, eles se identificavam como os futuros soldados da libertação de populações oprimidas pela violência do Estado capitalista.

Agora dizem que o mundo mudou! Mas a Rússia, os Estados Unidos e a Europa conservam as ogivas nucleares que formalmente acordaram em desativar no fim da Guerra Fria. China e Índia entraram para o Clube Atômico. Todos desenvolvem suas economias seguindo o modelo capitalista. A guerra continua. Apreciamos de mãos atadas o primado da economia sobre o homem. Agora adotam o sofisma da defesa e preservação ambiental. Como se a madeira nobre que sai da Amazônia não fosse substituir as paredes bichadas pelos cupins do Parlamento e dos castelos da Inglaterra ou abastecer a indústria mobiliária da China. Como se a bauxita e a alumina que saem do Pará e do Maranhão não fossem a matéria-prima do alumínio cotado na Bolsa de Londres, reservado o *minimum minimorum* para a sobrevivência dos que trabalham "nas matas daqueles territórios selvagens".

Tudo com anuência dos nossos governantes, de direita ou de esquerda, de centro, civis ou fardados, ditadores ou democratas, atrelados ao sistema financeiro internacional e tratados comerciais impositivos.

Somos detentores das maiores reservas de nióbio conhecidas na Terra, exportadores de 98% do que o mundo utiliza desse minério raro, cotado apenas na Bolsa de Valores da city londrina. O Canadá, com a renda dos 2% que exporta, mantém todo o sistema de saúde nacional. Temos a sílica, cujos depósitos naturais e utilidade estratégica são temas "esquecidos" ou omitidos. Os compradores decidem o valor do minério, o produto do trabalho e a vida das pessoas. Decidem quando e onde uma guerra pode resultar no ambiente propício para a intervenção "humanitária", para a "ajuda" aos pobres. Escondem a origem e a natureza real dos conflitos políticos e econômicos que afligem toda a humanidade.

Acendo o cigarro e aguardo o câncer há mais de meio século. Abro o livro que fala das possibilidades e das consequências ouvindo os acordes da Suite 1812; imagino um campo de batalha engolindo a vida, como se fosse uma inutilidade inconsequente. Imagino uma árvore atacada a duros golpes de machado e facão, quase totalmente descascada mas conservando algumas raízes intactas em contato vital com a terra.

Os cientistas criam, numa velocidade espantosa, as ferramentas que os poderosos utilizam para controlar as gentes e as mentes. É cada vez maior o controle sobre o indivíduo. Mas muitos estão aprendendo a contribuir para a formação de pessoas livres e destemidas, sentindo crescer o entusiasmo no coração, na garganta e, finalmente, nos olhos que se umedecem.

Humildes, sábios e tiranos

Zé Roberto, um moço ingênuo e de poucas letras, trabalhou comigo durante anos. Acreditava que um determinado pastor evangélico operava milagres, ressuscitava mortos e curava aidéticos. Eu procurava transmitir conhecimentos e enriquecer suas crenças com o pouco de informação que detinha. Um dia ele declarou, muito sério, que "detestava aqueles livros". Tudo porque eu ficava com a cara enfiada neles por horas e até dias, como se estivesse ausente. No entanto, na última vez que o vi, já lia revistas e livros sobre jardinagem, piscicultura e outras técnicas úteis.

Agora tento repetir o feito com um moço artesão com quem venho trabalhando associado nos últimos dez anos. Ele me tem ensinado a prática de viver a vida a cada instante, depois de sucessivos baques que ele mesmo experimentou. Contou que se casou com a idade de dezesseis anos. Chegou pedindo emprego após separar-se da mulher, com quem viveu por dez anos. Em parte ele me faz lembrar um moço que conheci, um Anselmo, que se jogava de corpo e alma em cada tarefa, buscando aceitação e aplauso.

Manifestou-se um líder, criativo e generoso. Serve à vida com alegria e vai ganhando muitas partidas e se enrolando noutras. Um ser humano de alma nobre. Amante da natureza e das coisas simples. Tem uma expressão para definir as pessoas de mau caráter: "É um prego!". Sabe que existem "pregos" por toda parte. Nada pode fazer contra eles. Pronto! É simples assim. Ser livre e viver a vida, buscando competência e dedicando-se totalmente no que faz, a cada momento. Concentra-se no essencial para executar as tarefas sorrindo, brincando. Um hábito foi surpreendente para mim: sempre que fazemos qualquer refeição num restaurante, ele pede que as sobras sejam embaladas para viagem e oferece ao primeiro mendigo que encontra.

Reencontrei alguns familiares, sentindo a presença de algo mais poderoso, imponderável, transcendente, como estar num espaço tranquilo, em confiança, em segurança. Semelhante aos mergulhos naquela ilha, na foz do Vaza Barris, para encontrar as ostras que escondiam pérolas de forma irregular, fascinantes e belas em suas cores, brilho e formas variadas. Deviam ser guardadas cuidadosamente, dizia minha tia. Se caíssem ao chão, ninguém mais seria capaz de encontrá-las.

Como aquelas pérolas, deixei cair por terra o prazer, os princípios e valores daquela convivência. Perdi um tesouro: a convivência familiar, os amigos da infância e o suporte de uma estrutura de princípios e valores insubstituível.

Tenho todas e mais algumas razões para xingar, esbravejar, gritar, protestar e proceder como ser revoltado, indigesto, amargo. Informo aos navegantes que evoluo a partir das origens e crenças cristãs que sintetizam toda a percepção ancestral e história dos homens em sua ligação com o transcendental. Trabalho por dever gerador de direitos. Dever prioritário diante da Inteligência e das Leis Universais, buscando preservar e respeitar todas as formas de vida, mesmo aquelas que, pretensiosamente, são descartadas como defeituosas.

Dependi do meu pai e da minha mãe para nascer, dependi dos professores para aprender, dependemos uns dos outros para realizar nossas aspirações. Dependemos dos lixeiros para preservar a sanidade do ambiente, dependemos dos que plantam e colhem os alimentos que nos garantem a renovação das células, dependemos da existência de fontes de água, da luz do sol...

A medida única de classificação e hierarquização só pode caber na escala do mérito, capacidade, autodisciplina e persistência, respeito aos ritmos da natureza e dons especiais, quantidade e qualidade da contribuição individual, comunicabilidade e espírito solidário responsável.

"A cada um segundo seu trabalho" poderia ter sido uma norma positiva se o Estado, se os condutores das nações fossem escolhidos livremente por seus méritos históricos, capacidade e compromisso com a pátria. Se os indivíduos fossem recompensados e avaliados por seus méritos, por seus esforços. Mas o sentido objetivo da vida da nação é uma lição básica que não interessa aos poderosos do dia. É o fator vital da eficácia que mobiliza para o encontro de soluções notáveis e perenes.

Os professores tentam lecionar segundo um programa oficial mutante como camaleão, em obediência à vontade do Estado. As escolas passaram a ensinar crianças que lidam com cabras, bodes, sol intenso nos grotões, que tal ou qual personagem que pegou em armas para tentar uma guerra fratricida é um herói. Os verdadeiros heróis nessa história são os pais, os professores e as próprias crianças, que, sobreviventes, tentam construir suas vidas nesse cipoal emaranhado de consumismo, desperdício, agressão às mentes, submissão à vontade dos mandantes, que desconhecem qualquer lei.

Por que razão desprezamos nossa parte bondosa essencial? Por que toleramos a convivência com a revelação diária da parte mais assustadora e destrutiva, com as manifestações mais detestáveis de nossa natureza? O que nos impede de reconhecer-nos como parte de um mesmo mistério?

Antonio Gramsci foi um comunista italiano que Mussolini achava perigoso e mandou para a prisão. Na cadeia o sujeito dedicou-se a reescrever as diretrizes para a revolução marxista, baseando-se nos estudos da Escola (de socialismo) de Frankfurt. O modelo leninista de poder, ampliado por Stalin e aplicado por todos os Estados comunistas, reprime de modo violento qualquer ideia ou manifestação contrária à ideologia do núcleo governante.

Gramsci ensinou que os revolucionários deveriam misturar-se, marcar sua presença, disfarçados como camaleões, ocupando todos os setores da vida pública. Atuar prioritariamente na educação, para banir da mente dos povos todas as ideias conservadoras, toda a história, todos os símbolos tradicionais. Desse modo, o poder estaria garantindo que as ideias adversas ao partido e ao Estado sumissem da mente das pessoas. Uma revolução cultural abriria espaço para o governo do partido único. Assim o coletivismo instaura o chamado senso comum modificado, em torno de conceitos únicos e do "politicamente correto". Para o Estado capitalista ou comunista, vale o princípio dos jesuítas: "os fins justificam os meios". Coincidentemente, esse padrão moral é adotado pelos "engenheiros da nova ordem mundial".

Desde os primórdios do século passado, o Instituto Tavistock utiliza a propaganda como elemento científico, para controlar a mente das pessoas. A metodologia para a manipulação está presente nas redações, nas escolas, nas igrejas, nos livros e revistas, na televisão, nos shows, nas letras das músicas, na teoria organizacional e na gestão de pessoas. Tudo fortemente implantado para apoiar o Estado totalitário.

De nenhuma dessas fontes do poder coletivista podemos esperar propostas estratégicas ou indicação de um norte verdadeiro. Os exemplos são muito recentes: morte, fome, negação da liberdade, extermínio. O gênio brasileiro Mário Ferreira dos Santos observou há muitos anos:

> Não se julgue que as chamadas ideias modernas, como o socialismo, por exemplo, nos possam oferecer uma melhor solução, pois os socialistas realizam na prática tudo quanto combateram em teoria, e se tornaram "gendarmes" de si mesmos, destruindo-se e acusando-se desenfreadamente, numa das mais espantosas autofagias que se conhecem na história, e confirmando a grande verdade de que as revoluções são como Saturno: devoram os próprios filhos.*

O Brasil é uma entre poucas áreas deste planeta com potencial para implantar uma verdadeira economia nacional capitalista – organizada com respeito às capacidades individuais e plena liberdade democrática de direito, com seu próprio mercado interno. Contamos com uma população criativa e capaz de construir, acrescentar qualidade à vida em níveis relativamente confortáveis e seguros. Nossa gente é forte com as fraquezas naturais. Tem demonstrado que pode desempenhar tarefas específicas e construtivas,

---

* *Tratado de Simbólica*, É Realizações Editora, 2007, nota de margem, p. 161.

quando em ambiente de liberdade. Ainda temos capacidade para restaurar a dignidade da face humana.

Chega de sermos coniventes com a imagem negativa de gente limitada, desprezada e ignorante. Temos exemplos históricos da capacidade dos brasileiros: na mobilização para a construção de Brasília. Na resposta por ocasião do milagre econômico, rasgando a selva para abrir a Transamazônica. Na Serra Pelada; na disposição para mostrar a fé indo a Aparecida ou a Juazeiro em grandes romarias ou aos megaencontros evangélicos. Nas artes, nas ciências, em todos os campos do conhecimento atuamos, um dia, entre os melhores. Há uma relação de milhares de gênios brasileiros que, na falta de condições na pátria, foram recrutados para complementar pesquisas e trabalhar no exterior. A indigência de investimentos prejudica o desempenho escolar.

O que vale mais para nós: atuar como peões nesse jogo ou atuar silenciosamente em defesa dos princípios e valores que nos conduzam a evoluir espiritual e materialmente? Grandes mentes têm demonstrado ao longo da história humana que a cooperação, que compartilhar o conhecimento acelera a solução de problemas, enquanto a competitividade comercial esconde tecnologias e descobertas científicas. Podemos, sim, vir a ser uma nação independente. Civilizações, impérios já foram destruídos. A lição é que podemos utilizar nosso conhecimento atual para destruir-nos mais uma vez ou para frear a brutalidade revolucionária e arquivar as utopias. Que opção escolheremos?

Bakunin parece ter indicado o caminho. Para ele, uma revolução "verdadeiramente popular" – favorecendo a instalação da "ditadura do proletariado" – só poderia acontecer se houvesse uma rebelião unindo camponeses, criminosos e revolucionários misturados ao submundo da criminalidade, tida como realidade cruel e desumana, fruto da opressão dos senhores feudais. Para Bakunin e seguidores, como Guevara e outros tantos, a união entre terroristas e criminosos, a aliança tática entre o terrorismo e o crime organizado, a aliança entre a vanguarda intelectual e o lumpemproletariado, mais o banditismo, constituiriam o feroz "exército revolucionário" que efetivaria a "libertação nacional", substituindo as nações pela "pátria internacional". Alguma semelhança com o que estamos vi...vendo?

A diferença entre os seguidores de Gramsci e de Guevara é que os primeiros infiltram-se em todas as estruturas da sociedade para atuar persuasivamente, e os segundos, mais afoitos, irresponsáveis e aventureiros, acreditaram-se capazes de impor seu querer no tiro, no grito, na bomba, no saque, na destruição, no homicídio, com muito sangue. As duas tendências estão ativas, aterrorizando para o ataque final e realização da utopia internacionalista. O objetivo dos coletivistas, das grandes corporações, dos banqueiros e cabeças coroadas é o mesmo: governo único, controle mundial.

Entre nós existem umas poucas exceções científicas mantidas na espiral do silêncio. Uma delas é uma sábia senhora estudiosa de geografia. A professora Bertha Becker formulou, com base em seus estudos, conceitos precisos que podem ajudar os brasileiros a trilhar um caminho digno, civilizatório, patriótico e fraterno. Viajou pelo Brasil e pelo mundo fazendo palestras para todos os públicos, "de governantes até bispos e estudantes".

A Amazônia tem sido objeto de atenção da comunidade científica internacional e da cobiça dos controladores do mundo que marcam presença nessa parte do território brasileiro há muito tempo, propondo soluções de internacionalização e criação de territórios livres, nações em mãos de etnias já trabalhadas por ONGs e missionários "bondosos". É uma região estratégica do planeta. Em entrevista concedida em 2005, Bertha Becker fez uma séria advertência teórico-operacional que desmancha o cinismo contido nas tradicionais propostas de reforma agrária, que incendeiam o país desde as velhas Ligas Camponesas de Francisco Julião até o Movimento dos Trabalhadores Rurais Sem Terra (MST) e seus anexos terroristas comandados pelo fundamentalista João Pedro Stédile.

A professora Becker demonstra a fragilidade estrutural do romântico conceito de agricultura familiar: "É uma atitude perversa pegar um monte de gente vulnerável, despreparada, e mandar para uma região sem estradas, sem infraestrutura, sem informação, sem nada. É por essa razão que a evasão dos assentados ao redor de Santarém, no Pará, chegou a 70%".

"Não é porque exista má vontade ou preguiça dos assentados, mas sim porque não dá para produzir desse jeito, não dá para trabalhar no meio do nada, de forma isolada. Até agora o governo não deu o apoio necessário e não vai dar, simplesmente porque não é possível em termos operacionais."

"Proponho que sejam implementadas grandes fazendas de colonos, num esquema cooperativo, para possibilitar produção em escala. Em vez de colocar cada assentado num pedaço pequeno, em que ele só poderá utilizar 20% da área, conforme a legislação ambiental, será melhor partir para unidades maiores, exploradas cooperativamente."*

Com essa proposta, não estaria, em parte substancial, resolvido o problema da produção de alimentos para o mundo? A resposta é óbvia. Para não ocuparmos a Amazônia com um projeto de desenvolvimento, os controladores globais inventaram midiaticamente a suposta "questão ecológica". A Dra. Bertha Becker demonstra como operam os sabotadores, que se escondem sob as cores de "bem-intencionadas" ONGs.

"Acredito que precisamos sempre prestar atenção ao papel dessas organizações no que diz respeito à geopolítica. Algumas entidades, muitas delas bastante fortes e representativas de interesses internacionais, fazem de certa forma um jogo antiestado. [...] Os Estados não acabaram, estão aí definindo políticas e muitos deles têm braços que apoiam aberta ou secretamente as grandes ONGs e organismos multilaterais, para financiar políticas em outros países em desenvolvimento".

"As ONGs acabam sendo ferramentas de influência direta de alguns governos sobre outros. Também chamo a atenção para o fato de que muitas vezes são essas organizações e organismos que ditam a agenda de discussão. E quem define a agenda tem o poder, porque o que entra em discussão pode ser definido e o que não entra não tem nem chance. São as regras do jogo."

---

* Extraído de http://www.ipea.gov.br/desafios/index.php?option=com_content&view=article&id=1321:entrevistas-materias&Itemid=41

Respeito humano

Pensar e agir em ambiente físico e cultural valorizando o homem e o espírito. O que poderia acontecer se as mais bem formadas e melhores inteligências concordassem em agarrar a tarefa de planejar e propor, em colegiado voluntário, soluções para cada bairro, cada cidade, cada estado, cada bioma, para a mesma nação? Poucos negam a crença num Deus, eternamente presente, mesmo com faces diferentes. Mas é impossível negar a constatação científica de que o nosso código genético é um só. E o destino de cada um está atrelado ao destino de cada nação.

Desisti de perseguir a compreensão das verdades superiores pelo caminho do sacrifício. Talvez o melhor fosse o caminho do saber, entendido como a leitura de todos aqueles livros da biblioteca. Comecei lendo uns dez por ano. E fui dobrando a conta a cada ano. Não sei quantos milhares já li. E cada livro coloca diante da gente outros porquês. Gostaria, sim, de saber expressar as convicções reunidas nas paragens do pensamento que visitei. Como vivo sem existir de direito, imagino estar contribuindo para ilustrar esse muro com o desenho das verdades interiores, dessas que têm pouca serventia para os outros, mas que ajudam a equilibrar o espírito diante de tanta agressão.

Nos anos 80, *A arte da guerra*, de Sun Tzu, estava diante dos meus olhos. Comecei a ler: "Que dirigente é mais sábio e capaz?".

Bom, capacidade é um componente humano que reúne conhecimento, habilidade. Agora, sabedoria requer experiência, conhecimento, vivência, critérios justos e profundo amor humano, abastecimento espiritual espelhado em pensamentos, comportamentos e ações que fazem a diferença em qualquer situação. Era no momento de reafirmar convicções e fazer as escolhas que o sentimento de exposição e fragilidade aparecia na contramão. Talvez porque o senso comum fosse incapaz de se organizar e agir. A história havia sido contada por pessoas audazes que haviam provocado mudanças significativas, pessoas que haviam superado medos e indecisões, situações limitantes.

Por vezes pensei que sábios fossem os santos, que pareciam viver fora da realidade e acima das pessoas comuns. Mas alguns sábios eram naturalmente habilidosos e capazes para lidar com a natureza humana sem ser santos. Outros sábios eram aplicados a uma área de conhecimento específico, para descobrir propriedades da energia, separá-las da natureza e transformá-las em instrumentos de vida que acabavam sendo aplicados para destruição seletiva ou massiva.

Quase todos têm a esperança de que a marcha dos acontecimentos nos conduza a melhores condições na medida do mérito e da contribuição individual. Não porque o governo quer ou dita, mas porque cada um sabe o que quer e persegue sua meta objetivamente. Se os indivíduos estão conscientes de que podem alcançar o porvir de sua escolha, se têm confiança na direção da escola, da família, do negócio, da nação, manifesta-se a cada passo a necessária tranquilidade, vontade de fazer melhor, certeza do retorno gratificante.

Sobre o fato de vestir farda ou roupas civis se faz um grande alarde. Eram ou não brasileiros, nascidos de pais brasileiros, educados em escolas brasileiras por professores brasileiros, seguindo os mesmos textos, falando o mesmo idioma, os homens e mulheres que ocuparam ao longo do tempo os cargos mais altos de direção e decisão? O que me pergunto é: qual o objetivo nacional do momento?

Não sobra tempo para examinar os movimentos específicos do poder e a história real é mantida em segredo. História bem diferente daquela que os volumes acadêmicos oficiais ostentam: concepções platônicas como verdades acabadas. Comparando a intelectualidade em voga neste início de século com a que marcou épocas passadas, é possível pensar se a maioria desses intelectuais – menos conhecidos e celebrados que os medíocres astros promovidos pela mídia – não sofre de uma espécie de paralisia cerebral ou atrofia neuronal, decorrente de leituras contaminadas, sexo, drogas, clipes, leitura de jornais marqueteiros, persuasão subliminar televisiva, confusão opinativa aloprada, "marxianismo" entortado, cristianismo libertado de Cristo...

A parte majoritária da nação não percebe a quantas andamos. Não atina para os símbolos plantados à margem de cada rua, viela ou caminho. Não percebe que somos controlados como burros na peia. Alguns professores "sabem" que não podem afastar-se do programa oficial de ensino. E um menino dos grotões, que lida com cabras e bodes, em vez de aprender a ser eficaz e produtivo com cabras e bodes, aprende sobre vulcões, foguetes espaciais, Muralha da China e fertilidade do Rio Nilo.

O mais sofrido dos estados brasileiros, o Piauí, tem água à beça e hotéis de luxo no centro e no sul, com piscinas permanentes de água que brota de poços profundos. Alguns políticos da região sudeste do Piauí já pensam em puxar um canal, fazer um desvio da transposição do São Francisco. Bem naquela área a imprensa mostra, todos os anos, os açudes secos, bodes e vacas morrendo de sede e a vegetação de cor cinzenta. Essas reportagens se repetem há muito tempo...

Os repórteres não sabem como foi sucateada uma grande fazenda, comprada e construída com dinheiro do BNDES, liberada para um projeto agropastoril orgânico e certificado, destinado à exportação de carne de carneiros, vacas e bodes, lã, frutos e mel de abelhas, implantada para gerar emprego e renda para centenas de trabalhadores, alguns especializados. Lá estão as estradas, cancelas, pastagens, energia, bebedouros para animais, currais, galpões para máquinas e veículos, escritórios, casas confortáveis de alvenaria ao redor de várias sedes administrativas distribuídas nos limites, com água corrente nas torneiras, eletricidade, parabólicas, campo de aviação, torre com antenas para telefonia e comunicação por rádio... Uma infraestrutura prontinha para materializar a ideia de Bertha Becker.

Tudo abandonado. Tudo em decadência e sem manutenção, sob a guarda de um "administrador" não residente e alguns peões residentes.

Cancelas apodrecidas, cercas caídas, fios e transformadores roubados. A renda que paga a conta de energia e manutenção das bombas de água vem do aluguel de pastagens para algumas cabeças de gado destinado aos matadouros periféricos. O banco credor, BNDES, poderia negociar a ocupação produtiva com grupos de agricultores locais. Mas quem sabe que interesses desconhecidos, que pedras existem no caminho do que seria um exemplo simbólico das possibilidades produtivas naquela área eternamente dependente das verbas destinadas a "obras contra a seca"?

Quem nos governa de fato? Bernays, da obra *Propaganda*, sobrinho de Freud, nunca editado no Brasil, já sabia a resposta nos anos 20 do século passado.

O poder da propaganda faz acreditar que bananeira dá laranja... Mas a história é dinâmica, e os homens, alguns, escapam ao condicionamento fanático. Na verdade as pessoas comuns decidem com a bagagem histórica das experiências e vivências pessoais. Parecem condicionadas, agem como condicionadas, mas guardam suas verdades e crenças essenciais. Ignoram as estruturas ideológicas e outras, que os interesses camuflados dos que decidem mantêm à margem do conhecimento das gentes.

O Brasil sempre foi corroído pela ignorância, o analfabetismo, a desinformação mantida como instrumento de perpetuação no poder oligárquico, desde as capitanias hereditárias. Continuamos sendo o pobre povo de um país rico, colônia cultural dependente dos banqueiros e megaempresas das "nações civilizadas".

Nos anos 70, quando iniciei a ganhar o pão de cada dia suando e gastando sola de sapato, olhava os ambientes e sentia uma vontade danada de poder mudar tudo de uma vez só. Reflexos mentais do aprendizado revolucionário para estuprar a realidade desprezando os movimentos naturais. Seria o mesmo que pegar um machado e rachar cabeças para implantar ideias, contrariando o ritmo natural da aprendizagem e do contato com as variedades e formas de vida. E não é o que a propaganda faz com excelência?

E não é o que o coletivismo está fazendo desde a pré-escola, fabricando clones obedientes, sem iniciativa e sem vontade própria? Substituindo a lavoura de orgânicos por transgênicos, cujas sementes chegam de um só fornecedor? No caso humano, uma única fonte fornecedora dos pensamentos, que geram as palavras e definem as ações.

Os militares firmaram a anistia sobre os atos políticos e crimes conexos. A esquerda tomou o poder e não os perdoa, fustigando e castigando, perseguindo sistematicamente as instituições e personagens de um cenário passado, que hoje, todos sabem, fazia parte da estratégia geopolítica global.

O Brasil do futuro, desenhado por Stefan Zweig, continua sendo miragem. A nação miscigenada, desenhada por Gilberto Freyre, é conduzida na direção contrária à cultura que deveria unificá-la de modo exemplar. O cinismo dos poderosos asfixia o Brasil, país que poderia vir a ser um dos melhores cantos do planeta, uma ilha de verdura, sombra, água fresca, trabalho árduo, riqueza compartida com dignidade, solidariedade ativa como traço exemplar de caráter.

Intimamente, sou bem-humorado. Durante algum tempo pensei em ser palhaço. Seria necessário um tempo e aplicação muito grande para me exercitar. Silenciei e guardei o desejo, ouvindo dos mais velhos que a vida de artista era infeliz e o meio juntava muita gente sem caráter.

A vida adulta que se iniciava era bem diferente da infância, quando os amigos eram transparentes e verbalizavam tudo que sentiam. Um dos momentos mais intensos que vivi nos últimos anos foi o retorno ao lugar onde nasci, a cidade de Itaporanga d'Ajuda, quando reencontrei algumas pessoas importantes do meu universo afetivo.

O abraço do meu amigo de infância Odair Fontes, junto com a esposa, foi como uma bênção. Como se tivéssemos nos despedido na véspera. O carinho, o sentimento de amor e respeito, admiração e agradecimento estavam presentes.

De bem comigo, de bem com Deus

De menino eu vivia abraçado pelos cheiros da mata, de bem com o preto e amarelo das cobras, o lusco-fusco dos lagartos, o canto dos passarinhos e outros seres, partes de uma só e mesma natureza. Num dia qualquer cheguei à beira-mar e acreditei no pescador que disse que o mundo não acabava ali. Havia uma outra margem, lá longe, outras terras, gente diferente.

Sentado na areia, contemplava o sol poente, que estendia uma ponte dourada por sobre as águas. Pensei em como seria atravessar aquela imensidão fascinante, inquieta e misteriosa, onde moravam peixes e sereias. Se naquele momento, por alguma razão desconhecida, eu tivesse uma visão de futuro em tela imaginária, poderia traçar rumos diferentes para minha vida, modificando as rotas de aventura que me levariam ao contato com a estupidez humana.

Quando comecei a formular um projeto mental para a prisão, fato dado como certo, sabia que poderia morrer, mas que não hesitaria em contribuir com o Estado para afastar a nação do desastre maior. Contribuiria para impedir a morte de pessoas prestes a ser vitimadas por aqueles que – inconscientemente, alguns – foram envolvidos por líderes ambiciosos e nada éticos, personalistas e vaidosos, aventureiros na rota de "criar um, dois, três, muitos Vietnãs", como pregava Guevara, "fria máquina de matar".

Os militares tomaram o governo para preservar a cultura e a dignidade de nação. Isso aconteceu concomitantemente, não por coincidência, em quase todos os países da América Central e do Sul. Mas o nacionalismo era uma pretensão inconveniente para os que preparavam a globalização da economia e implantação da nova ordem mundial, cujos controles políticos haviam testado nos países comunistas.

Será que essas nações jovens construídas por latinos, aborígenes, negros e brancos serão capazes de conquistar um caminho diferente? Será ainda possível restaurar os valores culturais e o patrimônio oferecido pelo solo e pela natureza (ainda) privilegiada? Será que existe ainda alguma inteligência, idoneidade, vontade para reinventar as instituições e o relacionamento com outras nações? Ou o mundo está sem alternativas e vamos continuar engolindo as ordens que vêm de fora?

Até o ano de 1999 vivi para o trabalho informal, vez por outra sentindo o controle próximo dos homens da segurança do Estado. Havia telefonemas, visitas informais, de vez em quando o convite para um encontro na rua com um agente enviado pelo Cenimar. Mesmo com o "controle", a confiança no trabalho aumentava.

A operação plástica de mudança das feições feita por cirurgião a mando de Fleury assegurava a liberdade de movimentos. Somente numa ocasião, durante reunião de trabalho, o gerente de segurança de uma empresa cliente citou o nome "Anselmo", numa referência ligeira, inexpressiva, logo esquecida por não ser relevante para os assuntos em pauta.

Juntei-me com uma mulher de fibra, que trabalhava e assumiu com outros amigos o papel de pessoa jurídica. Fundamos uma empresa. Assistindo a muitos seminários empresariais, cursos de psicologia aplicada e programação neurolinguística, consegui afastar alguns fantasmas do passado e também fazer contatos que abriram portas para a consultoria na área de recursos humanos e treinamento de pessoal.

Foram mais de 25 anos de afirmação da capacidade de trabalho, com satisfatório grau de iniciativas, aprendizagem e autoestima. Um dos passatempos prediletos era frequentar as bienais e sair com sacolas cheias de livros de filosofia, administração empresarial, história e poesia, novelas e biografias, técnicas de ensino para adultos e arte. Também criamos e educamos um adolescente, afilhado da minha amiga, vindo de uma família numerosa do interior após a morte de sua mãe. Hoje ele é um profissional com curso superior, independente e medianamente bem-sucedido.

Após a morte da titular da empresa, os trabalhos foram encerrados, porque depois de 1999 minha imagem foi exposta pela Rede Globo, a nova cara disfarçada pela barba, óculos escuros e um boné ridículo. A tranquilidade acabou, porque eu seria reconhecido por meus alunos e empresários que contratavam os serviços. Começou a maratona. Mudei de residência mais de dez vezes, percorrendo o interior de São Paulo, Minas Gerais, Piauí, buscando sobreviver como produtor rural.

Cheguei ao estado falimentar em 2008 e, com a ajuda do delegado Carlos Alberto, passei a contar com o altruísmo de algumas pessoas conhecedoras dos bastidores da história e que se revezaram na promoção de minha sobrevivência. Tenho contado com a ajuda de amizades fraternas construídas nos anos de trabalho (semi)independente. São meus familiares imediatos, não de sangue, mas por adoção, afeição e profundo conhecimento e respeito. Naquele ano de 1999, fui procurado pelo delegado Carlos Alberto Augusto, a quem não via desde os anos 70, quando ele ainda era um investigador de polícia, o mesmo que me havia acompanhado como sombra durante ano e pouco de prisão e colaboração com a polícia.

O Carlos de cabelos brancos, numa das poucas vezes em que fui a seu encontro no gabinete de representação da polícia paulista na Assembleia Legislativa Estadual, orientava um representante do PC do B, para regularizar a identificação de um militante paraense que migrara para São Paulo, onde vivia com documentos falsos.

Impulsivo e apaixonado, somava a ingenuidade e as bravatas com a pregação anticomunista no seio de um Estado controlado pelos mesmos comunistas que ele combatera no início da carreira policial. Foi ele quem me levou ao jornalista Percival de Souza. Começaram as negociações para uma entrevista e publicação de um livro. Passei para o jornalista algumas centenas de páginas impressas, com o conteúdo que fundamentou o livro *Eu, Cabo Anselmo*. Nos originais, o título era outro, diferente da personificação do mito, escolhido pelo jornalista e sua editora.

O produto final me foi apresentado para uma leitura apressada, depois de uma maratona em que visitamos, com um fotógrafo, a cidade onde nasci, alguns parentes, tios, primos e velhos amigos de infância. Durante todo o processo era intuito declarado preservar a minha imagem.

Parentes, locais e amigos foram fotografados e figuram no livro, com algumas incorreções na identificação. Durante aquela viagem, fiquei atento para evitar as fotos pessoais. Havia um acordo, sabendo-se que a exposição da imagem impossibilitaria a continuidade do meu trabalho, com prejuízo para a empresa de consultoria que me abrigava.

O que viria a seguir, a entrevista à TV Globo, como estava combinado, deveria ser feita preservando a imagem. O acordo verbal não foi cumprido e a veiculação pela internet de trechos da entrevista gravada com Percival e publicada pela revista *Época* mudou a minha vida. Impediu-me de continuar trabalhando, frequentar clientes, atuar em programas de treinamento empresarial. Nem a revista nem o jornalista fizeram alguma consulta anterior sobre a veiculação da voz pela internet. A entrevista à Globo se iniciou num hotel, com imagem à contraluz. Todos os presentes – Carlos, um advogado, Percival e o jornalista Pedro Bial – sabiam que as imagens e a voz deveriam ser distorcidas.

Durante oito horas fui entrevistado pelo jornalista Bial, sobre março de 1964, Brizola, Cuba, treinamento guerrilheiro, sobre as organizações comunistas e a luta armada. O estilo do jornalista Bial era cordato, lembrou até que havia estado em Moscou e até concordava com as reservas e críticas que relatei da experiência pessoal em Praga, Havana e nos bastidores da militância.

A surpresa foi o produto editado. Como massacre, julgamento em que se destacavam fortemente as opiniões de amigos e familiares de ex-militantes da guerrilha, jornalistas e alguns ex-marinheiros, a quase totalidade condenando "o monstro" durante mais de oito minutos. O acusado teve sua entrevista editada e resumida a pouco mais de um minuto. O espaço do programa foi ocupado por declarações emocionais de pessoas vítimas de suas próprias escolhas ou escolhas de familiares, mas que atribuíam ao tal "cabo" todo o fracasso de sua empreitada armada "contra a ditadura e pela redemocratização".

Os pais, irmãos, filhos, amigos dos que morreram ou ficaram com sequelas diversas e até paralisados pela ação dos que "lutavam contra a ditadura" foram esquecidos pela reportagem e continuam esquecidos até hoje. As bombas, os sequestros de pessoas, sequestros de aviões, roubos, homicídios, o esmagamento da cabeça de um militar preso, os justiçamentos, a interferência de Cuba, China, União Soviética, e muito mais, tudo isso continua arquivado.

Somente nos últimos anos tive acesso à leitura de publicações estrangeiras sobre a propaganda nos termos desenvolvidos por Edward Bernays, sobrinho de Sigmund Freud, para entender como a história é documentada, deturpada, interpretada. E como as diretrizes já estavam traçadas, as teorias escritas e a metodologia sendo aplicada. É fácil criar e destruir mitos quando se utilizam as técnicas e a linguagem hipnótica, a imagem e a edição para direcionar e persuadir as pessoas a acreditar em mentiras maquiadas como se fossem verdades.

Ainda tive de ouvir do jornalista, Percival, "amigo da polícia", que "era bom para vender o livro". E é sobre aquele retrato que os detratores fundamentam suas críticas, somando invencionices de todo porte, em blogs e na quase totalidade dos artigos e notícias veiculados pela mídia.

A verdade é que nunca fui remunerado por aquele trabalho prestado ao estado de São Paulo e à Nação. Onde é que já se viu prisioneiro sendo remunerado? Até quando pude sobrevivi do meu trabalho. Todos os atos que impediram a continuidade da minha vida como militar da Marinha do Brasil foram anistiados. Mas nem a Marinha, nem o Ministério da Justiça devolveram meus documentos de identificação. A anistia me foi negada em outro julgamento político, no qual as testemunhas eram pessoas desconhecidas ou familiares dos militantes da guerrilha.

Prestei serviços ao Estado na condição de prisioneiro. Quando encaminhei o requerimento de anistia ao Ministério da Justiça, não pedia reparação multimilionária. Apenas o tratamento igualitário que a lei faculta: minha identidade, meus soldos atrasados, minha aposentadoria igual à de todos os ex-marinheiros que tardiamente foram reconhecidos como anistiados.

Meu "partido" é uma inteireza que se chama Brasil. Acredito e sinto que há um poder superior, uma inteligência guiando para que o lado racional e a essência espiritual operem nos momentos de desastre. Percebi a interferência dessa força e seus agentes humanos, contribuindo para fortalecer o senso de liberdade e de respeito aos outros.

EPÍLOGO

Que estas páginas sirvam como contribuição à Comissão da Verdade, manipulada pelos que têm as chaves dos cofres em que estão os documentos suficientes para elucidar os fatos escondidos.

Algumas informações que estão nos documentos publicados em livro pelos militares da inteligência das três armas, o "Orvil" ("livro" ao contrário), contêm um relato minucioso, baseado nos diários das Forças Armadas e disponível na internet. Nos livros publicados pelo coronel Brilhante Ustra e outros brasileiros, incluindo o comunista Jacob Gorender, autor do livro *Combate nas trevas,* e inúmeros militantes das guerrilhas, estão outras informações que emolduram aqueles dias. Certamente parte substancial do "Orvil" tornou-se "verdade inconveniente" para os que ocupam os postos de poder.

São documentos que podem corrigir inferências de gente que nasceu ontem e foi educada para servir a essa forma de Estado, neste momento de guerra mundial assimétrica. Inferências dos que tentam situar meus atos como se eu tivesse compartilhado a tomada de decisões dos policiais. Isso é mentira. Nada decidi no relacionamento com a esquerda e muito menos na relação com os policiais.

Atribuir-me o comando e a organização dos restos da VPR é outra inferência maldosa para quem esteve sempre limitado a tarefas menores em aparelhos clandestinos. No momento mais ativo da guerrilha urbana, anos 1968 a 1970, eu estava em Cuba, vivenciando o que aprendi a não desejar para o Brasil: uma realidade coletivista que massacra os indivíduos.

Posicionei-me consciente a serviço da maioria esmagadora dos brasileiros, gente de carne e osso que, trabalhando na indústria, na lavoura, no comércio ou em serviços, estava na linha de fogo de uma guerra, amedrontada e insegura, sem ao menos entender o que os agressores queriam.

O que resta de verdade do lado dos que combateram na guerrilha urbana e rural está na memória dos familiares dos militares, policiais e civis mortos e na memória dos familiares daqueles que queriam provocar a guerra civil; está na memória não revelada dos sobreviventes e nos documentos mantidos em sigilo. Um dia poderão ser conhecidos como diferentes dos fatos transfigurados, hoje cridos como realidade histórica. São verdades inconvenientes e dores humanamente similares ainda guardadas na memória dos sobreviventes de ambos os lados.

A Comissão da Verdade saberá onde estão: alguns aposentados, outros servindo em modestas funções como policiais da ativa, investigadores e delegados que cumpriram o dever de ofício naqueles dias perturbadores. Está na memória de muitos políticos que queriam a ditadura comunista e agora negam, fingindo ser democratas. E tantos outros que atuaram ao lado dos governantes militares e ficam em silêncio.

Algumas versões e detalhes jamais serão recuperados: desceram à tumba com os que morreram de ambos os lados do conflito ideológico. Resta saber se o senador Romeu Tuma legou à história algum testemunho antes de morrer. Resta dizer que os membros da Comissão da Verdade *oPTaram* por oferecer à Nação meias-verdades enviesadas.

Por desconhecimento ou conveniência, deixaram de apontar a origem intelectual do que hoje vivemos, contida nas diretrizes do Diálogo Interamericano, na fundação e ação do Foro de São Paulo, das Fundações, ONGs e do Instituto Tavistock nas Américas, cujos esquemas pouco conhecidos incluem muitas outras linhas de ação obscura, que apenas alguns poucos pesquisadores dominam.

A Comissão da Verdade omitiu o peso das ideias e o papel da Internacional Comunista e a interferência estrangeira naqueles anos. Deixou de apontar quem atualmente promove a degradação cultural, a corrupção institucional e formas subliminares de ação para submeter a população, controlando-a mentalmente. Faltou coragem, conhecimento ou honestidade para informar a população?

Continuo na qualidade de prisioneiro de consciência. Tive os direitos políticos cassados pela Revolução de 31 de Março de 1964. Fui anistiado por iniciativa dos mesmos militares. Mas os "democratas" e defensores dos "direitos humanos" no poder me negam os direitos legítimos da anistia e até hoje a posse do meu nome, da minha identidade.

A Justiça Federal me identificou comparando impressões digitais com os arquivos fornecidos pela Marinha. Uma decisão judicial obrigava a Marinha a expedir minha carteira de identidade num prazo de dez dias. A verdade é que a anistia extingue todas as acusações, todos os atos. Logo, a identidade como aposentado, expulso ou reservista me seria devida e a iniciativa ou o cumprimento da ordem judicial pertenceria à autoridade militar da corporação a que servi.

A Marinha respondeu que não podia cumprir a ordem judicial, alegando motivos "regulamentares". A Justiça então determinou que fosse expedida uma identidade civil. O instituto de identificação de São Paulo exigiu a certidão de nascimento. O Cartório de Registro Civil forneceu uma "certidão negativa de nascimento", dizendo que o registro não existe. A Igreja onde fui batizado também não tem o documento do batismo... Continuo no limbo. Será preciso uma nova lei para que eu possa existir antes de morrer?

A Comissão de Anistia alegou durante anos que não julgava meu pedido por falta de documentos como a identidade, CPF. Mesmo assim, julgou e negou, ignorando a letra da lei. Continuo sob tortura mental. Fui politicamente banido, apagado. Mas sou um cidadão que existe através das memórias que aqui estão, das verdades que trago e digo. E que quer voltar a existir oficialmente.

Anexos

Sustentação oral do advogado Luciano Blandy, diante da Comissão de Anistia do Ministério da Justiça.

ILMO. SR. PRESIDENTE DA COMISSÃO DE ANISTIA DO MINISTÉRIO DA JUSTIÇA
ILMO. SR. RELATOR, NILMÁRIO MIRANDA,
DEMAIS MEMBROS DESTA CÂMARA;
SRAS. E SRS. PRESENTES.

Gostaria de iniciar minha manifestação cumprimentando, na pessoa do Sr. Presidente desta comissão, toda uma geração que, independente do viés ideológico e dos objetivos políticos almejados, ousou lutar e pôr em risco a própria vida em prol de algo que acreditava ser melhor para o Brasil.

Quem dera, senhores, que esta geração da qual faço parte tivesse o mesmo desprendimento e o mesmo idealismo que os senhores um dia tiveram. Certamente chagas que ainda nos doem – corrupção, desigualdade, pobreza extrema – seriam reduzidas a números irrisórios.

Dividirei minha intervenção em três questões que, entendo, são essenciais para a compreensão da história de José Anselmo dos Santos no conturbado período entre as décadas de 60 e 70. O pré-64; o período de clandestinidade até a prisão pela equipe do delegado Sérgio Paranhos

Fleury; e o período em que meu cliente foi um delator, culminando com o chamado "Massacre da Chácara São Bento".

Em relação ao primeiro período, cabe-me refutar com veemência a versão criada *a posteriori* por membros do Partido Comunista do Brasil, segundo a qual Anselmo seria, já em 1964, um agente infiltrado na Marinha, que teria por objetivo atuar como um "provocador" dos eventos de 1º de abril daquele ano.

O último, o de uma suposta secretária de um oficial militar e de um delegado de polícia do DOPS da Guanabara, que teriam recebido a informação de que Anselmo era um agente desde antes de 64.

Senhores! Com a devida vênia e sem faltar ao respeito às secretárias e aos delegados, se Anselmo realmente fosse o tal "Agente Provocador", tratar-se-ia de uma operação de máximo sigilo, disponível apenas e tão somente a oficiais de alta graduação envolvidos na preparação do golpe. Fortalece ainda mais a tese o fato de que, àquela época, existiam oficiais fiéis ao Governo, de forma que a manutenção de um "provocador" com a missão de acender um estopim para um golpe seria informação altamente secreta, que ninguém, em seu juízo perfeito, partilharia com a sua secretária!

A despeito de a hipótese ser afastada por todos os historiadores sérios que se lançaram a estudar esse período negro de nossa história – entre eles cito Jacob Gorender *in Combate nas trevas* –, o fato é que essa versão é baseada em argumentos ilógicos e em depoimentos frágeis.

Primeiramente, frisemos que o que deflagrou de vez o movimento de 1º de abril de 1964 não foi propriamente o discurso proferido por Anselmo na sede do Sindicato dos Metalúrgicos em 25 de março, mas, sim, a deposição do ministro da Marinha – Almirante Sílvio Mota – e a proteção aos marinheiros que partiu do contra-almirante Cândido Aragão.

Ora, em sendo assim, o almirante Cândido Aragão e o responsável pela deposição do ministro Sílvio Mota é que teriam sido os "agentes provocadores", e não Anselmo. Tivessem as coisas transcorrido em normalidade institucional, Anselmo seria detido, talvez expulso da Marinha, e o golpe não seria deflagrado, ou o seria mais tarde, por outros motivos.

Mas ainda que resolvêssemos entender o discurso proferido por Anselmo no dia 25 como o "estopim" do golpe, não poderíamos atribuir a ele a pecha de "agente provocador", simplesmente porque o discurso lido no Sindicato dos Metalúrgicos não era o discurso elaborado por ele, mas sim uma versão alterada, algumas horas antes, por Carlos Marighella, com quem Anselmo se encontrara em um apartamento pouco antes de dirigir-se ao Sindicato. Seria, então, Marighella o provocador?

Improvável.

Anselmo, na verdade, foi um jovem como muitos outros que, naquela época, eram cheios de ideais de um Brasil melhor. Foi arrastado, como outros, pela corrente das mudanças políticas que aconteciam em toda a América Latina, mas acabou ocupando lugar de destaque. Pagou e ainda paga um preço caro por isso.

Outro ponto que os teóricos do "agente provocador" costumam ressaltar foi a suposta facilidade com que Anselmo fugiu da prisão. Não foi tão fácil assim.

De todos os marinheiros e fuzileiros navais presos com ele na sequência do golpe, foi ele o único cassado pelo primeiro Ato do comando dos Golpistas, em 9/4/1964. É o centésimo de uma lista onde constam o ex-presidente Jânio Quadros e o falecido Leonel Brizola.

Entre 66 e 69, Anselmo sofreu três condenações que somaram 15 anos de reclusão – isso está demonstrado nos autos.

De todos os que ficaram presos junto com ele no Rio de Janeiro, foi dele o único *habeas corpus* negado. A sugestão da fuga veio por companheiros que integrariam um grupo de resistência que estava sendo montado pelo Sr. Leonel Brizola – o Morena ou MRN: Movimento Revolucionário Nacionalista. Tanto é assim que, tão logo saiu da prisão, foi levado para conhecer Brizola no Uruguai, de onde partiu imediatamente para Cuba, onde permaneceu até o início da década de 70.

Aí encontramos outro ponto que afasta a possibilidade do "agente provocador": Cuba, naquela época, possuía um dos melhores serviços de inteligência da América Latina, quer em número de agentes, quer em orçamento, técnicas de informação e contrainformação. Seria praticamente impossível – e se alguns dos senhores estiveram em Cuba, sabem muito bem disso – que um agente, um espião, ali se infiltrasse com tanta penetração, a ponto de discursar, ao lado de Fidel Castro, como representante do Brasil na primeira reunião da OLAS – Organização Latino-Americana de Solidariedade. Pois é... Anselmo discursou.

Fica claro, portanto, ser ilógica e afastada da realidade a versão do "agente provocador".

Passemos ao segundo período. Anselmo volta ao Brasil como integrante da VPR. Na época, início da década de 70, o combate aos movimentos guerrilheiros havia se intensificado. Militantes de diversas organizações caíam nas mãos do regime e acabavam por delatar seus companheiros. Anselmo também foi objeto dessas delações, como comprova o depoimento prestado por Edson Lourival Mendes, em 1970, que possui nada menos do que 83 páginas e encontra-se nos autos, ou o álbum produzido em 1972, com os dados e fotografias de todos os militantes que frequentaram curso de guerrilha em Cuba, que também encontra-se nos autos.

Pois bem, em determinado momento, Anselmo é preso na casa de seu amigo – Edgar de Aquino.

Levado ao DOPS, fez aquilo que todas as organizações clandestinas orientavam seus militantes a fazer: suportou as sevícias por dois dias sem abrir nenhuma informação. Passados os dois dias de pau – quem esteve nos porões sabe –, o militante tinha três destinos alternativos: prisão, caixão ou rua.

No caso de Anselmo, só duas opções foram oferecidas: falar e viver ou calar e morrer.

Senhores, louvemos a coragem daqueles que escolheram a segunda, mas não desprezemos os que optaram por colaborar e viver, até mesmo porque Anselmo não foi o único.

Em que consistia a delação? Escandaliza-nos que Anselmo tenha dito, em determinado momento, que teria sido responsável pela prisão de 200 pessoas. Simplificação da imprensa.

Como todos os que militaram na clandestinidade na época sabem, as informações nessas organizações eram severamente compartimentadas. A falava com B, que falava com C. A não tinha acesso aos contatos de B.

Nesse cenário, Anselmo era obrigado a comparecer aos "pontos" e encontrar outros militantes. Após o encontro, o militante não era preso imediatamente. Os órgãos de segurança passavam dias, às vezes semanas, seguindo esse indivíduo e montando sua cadeia de contatos. Quando finalizavam esse trabalho, prendiam a todos. Daí a razão para Anselmo ter mencionado o número aleatório de 200... Poderiam ser 100, poderiam ser 300, poderiam ser 10... Não sabe ao certo.

Outra questão colocada sempre e que deve ser esclarecida é a resposta à pergunta: por que não aproveitou um "deslize" de seus verdugos e procurou uma forma de avisar sua organização de que havia "caído"? Dois são os motivos:

1º – Não existiam deslizes. Anselmo era mantido sob constante vigilância 24 horas por dia.

2º – Ainda que existisse essa possibilidade – quando foi ao Chile, por exemplo –, se confessasse aos seus companheiros que havia caído e estava sob vigilância da ditadura, seria justiçado (MORTO) imediatamente. Quem militou nessas organizações sabe perfeitamente que a mera suspeita de vacilação ou defecção resultava em sentença de morte. Cito como exemplo o justiçamento do militante Márcio Leite Toledo, morto com oito tiros por companheiros da ALN. Sobre seu corpo, foi deixado o seguinte recado: "A Ação Libertadora Nacional (ALN) executou, dia 23 de março de 1971, Márcio Leite Toledo. Esta execução teve o fim de resguardar a organização... Uma organização revolucionária, em guerra declarada, não pode permitir a quem tenha uma série de informações como as que possuía, vacilações desta espécie, muito menos uma defecção deste grau em suas fileiras... Tolerância e conciliação tiveram funestas consequências na revolução brasileira... Ao assumir responsabilidade na organização, cada quadro deve analisar sua capacidade e seu preparo. Depois disto não se permitem recuos... A revolução não admitirá recuos!".

Não foi o único. Vejam que Anselmo, ainda que quisesse se livrar de seus verdugos, só tinha diante de si outra opção: escolher se seria assassinado por seus carcereiros ou justiçado por seus companheiros.

E foi justamente a morte que o encontrou no último tópico dessa minha síntese: o chamado Massacre da Chácara São Bento.

Primeiro ponto: Anselmo não sabia o destino que estava reservado aos seus companheiros! Naquele dia, chegou ao aparelho onde se reuniam, uma comunicação cifrada proveniente de Cuba. Anselmo e Soledad eram os decifradores do grupo e juntos traduziram a mensagem que dizia que o primeiro era um traidor que deveria ser julgado por um tribunal revolucionário.

Muito se fala do José Anselmo dos Santos que entregou a companheira para a morte na Chácara São Bento, mas ninguém se lembra de Soledad Viedma, que, junto com outros militantes, condenou o companheiro à morte naquele mesmo dia.

Havia um agente infiltrado por Anselmo no grupo, que convenceu a todos que justiçá-lo naquele local, um apartamento, chamaria a atenção da polícia, sugerindo, então, que fossem à Chácara São Bento que ele o levaria para o local para ser executado. Em vez disso, conduziu Anselmo ao aeroporto e avisou as forças de segurança.

Novamente, duas opções se colocavam diante de Anselmo: permanecer no local e morrer ou fugir e viver.

Só ficou sabendo do ocorrido no dia seguinte, pelos jornais. Havia obtido a garantia do delegado Fleury de que Soledad não seria presa nem morta, mas, sim, deportada a Cuba para ficar junto da filha que tinha à época.

Ao cobrar o descumprimento da promessa, recebeu como resposta um tapa na cara e um simples: "E daí? O que você vai fazer?".

Chega-se a inventar a versão de que Anselmo teria ajudado na captura de todos, que teriam sido presos cada um em um local diferente e levados ao sítio para serem executados.

O informe 25-B/1973, juntado aos autos, também desmente essa versão. Trata-se de um relatório produzido por outro agente infiltrado, que dava conta de uma reunião entre a VPR e outras organizações, onde se realizou um tribunal revolucionário que condenou Anselmo e o delegado Fleury à morte. Naquela reunião, os representantes da VPR confirmam que seus companheiros mortos encontravam-se em reunião naquele sítio.

Por fim, a entrevista à revista *IstoÉ*, que parece ter sido o único documento analisado pelo Sr. Relator. Essa entrevista, como bem frisou o Sr. Relator, foi concedida nos anos finais da ditadura militar, quando começavam a surgir os primeiros relatos de tortura, a mando do então delegado Romeu Tuma, que mandou buscar Anselmo e estipulou o que poderia e o que não poderia ser dito. O próprio jornalista Pena Branca relata que Anselmo encontrava-se ombreado por dois sujeitos que a tudo assistiram.

O resultado da entrevista passou pelo crivo do delegado Romeu Tuma, que vetou o que achou que deveria vetar e repassou o resultado ao jornalista. Nas demais entrevistas, Anselmo deixou claro que, embora não acreditasse mais naquela guerra insana, só delatou porque foi torturado.

Senhores conselheiros, finalizando!

Parece contraditório, mas, ao narrar a história de personagem tão controverso, quero lhes falar de democracia.

Desde a Proclamação da República, o Brasil foi palco de períodos democráticos breves e claudicantes, interrompidos por golpes de Estado, militares e civis.

Com a eleição de Tancredo Neves e o fim do regime militar, iniciamos o período democrático mais alvissareiro de nossa história. De lá para cá, enfrentamos inflação de 2000% ao ano, o *impeachment* de um presidente, a eleição de um operário para a presidência, escândalos de corrupção nas mais variadas esferas de governo, mas conseguimos manter a normalidade institucional, coisa que, em tempos passados, não acontecia.

Esse mérito é da geração dos senhores, que gritou, lutou, derramou sangue e deu a vida para que construíssemos uma democracia realmente digna do nome. Mas os senhores também outorgaram à minha geração a missão de manter essas conquistas e aprofundá-las.

Por mais dicotômico que possa parecer, é exatamente isso que estou buscando fazer aqui hoje, perante os senhores. Preservar um regime em que a lei vale para todos, sem exceção.

Não me parece justo que eu e a minha geração outorguemos às gerações futuras uma nação que condena um septuagenário a viver como uma não pessoa: sem identidade, sem aposentadoria, na mendicância.

Estou aqui, sob o repúdio de muitos, zelando para que o texto da lei seja aplicado igualmente a todos – até mesmo a um delator. Este é o bem mais importante de um regime democrático: o império da Lei sobre o arbítrio!

Diante da narrativa que fiz hoje e dos documentos que a comprovam, José Anselmo dos Santos está enquadrado no rol de hipóteses que permitem declará-lo anistiado político, garantindo a ele os direitos como tal – inclusive e principalmente o de um documento de identidade com seu nome – que todo brasileiro deve ter. Não vim pedir que gostem dele ou de sua história. Se o ódio à sua pessoa é unanimidade, pouco importa. Até a unanimidade deve respeito à norma vigente. Deve usar sua qualidade para alterá-la pela via institucional – a Casa aqui ao lado, mas não desconsiderar a lei para este ou aquele indivíduo.

Se hoje colocarmos de lado o texto da lei, para julgá-lo arbitrariamente por conta de sentimentos outros, por mais justos que sejam, amanhã poderemos, qualquer um de nós, sofrer o mesmo destino. Basta que alguém com poder bastante não goste de nós.

Portanto, senhores, não é apenas em nome de José Anselmo dos Santos que formulo esse pedido, mas também em nome da democracia conquistada ao final daquele período pelos senhores e que à minha geração impõe preservar, que solicito desta comissão:

– A declaração de José Anselmo dos Santos como anistiado político;

– O envio de Ofício ao Ministério da Marinha, determinando que seja expedido por aquele órgão o competente documento de identificação militar da reserva, vez que sua expulsão, se anistiado for, deixa de existir;

– Indenização em parcela única, correspondente aos proventos que deixou de auferir em face de seu afastamento compulsório da atividade remunerada regular que desenvolvia, nos termos do inciso II do artigo 1º da Lei 10.505/2002; e

– Seja computado como tempo de serviço o período de 1º de abril de 1964, quando, por conta do golpe militar, foi obrigado a abandonar seu posto e passar à clandestinidade, até a data da concessão do presente pedido, para fins de concessão de benefício previdenciário como praça da reserva da Marinha do Brasil.

MARINHA DO BRASIL
GABINETE DO COMANDANTE DA MARINHA
CERTIDÃO n° 11/2004

Em cumprimento à determinação do CHEFE DO GABINETE DO COMANDANTE DA MARINHA, para que sejam passadas por Certidão as informações existentes sobre o Sr. JOSÉ ANSELMO DOS SANTOS, até a presente data, nos arquivos do Comando da Marinha, CERTIFICO que, nos registros da Marinha do Brasil constam os seguintes dados:

ABRIL de 1963 (data do registro), foi eleito Presidente da Associação dos Marinheiros e Fuzileiros Navais do Brasil (AMFNB) com 236 votos. Na ocasião estava cursando "Operador de Sonar" no CIAW;

AGOSTO de 1967 (data do registro)

São Paulo, 13 de agosto de 1967 (data do registro), o nominado chegou a Havana para representar o Movimento Nacionalista Revolucionário na 1ª "Conferência da OLA", defendeu a luta armada para derrubar o regime militar e declarou que com a OLAS acabará definitivamente o mito de que um Partido é indispensável à revolução;

15 NOV 1986 – JANEIRO de 1988 (data do registro), teve seu nome relacionado entre as pessoas que durante a Greve da COSIPA foram conduzidas à Divisão de Polícia Federal em Santos/SP e, após ouvidas em depoimentos, foram dispensadas; e –

OUTUBRO de 2002 (data do registro), o Serviço de Identificação da Marinha (SIM) recebeu ofício do Instituto de Identificação Félix Pacheco (IFP), datado em 9 de setembro de 2002, no qual seu Diretor solicitava o envio de cópia das individuais dactiloscópicas do nomeado, com o propósito de confrontá-las com as impressões digitais de um cadáver que se encontrava no Instituto Médico Legal (IML), e sobre o qual pairava a suspeita de ser o ex--militar. Posteriormente, o IFP informaria que a confrontação das impressões digitais, obtidas do cadáver no IML, com a ficha dactiloscópica enviada pela MB não confirmara ser do Cabo Anselmo. E nada mais constando relativo ao solicitado, eu, Capitão-de-Mar-e-Guerra AIRTON TEIXEIRA PINHO FILHO, Presidente da Subcomissão Permanente de Acesso da Marinha no Gabinete do Comandante da Marinha, passo a presente.

MARINHA DO BRASIL

GABINETE DO COMANDANTE DA MARINHA

CERTIDÃO nº 11/2004

Em cumprimento à determinação do CHEFE DO GABINETE DO COMANDANTE DA MARINHA, para que sejam passadas por Certidão as informações existentes sobre o Sr. **JOSÉ ANSELMO DOS SANTOS**, até a presente data, nos arquivos do Comando da Marinha, **CERTIFICO** que, nos registros da Marinha do Brasil constam os seguintes dados: - ABRIL de 1963 (data do registro), foi eleito Presidente da Associação dos Marinheiros e Fuzileiros Navais do Brasil (AMFNB) com 236 votos. Na ocasião estava cursando "Operador de Sonar" no CIAW; - AGOSTO de 1963 (data do registro), foi um dos marinheiros que fomentavam greves de fome no CIAW. Na ocasião era Presidente do AMFNB; - AGOSTO de 1963 (data do registro), em palestras nos festejos de confraternização das entidades públicas de São Paulo, realizado no Ginásio Ibirapuera, criticou as autoridades navais e a alimentação dada na Marinha; consta que era terceiro-anista de Direito e que foi membro da UNE ou que teve ligações com elementos daquela entidade estudantil; - SETEMBRO de 1963 (data do registro), participou de uma reunião no Sindicato dos Condutores Autônomos de Veículos Rodoviários do Rio de Janeiro, onde houve discursos atacando as autoridades constituídas e o Ministro da Marinha; - SETEMBRO de 1963 (data do registro), compareceu a uma reunião do Sindicato dos Condutores Autônomos de Veículos Rodoviários do Rio de Janeiro, onde atacou as autoridades constituídas e o Ministro da Marinha; - OUTUBRO de 1963 (data do registro), foi indiciado em IPM instaurado pelo Ministro da Marinha, para apurar os fatos e as responsabilidades relacionados com a Assembléia da AMFNB realizada no dia 01OUT1963, onde ocorreram fatos atentatórios a disciplina militar, sendo, inclusive, distribuído um manifesto às autoridades e ao povo; 1964 (data do registro), elemento bastante ativo, tomando posição de destaque nos acontecimentos ocorridos no Sindicato dos Metalúrgicos; - JANEIRO de 1964 (data do registro), teve seu nome relacionado entre os marinheiros de 1ª classe suspeitos de exercerem atividades políticas ou ideológicas no seio da classe; - FEVEREIRO de 1964 (data do registro), em reunião da AMFNB ,no Sindicato dos Rodoviários, como Presidente da Mesa, permitiu discursos subversivos. Tendo declarado, o seguinte: "os marinheiros não queriam dar o primeiro tiro, mas caso os oficiais assim quisessem, eles estavam prontos para revidá-los; não reconhecer autoridades nos seus superiores da Marinha para coibir as atividades da Associação, pois esse era um direito assegurado pela Carta Magna. Defendeu o ponto de vista de que os MN não se encontravam na prática da indisciplina, pois contavam com o apoio da Constituição; que indisciplina era a atitude da Marinha, apresentando aviões no convés do NAeLMGerais, antes do EMFA dar a sua opinião final em torno da questão; e propôs a quebra das distinções entre oficiais e suboficiais, entre sargentos e cabos e entre cabos e soldados, já que existiam jovens, de cabo para baixo, dispostos a saírem do seu estado de opressão militar."; - FEVEREIRO de 1964 (data do registro), na reunião da AMFNB em Natal, no Sindicato dos Bancários, fez um discurso inflamado e subversivo, onde fez veladas

- 1 -

(Continuação da Certidão n° 11, de 25AGO2004, relativa a JOSÉ ANSELMO DOS SANTOS
----

ameaças a seus superiores. Fez severas críticas à finalidade das Forças Armadas, criticou os regulamentos, considerou seus superiores sem capacidade de liderança e que não eram exemplos para serem seguidos. Declarou também que o comunismo era o sinônimo da verdade. Elemento que exercia atividades políticas e ideológicas no seio da classe, promovendo várias reuniões da AMFNB. Foi denunciado e qualificado no Processo da AMFNB na 2ª Auditoria da Marinha; - FEVEREIRO de 1964, foi recolhido a prisão, no Quartel do Corpo de Fuzileiro Navais, por determinação do Diretor Geral de Pessoal da Marinha, por ter emitido conceitos durante uma Assembléia do Sindicato dos Rodoviários. Na ocasião, servia no Depósito de Material da Marinha em Bonsucesso/RJ; - MARÇO de 1964 (data do registro), na data em que os MN e FN foram retirados do Sindicato dos Metalúrgicos pelo Exército, o nominado esteve com Jango, com quem teria almoçado, retornando a seguir para o Sindicato. Foi visto em companhia de pelegos entrando no Gabinete do Ministro da Marinha; - MARÇO de 1964 (data do registro), foi ao nordeste para destituir os presidentes das filiais do AMFNB do Rio Grande do Norte e de Pernambuco, pelo fato daqueles presidentes estarem seguindo orientações do Comandante do Com3°DN; - ABRIL de 1964 (data do registo), foi indiciado no IPM instaurado em cumprimento a Portaria Ministerial n.° 540 de 03ABR1964, para apurar os fatos ocorridos na reunião na sede do Sindicato dos Metalúrgicos nos dias 26 a 27MAR1964. Não foi ouvido no IPM, por ter passado a desertor. No relatório ficou determinado que o nominado praticou delito previsto no Artigo 130 do CPM; - ABRIL de 1964 (data do registro), teve seu nome relacionado entre cidadãos que tiveram suspensos seus direitos políticos pelo prazo de 10 anos, conforme resolução do Comando Supremo da Revolução, nos termos do Artigo 10 do Ato Institucional de 09 de abril de 1964; - ABRIL de 1964 (data do registro), solicitou asilo diplomático na Embaixada do México no Brasil, o que lhe foi concedido; ABRIL de 1964 (data do registro), expulso do Serviço Ativo da Marinha de acordo com o Bol. n.° 18/1964 Pag. 1769; - MAIO de 1964 (data do registro). Após sua fuga da Embaixada do México, ao ser preso em 23 de maio, em um apartamento na Rua das Laranjeiras n.° 1, fez questão de entregar ao oficial do CENIMAR uma cópia de sua desistência do asilo; MAIO de 1964 (data do registro), teve seu nome relacionado entre militares e civis presos no DOPS/GB à disposição da Marinha Brasileira; - MAIO de 1964 (data do registro), foi publicado no jornal Diário de Notícias de 26 de maio de 1964, que o nominado deixou a Embaixada do México para chefiar um grupo de terroristas, cuja primeira etapa de uma campanha de sabotagem consistiria na explosão, no dia 01 de junho de 1964, do NAeLMGerais; - MAIO de 1964 (data do registro), respondeu, na condição de indiciado, ao IPM instaurado pela Portaria n.° 917, de 29 de maio de 1964, do MM, para apurar as atividades e responsabilidades do pessoal subalterno na AMFNB. Na Conclusão, foi considerado como o principal responsável por todos os movimentos que culminaram com a insubordinação realizada no Sindicato dos Metalúrgicos, e na tentativa de sublevar a Marinha, sendo, então, incurso no CPM, Artigo 130, parágrafos 1° e 2°, Artigos 131, 132, 134, 141, 139, 140, 143, 227, 144, 133 e 187, e na Lei n.° 1.802 – Lei de Segurança do Estado, Artigos 11 e 12; - JULHO de 1964 (data do registro), quando foi preso em 23 de maio de 1964, estava em seu poder a Pistola "COLT 45" n.° 3977-C-0194160, pertencente ao Exército Brasileiro, que foi fornecida ao Aspirante Manoel Colares Chaves Filho em 1943; - JULHO de 1964 (data do registro), teve seu nome relacionado entre militares que tiveram sua prisão preventiva decretada pelo Conselho Permanente de Justiça da 1ª Auditoria, em conformidade com o Artigo n.° 149 do Código de Justiça Militar; - SETEMBRO de 1964 (data do registro), foi um dos ex-militares denunciados pelo Ministério Público junto a Auditoria da Marinha, como incurso nos Artigos 130, 133 e 134 do Código Penal Militar (tentativa de reorganizar as atividades da Associação dos Marinheiros e Fuzileiros Navais do Brasil, encerradas por determinação das autoridades); - OUTUBRO de 1964 (data do registro), desenvolvia doutrinação subversiva na prisão do Alto da Boa Vista; - NOVEMBRO de 1964 (data do registro), encontrava-se preso no posto policial do Alto da Boa Vista, acusado dos crimes de deserção, de atividades na Associação dos Marinheiros e Fuzileiros Navais, de atividades na reunião do Sindicato dos Metalúrgicos e de

(Continuação da Certidão n° 11, de 25AGO2004, relativa a JOSÉ ANSELMO DOS SANTOS.) 12

subversão da ordem; - NOVEMBRO de 1964 (data do registro), foi condenado à pena mínima de 6 meses de detenção pela 1ª Auditoria de Justiça da Marinha, pelo crime de deserção; - FEVEREIRO de 1965 (data do registro), teve seu nome relacionado entre as pessoas atingidas pelo Artigo n.° 10 do Ato Institucional, por iniciativa do Comando Supremo da Revolução; - ABRIL de 1965 (data do registro), o STM, em decisão unânime, julgou nulo o Processo que condenou o nominado à 6 meses de prisão, por ter infringido o Artigo n.° 165 do CPM, que prevê o crime de deserção. O Acórdão do STM declarou que a nulidade teve fundamento no fato de faltar ao acusado a condição de militar; - MAIO de 1965 (data do registro), o STM negou o pedido de habeas-corpus em favor do nominado, que se encontrava preso na delegacia do DOPS; - SETEMBRO de 1965 (data do registro), foi preso juntamente com o Vice-Presidente da AMFNB, Avelino Capitani; MARÇO de 1966 (data do registro), Processo n.° 8166 – foi enquadrado no Artigo n.° 164 do CPM ,em conseqüência de sua deserção, e teve sua prisão ordenada *ex-vi-legis* independente de qualquer decisão judicial ou de expedição de mandado de prisão. O STM anulou por acordo de 05 de abril de 1965; Processo n.° 8172, foi enquadrado no Artigo n.° 134 do CPM e teve sua prisão preventiva decretada, em 1° de julho de 1964, pelo Conselho Permanente de Justiça; Processo n.° 8167, foi enquadrado no Artigo n.° 130, inciso I do CPM tendo sua prisão preventiva decretada em 23 de março de 1966, pelo Conselho Permanente de Justiça. Processo relacionado com a fuga do nominado da Embaixada do México, onde se encontrava asilado. O STF, apreciando o pedido de habeas-corpus, determinou que o mesmo fosse posto em liberdade; Processo n.° 8180, foi enquadrado nos Artigos n.° 130 e 133 do CPM e teve sua prisão preventiva decretada em 29 de março de 1966 pelo Conselho Permanente de Justiça e encaminhado ao Presídio Fernandes Vianna, onde o nominado se acha recolhido (preso); - MARÇO de 1966 (data do registro), o STF concedeu habeas-corpus ao nominado, revogando a prisão preventiva que foi decretada em Inquérito Policial Militar em que estava envolvido; - MARÇO de 1966 (data do registro), foi denunciado pelo Ministério Público Militar como incurso nas penas dos Artigos n.° 130, 133 e 134 do CPM; - MARÇO de 1966 (data do registro), o Conselho Permanente de Justiça da 1ª Auditoria de Marinha decretou a terceira prisão preventiva contra o nominado, indiciado nos IPM do Sindicato dos Metalúrgicos, Associação dos Marinheiros e o da fuga da Embaixada do México onde encontrava-se asilado. Obteve habeas-corpus, concedido pelo STF, para o IPM da Associação dos Marinheiros; - MARÇO de 1966 (data do registro), evadiu-se da prisão do Alto da Boa Vista, facilitada por elementos do Comissariado; - ABRIL de 1966 (data do registro), o STM decidiu não tomar conhecimento de habeas-corpus, impetrado em favor do nominado, por julgar que a prisão preventiva decretada contra o mesmo era inteiramente legal. Na ocasião encontrava-se foragido; - JUNHO de 1966 (data do registro), a Promotoria da 1ª Auditoria da Marinha, pediu a pena de 17 anos de prisão para o nominado, sob acusação de ter sido um dos líderes do movimento no Sindicato dos Metalúrgicos; - JUNHO de 1966 (data do registro), foi condenado a 10 anos e 8 meses de reclusão pela 1ª Auditoria de Marinha como incurso no Artigo n.° 130, inciso I do CPM, com agravamento (caso dos metalúrgicos); - JULHO de 1966 (data do registro), foi instaurado IPM pela Portaria n.° 0009/66 do Com1°DN, para apurar as implicações da fuga do nominado da 4ª Subseção de Vigilância, onde o mesmo se achava preso à disposição da Justiça Militar; - AGOSTO de 1966 (data do registro), foi implicado no IPM, instaurado no DOPS/GB, para apurar a reorganização de um Comitê do Partido Comunista, no Estaleiro Caneco; - SETEMBRO de 1966 (data do registro), teve seu nome relacionado entre os ex-MN e ex-FN acusados no Processo n.° 8172 pela 1ª Auditoria da Marinha. Foi condenado a 3 anos de reclusão, incurso no Artigo n.° 134 do CPM; - DEZEMBRO de 1966 (data do registro), chegou à Montevidéu, em companhia de 3 elementos. O nominado viajou de São Paulo, onde se encontrava homiziado desde seu regresso de Cuba, utilizando o serviço do PC do B; - MARÇO de 1967 (data do registro), foi denunciado pelo Ministério Público Militar, junto a 1ª Auditoria de Marinha, como incurso nos Artigos n.° 133 e 134 do Código Penal Militar. Após o julgamento, o Conselho Permanente de Justiça daquela Auditoria, por maioria de votos,

(Continuação da Certidão n° 11, de 25AGO2004, relativa a JOSÉ ANSELMO DOS SANTOS.) 13

condenou o nominado, à pena de 2 anos de reclusão, como incurso no Artigo n.° 134 do Código Penal Militar; - MARÇO de 1967 (data do registro), foi condenado a 2 anos de reclusão, incurso no Artigo n.° 134 do CPM; MAIO de 1967 (data do registro), o nominado, teria reingressado em território brasileiro para unir-se a um grupo de 40 homens, fortemente armado, que se encontra em região montanhosa do estado do Paraná. O comando desse grupo estaria entregue a um capitão médico, que foi identificado como 1°Ten MD do Exército RRm Samuel da Conceição Schueller; - MAIO de 1967 (data do registro), dados do nominado: ex-MN 1ª classe – 58.2015.3 – expulso do SAM Bol 18/64, Certificado n.° 020468, desligado em 1° de maio de 1964 – endereço: Rua Pedro Américo n.° 244, Apto 601 – Catete – Guanabara; - JUNHO de 1967 (data do registro), participou, como um dos delegados do Brasil, da 1ª Conferência da "Organizacion Latino Americana de Solidaridade – OLAS", realizada em Havana/Cuba; - JULHO de 1967 (data do registro), foi indiciado em IPM instaurado para apurar desaparecimento de 142 armas de quatro tipos: submetralhadoras, pistolas, fuzis e revólveres. No curso das diligências foram localizadas 126 destas armas; - JULHO de 1967 (data do registro), a Procuradoria Geral da Justiça Militar deu provimento, em parte, ao recurso do Promotor da 1ª Auditoria da Marinha que apelou contra a sentença do Conselho Permanente de Justiça que condenou o nominado à 2 anos de reclusão. O Procurador pediu que seja aplicada a pena de 5 a 8 anos de reclusão; - JULHO de 1967 (data do registro), foi citado em IPM instaurado para apurar as atividades subversivas na região de Caparaó; - AGOSTO de 1967 (data do registro), foi condenado pela 1ª Auditoria da Marinha à 18 anos de prisão. Os processos mais conhecidos, a que passou a responder logo depois da expulsão da Armada em 1964, são o do Sindicato dos Marinheiros, da Associação dos Marinheiros e da fuga da Embaixada. Em todos eles foi acusado da prática de atividades subversivas; - AGOSTO de 1967 (data do registro), "com seu famoso discurso no Sindicato dos Metalúrgicos, que levou três mil marinheiros a rebelião, ele apressava, sem saber, a queda do Presidente João Goulart, entretanto, depois de ter sido notícia por vários dias, o nominado desapareceu. Só se voltaria a falar no seu nome quando pediu asilo na Embaixada do México, quando deixou o refúgio para tentar reagrupar sua forças e terminou preso." Jornal de São Paulo de 13 de agosto de 1967; - AGOSTO de 1967 (data do registro), como Presidente da Delegação do Brasil, participou da 1ª Conferência dos Povos da América; - AGOSTO de 1967 (data do registro), o nominado chegou à Havana para representar o Movimento Nacionalista Revolucionário na 1ª Conferência da OLAS, defendeu a luta armada para derrubar o regime militar e declarou que com a OLAS acabará definitivamente o mito de que um Partido é indispensável à revolução; - AGOSTO de 1967 (data do registro), foi transferido do xadrez do DOPS para a 4ª Subseção de Vigilância, no Alto da Boa Vista; - AGOSTO de 1967 (data do registro), foi condenado à 18 anos de reclusão pelo Conselho Permanente de Justiça da 1ª Auditoria da Marinha. Figura ainda, como indiciado, no IPM, encaminhado à Procuradoria Geral da Justiça Militar, que apurou o desvio de armas e munições do paiol do Corpo de Fuzileiros Navais, ocorrido entre março a abril de 1964; - SETEMBRO de 1967 (data do registro), o nominado, o ex-MN 1ª classe, participou das reuniões da OLAS ; - OUTUBRO de 1967 (data do registro), o nominado foi alvo de tratamento especial em Cuba, quando tomou parte na Conferência da OLAS, ocasião em que Fidel Castro nomeou um comitê especial para homageá-lo e servir como cicerone em toda sua estadia em Cuba; - OUTUBRO de 1967 (data do registro), participou da 1° COSPAL em Praga, procedente de Havana; - NOVEMBRO de 1967 (data do registro), foi publicado no Jornal Correio da Manhã que um Vereador revelou que o nominado, em uma entrevista divulgada na edição de 11 de agosto de 1967 da revista cubana Bohemia, afirmou serem os comunistas responsáveis por vários atos de terrorismo no Brasil, depois de 31 de março de 1964, destacando-se o atentado de que foi vítima, no Aeroporto de Guararapes, o Presidente Costa e Silva; - JANEIRO de 1968 (data do registro), foi citado no IPM instaurado no III Exército para apurar atividades subversivas e a criação Resistência Armada Nacionalista (RAN) ou Movimento de Resistência Nacionalista; - JANEIRO de 1969 (data do registro), acordo Ofício n.° 0070 de 29 de janeiro de 1969 do GptFNRJ, foi expedido

(Continuação da Certidão nº 11, de 25AGO2004, relativa a JOSÉ ANSELMO DOS SANTOS.)

Mandado de Prisão para o nominado; - MARÇO de 1969 (data do registro), foi citado em IPM instaurado pelo Com1ºDN para apurar atividades de elementos presos por subversão e suas ligações com membros do PCB e da PC do B; - ABRIL de 1969 (data do registro), teve sua prisão determinada pelas autoridades judiciárias; - JULHO de 1969 (data do registro), foi citado no IPM instaurado para apurar os fatos e apontar os responsáveis pela evasão dos presos, ocorrida dia 26 de maio, no Conjunto Penitenciário da rua Frei Caneca; - AGOSTO de 1969 (data do registro), foi citado no IPM instaurado para apurar atividades subversivas do Movimento Revolucionário 26 de março (MR-26), em Porto Alegre/RS; - OUTUBRO de 1969 (data do registro), foi citado no IPM instaurado no 8ª Delegacia Policial para apurar a fuga de presos do Conjunto Penitenciário da rua Frei Caneca; - OUTUBRO de 1969 (data do registro), foi citado na lista dos nacionais brasileiros que viajaram para Cuba nos últimos cinco anos; - OUTUBRO de 1969 (data do registro), foi publicado no Diário de Noticias, que o nominado, "após um curso de pós-graduação subversivo em Cuba, se submeteu a uma operação plástica e regressou ao Brasil, como clandestino, para mostrar sua nova face de agitador"; - FEVEREIRO de 1970 (data do registro), foi citado no IPM instaurado pelo Comando do 1º Exército a fim de apurar as atividades subversivas da chamada Ação Libertadora Nacional ou Aliança Libertadora Nacional (ALN); - NOVEMBRO de 1970 (data do registro), a 1ª Auditoria da Marinha solicitou seus antecedentes por motivo de suspeita por desvio de armas do Serviço de Material Bélico do Corpo de Fuzileiros Navais, em abril de 1964. Foi informado constar que o nominado está asilado em Cuba (Havana); - DEZEMBRO de 1970 (data do registro), o Com6ºDN tomou conhecimento de que deverá partir de Cuba para o Chile, até o fim do mês em curso, um grupo de exilados brasileiros, do qual o nominado faria parte. Os marginados funcionariam inicialmente como instrutores em uma escola de guerrilhas estabelecida em campo de treinamento cedido pelo MIR chileno. O objetivo seria o estabelecimento de uma base guerrilheira no sul de Mato Grosso; - JANEIRO de 1971 (data do registro), foi implicado em IPM instaurado no Ministério da Aeronáutica (CISA) para apurar atividades dos componentes do Comando Nacional Var-Palmares (GB); 1972 (data do registro), teve seu nome relacionado entre os integrantes do curso denominado "I Exército da ALN", realizado de setembro de 67 a julho de 68; - MAIO de 1973 (data do registro), elementos do PC do B, no Chile, revelaram que o nominado é agente do SNI e do CENIMAR, respectivamente. Dizem que vão eliminá-lo na primeira oportunidade; - ABRIL de 1974 (data do registro), teve seu nome relacionado entre os elementos cassados pela Revolução 1964. Na ocasião encontrava-se foragido. Líder subversivo na Marinha; - AGOSTO de 1978 (data do registro), teve seu nome relacionado entre os condenados revés na 1ª Auditoria da Marinha ,até 17 de março de 1978, incurso na Lei de Segurança Nacional e no Código Penal Militar; - AGOSTO de 1978 (data do registro), teve seu nome relacionado entre os brasileiros no exterior (Cuba), sendo classificado como terrorista; - OUTUBRO de 1978 (data do registro), teve seu nome relacionado entre os elementos banidos do território nacional. Militante da Organização Subversiva UPR; cursou guerrilha em Cuba. Em 1970 foi condenado pela 1º Auditoria de Marinha, como incurso nos Artigos n.º 130, 133, e 134 do CPM. Encontrava-se foragido; - DEZEMBRO de 1978 (data do registro), teve seu nome relacionado entre os ex-militares que não foram beneficiados com a extinção da punibilidade decretada pelo STM no Processo n.º 8167/64, por ter sido considerado um dos cabeças do movimento; - JANEIRO de 1980 (data do registro), teve seu nome relacionado entre os elementos foragidos (incurso na LSN e CPM), procurados pela Polícia Judiciária Militar; - OUTUBRO de 1980 (data do registro), teve seu nome relacionado entre os ex-militares e civis condenados na 1ª Auditoria no Processo n.º 8167/64, como incurso nos Artigos n.º 139 e 134 do CPM, que foram anistiados pela Lei n.º 6683 de 28 de agosto de 1969. Conforme Sentença desse Juízo, que decretou extinta a punibilidade de todos na forma do Artigo 123, inciso II do CPM; - NOVEMBRO de 1981 (data do registro), o Jornal da Bahia, publicou o lançamento do livro intitulado Cabo Anselmo – "A luta armada ferida por dentro", de autoria do Jornalista Marco Aurélio Borba, da Revista Placar; - AGOSTO de 1986 (data do registro), teve seu nome

(Continuação da Certidão nº 11, de 25AGO2004, relativa a JOSÉ ANSELMO DOS SANTOS.)

relacionado entre os candidatos a Assembléia Legislativa de Alagoas pelo PFL, nas eleições de 15NOV1986; - JANEIRO de 1988 (data do registro), teve seu nome relacionado entre as pessoas que durante a Greve da COSIPA foram conduzidas à Divisão de Policia Federal em Santos/SP e, após ouvidas em depoimentos, foram dispensadas; e - OUTUBRO de 2002 (data do registro), o Serviço de Identificação da Marinha (SIM) recebeu ofício do Instituto de Identificação Félix Pacheco (IFP), datado em 09 de setembro de 2002, no qual seu Diretor solicitava o envio de cópia das individuais dactiloscópicas do nomeado, com o propósito de confrontá-la com as impressões digitais de um cadáver que se encontrava no Instituto Médico Legal (IML), e sobre o qual pairava a suspeita de ser o ex-militar. Posteriormente, o IFP informaria que a confrontação das impressões digitais, obtidas do cadáver no IML, com a ficha dactiloscópica enviada pela MB não confirmara ser do Cabo Anselmo. E nada mais constando relativo ao solicitado eu, **Capitão-de-Mar-e-Guerra AIRTON TEIXEIRA PINHO FILHO**, Presidente da Subcomissão Permanente de Acesso da Marinha no Gabinete do Comandante da Marinha, passo a presente **CERTIDÃO**, que vai por mim datada e assinada. Brasília, vinte e cinco de agosto de dois mil e quatro.

AIRTON TEIXEIRA PINHO FILHO
Capitão-de-Mar-e-Guerra
Presidente da Subcomissão Permanente de Acesso
da Marinha no Gabinete do Comandante da Marinha

PRESIDÊNCIA DA REPÚBLICA,
ABIN
CERTIDÃO 9131

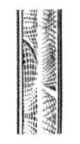

Ministério da Justiça
COMISSÃO DE ANISTIA
08802.019319/2005-06

Certidão nº 9131

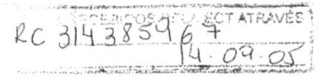

PRESIDÊNCIA DA REPÚBLICA
GABINETE DE SEGURANÇA INSTITUCIONAL
AGÊNCIA BRASILEIRA DE INTELIGÊNCIA

CERTIDÃO

Em conformidade com a Portaria nº 510, de 16 nov. 2000, da Agência Brasileira de Inteligência do Gabinete de Segurança Institucional da Presidência da República e em atendimento ao Ofício nº 203/2004 – CA/TC – Requerimento de Anistia nº 2004.01.42025, do Ministério da Justiça – Comissão de Anistia/Terceira Câmara, protocolizado no dia 28 out. 2004, é certificado que, nos arquivos sob custódia desta Agência, há registros sobre fatos e situações com as seguintes informações:

JOSÉ ANSELMO DOS SANTOS, brasileiro, filho de Joana Balbina dos Santos, nascido no dia 13 fev. 1942, em Itaporanga d'Ajuda/SE.

Foi presidente da Associação dos Marinheiros e Fuzileiros Navais do Brasil; militante da organização subversiva Movimento Nacionalista Revolucionário; e integrante da organização terrorista Vanguarda Popular Revolucionária (VPR).

Durante sua atuação política, ficou conhecido como "Cabo Anselmo" e, nas organizações subversivas, usava os codinomes "Augusto", "Daniel", "Paulo", "Renato" e "Sérgio".

Em 9 abr. 1964, solicitou asilo político à Embaixada do México, na cidade do Rio de Janeiro/GB.

Conforme fez público o Diário Oficial da União (D.O.U.) nº 68, de 10 abr. 1964, o Comando Supremo da Revolução resolveu, nos termos do art. 10 do Ato Institucional, de 9 abr. 1964, suspender, pelo prazo de 10 anos, os direitos políticos de José Anselmo dos Santos.

(continuação da Certidão nº 9131, de 9 de setembro de 2005 – Agência Brasileira de Inteligência – Abin)

No dia 22 abr. 1964, retirou-se da Embaixada do México sendo preso no dia 23 abr. 1964 em um apartamento no bairro das Laranjeiras, na cidade do Rio de Janeiro/GB.

Em 30 mar. 1966, fugiu da prisão onde encontrava-se detido acusado da prática de crimes previstos na Lei de Segurança Nacional (LSN).

Em 1º jul. 1966, 1ª Auditoria da Marinha expediu mandado de prisão contra o requerente.

Em abr. 1967, passou por Montevidéu (ROU), seguindo viagem para Cuba.

No período de maio a jun. 1967, realizou um curso de guerrilha em Cuba.

De 31 jul. a 10 ago. 1967, participou da I Conferência da Organização Latino-Americana de Solidariedade, realizada em Havana/Cuba, como um dos delegados da representação brasileira.

Entre os meses de set. 1967 a jul. 1968, realizou um curso de guerrilha em Cuba, denominado curso do Exército da Ação Libertadora Nacional (ALN).

Em fins de 1967, encontrava-se em Praga/Tchecoslováquia, procedente de Havana/Cuba, participando da I Conferência de Solidariedade aos Povos da América Latina.

Em 1970, foi condenado pela 1ª Aud. Mar., à pena de dez anos e oito meses, como incurso no art. 130 inciso I, c/c o art. 59 inciso II, do Código Penal Militar. Na ocasião, encontrava-se foragido.

Em 1971, regressou ao Brasil procedente de Cuba.

Em 1973, foi apontado por militantes do Partido Comunista do Brasil (PC do B), como sendo agente do Centro de Informações da Marinha (Cenimar).

Em 1978, seu nome integrou uma relação de pessoas condenadas na 1ª Aud. Mar./1ª CJM, por crimes previstos na LSN e no CPM.

Ainda em 1978, integrou uma lista de brasileiros que viviam no exterior.

Em 1979, seu nome fez parte de uma relação de brasileiros banidos e exilados.

2/3

(continuação da Certidão nº 9131, de 9 de setembro de 2005 – Agência Brasileira de Inteligência – Abin)

Em 1982, constou em uma relação de ex-militares da Marinha, incorporados pela Escola de Aprendizes de Marinheiros da Bahia, julgados e condenados pela 1ª Aud. Mar. por prática de atividades subversivas.

Em 28 mar. 1984, a revista "Isto é", em seu nº 379, veiculou entrevista com o requerente, na qual relatava suas atividades vividas na sua militância política, passando por sua clandestinidade e exílio.

É o que consta nos arquivos sob custódia da Agência Brasileira de Inteligência (Abin).**

Brasília/DF, 9 de setembro de 2005

DAVID BERNARDES DE ASSIS
Coordenador-Geral de Documentação
Agência Brasileira de Inteligência/GSI/PR

CERTIDÃO NEGATIVA DE NASCIMENTO

REPÚBLICA FEDERATIVA DO BRASIL

ESTADO DE SERGIPE – PODER JUDICIÁRIO
COMARCA DE ITAPORANGA D´AJUDA
2º OFÍCIO – REGISTRO CIVIL DAS PESSOAS NATURAIS E JURÍDICAS, TÍTULOS E DOCUMENTOS E TABELIONATO
Iara Maria Horta Maia – Oficial

CERTIDÃO NEGATIVA DE NASCIMENTO

Reportando-me ao ofício nº 276/2009-AGU/PRU3/G1/mes, datado de 28/01/2009 e recebido neste em 13/02/2009, **Certifico**, que fiz buscas nos Livros de Registros de Nascimentos deste 2º Ofício ExtraJudicial, da Comarca de Itaporanga d´Ajuda/Sergipe e **NÃO FOI ENCONTRADO**, assento de **NASCIMENTO** em nome **JOSÉ ANSELMO DOS SANTOS**, nascido (a) 13 de Fevereiro de 1942 (mil novecentos e quarenta e dois), filho (a) de Joana Balbina dos Santos.

O referido é verdade e dou fé.

Itaporanga d´Ajuda(SE), 26 de Março de 2009.

Iara Maria Horta Maia – Escrivã
Dulcinéia Siqueira – Escrevente

ISENTO DO PAGAMENTO DE EMOLUMENTOS E SELO DE AUTENTICIDADE, NOS TERMOS DO § 4.º DO ART. 18 DA PORTARIA N.º 003 GP1, de 04 de Janeiro de 2000"

OFÍCIO - ITAPORANGA D'AJUDA (SE)
Escrivania não Oficializada
Registro Civil de: Pessoas Naturais e Jurídica
Registro de Títulos, Documentos e Tabelionato
Comarca de Itaporanga D'Ajuda (SE)
Dulcineia Siqueira

Fórum Dr. Felisbelo Freire - Av. Emídio Max Neto, S/Nº - Itaporanga d´Ajuda/SE

Referências bibliográficas

ALMEIDA, Anderson da Silva. *Todo o leme a bombordo*. Dissertação de mestrado em História, Universidade Federal Fluminense, Niterói, 2010.

BERNAYS, Edward. *Propaganda*. Lisboa: Mareantes.

BITTMAN, Ladislav. *The KGB and soviet disinformation*.

CAMPBELL, Joseph. *As máscaras de Deus*. Palas Athena.

CASCUDO, Câmara. *Vaqueiros e cantadores*. Ediouro.

CLAUSEWITZ, Carl von. *Da guerra*. Martins Fontes.

COLEMAN, John. *O Instituto Tavistock de Relações Humanas*.

CORÇÃO, Gustavo. *O século do nada*. Record.

COULANGES, Fustel de. *A Cidade Antiga*. Lisboa: Livraria Clássica Editora, 1937.

COURTOIS, Stéphane et al. *O livro negro do comunismo*. Bertrand Brasil.

COUTINHO, Sérgio A. A. *A Revolução Gramscista no Ocidente*. Ombro a Ombro.

DILTS, Robert. *Crenças*. Summus Editorial.

DOUGLASS Jr., Joseph D. *Red cocaine: the drugging of America and the West*. Edward Harle, 1999.

ENGDAHL, F. William. *Seeds of destruction: the hidden agenda of genetic manipulation*. Global Research.

ESTULIN, Daniel. *A verdadeira história do Clube de Bilderberg*. Planeta.

_____. *O Instituto Tavistock*. Barcelona: Ediciones B, 2011.

HAYEK, F. A. *O caminho da servidão*. Instituto Liberal.

JUNG, Carl. *O espírito na arte e na ciência*. Vozes.

KEMPIS, Tomás de. *Imitação de Cristo*. Publicações LCC.

KUHN, Thomas. *A estrutura das revoluções científicas*. Perspectiva.

MAQUIAVEL. *O Príncipe*. Publicações LCC.

MISES, L. *As seis lições*. Instituto Liberal.

PLATÃO. *A República*. Ediouro.

RUDZIT, Gunther. *Segurança e defesa nacionais*. Digesto Econômico.

SANTOS, Mário Ferreira dos. *Filosofia da crise*. Logos.

SUN TZU. *A arte da guerra*.

TOFFLER, Alvin; TOFFLER, Heidi. *Criando uma nova civilização*. Record.

Thomas Kuhn, por Gunther Rudzit, Cambridge University Press.

USTRA, Carlos Alberto Brilhante. *Rompendo o silêncio*. Edição eBooksBrasil.com

facebook.com/MatrixEditora